Die grössten Deutschen der EM-Geschichte

1972 – 1980 – 1996

Die Sternstunden der drei Europameister-Teams

ERSTER EM-TITEL *So sehen tatsächlich Sieger aus. Es ist der 18. Juni 1972, 18 Jahre nach dem WM-Triumph von 1954, als eine deutsche Fußballmannschaft erstmals Europameister wird. Der 3:0-Endspielsieg gegen die UdSSR ist so deutlich, dass bei (o. v. l.) Franz Beckenbauer, Bundestrainer Helmut Schön, Hans-Georg Schwarzenbeck, Jupp Heynckes, Gerd Müller, Horst-Dieter Höttges, Günter Netzer und (sitzend v. l.) Erwin Kremers, Herbert Wimmer, Paul Breitner, Sepp Maier sowie Uli Hoeneß kaum Begeisterung aufkommt. Die Nationalelf ist eine Zweiklassen-Gesellschaft, nur die Spieler aus dem Finale haben sich im Stadion Roi Baudouin in Brüssel schnell zum Gruppenfoto formiert*

ZWEITER EM-TITEL *Kapitän Bernard Dietz glättet noch die Deutschland-Fahne unter dem EM-Pokal, als die Fotografen am 22. Juni 1980 bereits die Europameister und Bundestrainer Jupp Derwall (r.) ablichten. Im Olympiastadion von Rom feiern nur die zwölf deutschen Finalspieler (o. v. l.) Karl-Heinz Rummenigge, Toni Schumacher, Bernd Cullmann, Bernd Schuster, Hans-Peter Briegel, Horst Hrubesch, Ulli Stielike und (hockend) Klaus Allofs, Manni Kaltz, Dietz, Karlheinz Förster sowie Hansi Müller den 2:1-Finalsieg gegen Belgien. Auf den Sockel der Trophäe hat Dietz das rote Etui mit seiner persönlichen Medaille gelegt*

DRITTER EM-TITEL *Am 30. Juni 1996 berauschen sich die meisten deutschen Spieler noch lange nach Spielschluss am 2:1-Sieg gegen Tschechien im Londoner Wembley-Stadion. Hinter der Bande vereint sich die gesamte Mannschaft von Bundestrainer Berti Vogts (r. im schwarzen Anzug). Stehend v. l.: Steffen Freund, Oliver Reck, Stefan Reuter, Stefan Kuntz, Jürgen Kohler, Andreas Köpke (mit Pokal), Dieter Eilts, Andy Möller, Oliver Bierhoff, Markus Babbel, Christian Ziege, Marco Bode, Jürgen Klinsmann, René Schneider, Oliver Kahn. Vorn: Mehmet Scholl, Fredi Bobic, Thomas Strunz, Thomas Helmer, Thomas Häßler, Jens Todt und Matthias Sammer. Nur Mario Basler fehlt, er war wegen Verletzung bereits in der Vorrunde abgereist*

Verlag und Herausgeber bedanken sich
bei folgenden Fotografen:

DPA/Picture Alliance (225), Imago (114), Getty Images (71), Witters (35), Horstmüller (11), Ullstein (3), Getty Images/Popperfoto

Herausgeber: Alfred Draxler
Konzeption und redaktionelle Leitung:
Christian Tuchtfeldt
Autoren: Udo Muras, Patrick Strasser, Broder-Jürgen Trede
Layout & Produktion: Axel Beyer
Fotoredaktion: Dominique Kratz
Schlussredaktion: Volker Roggatz, Andreas Kusel
Dokumentation: Kai-Uwe Günther, Dr. Udo Lindner, Thomas Wiedenhöfer
Repro: Thomas Lammertz, Heiko Loose, Rudolf Lösel, Bernd Klinner, Marco Weidig
Druck und Bindung: Mohn Media Mohndruck GmbH, Gütersloh
Printed in Germany
ISBN 978-3-455-50387-6

Das Werk einschließlich aller seiner Teile ist urheberrechtlich geschützt. Jede Verwendung außerhalb des Urhebergesetzes ist ohne Zustimmung des Verlages unzulässig und strafbar. Dies gilt insbesondere für Vervielfältigungen, Übersetzungen, Mikroverfilmungen und die Einspeicherung und Verarbeitung in elektronischen Systemen.

© 2015 by Axel Springer SE
Alle Rechte vorbehalten
Im Buchhandelsvertrieb Hoffmann und Campe
Verlag, Hamburg.
www.hoca.de

Editorial

Der vierte Stern, der vierte deutsche WM-Titel, hat 2014 das ganze Land in einen Freudentaumel versetzt. Jetzt schicken sich Jogi Löw und seine Jungs an, das Gleiche auch bei einer Europameisterschaft zu schaffen. 2016 beim Turnier in Frankreich soll der vierte EM-Titel errungen werden. Das hat bisher noch keine Nationalmannschaft geschafft. Tauchen Sie in diesem Buch noch einmal ein in die ruhmreiche deutsche EM-Geschichte. Lesen Sie die packenden Geschichten unserer Endspiele und unserer großen Stars. 1972 in Brüssel: Unsere Elf mit Franz Beckenbauer, Günter Netzer und Gerd Müller ist für viele Experten nach wie vor die beste Nationalmannschaft aller Zeiten. 1980 in Rom: Toni Schumacher, Manni Kaltz und das Siegtor von Horst Hrubesch. 1996 in London: Matthias Sammer, Mehmet Scholl und Oliver Bierhoff, der in der Verlängerung das »Golden Goal« erzielte. Es ist die Geschichte von großen Siegen und großen Helden. Ich wünsche Ihnen viel Spaß beim Lesen!

Alfred Draxler, Chefredakteur SPORT BILD

Inhalt

FINALE 1972: *Günter Netzer stürmt mit wehenden Haaren gegen Endspiel-Gegner Sowjetunion*

FINALE 1980: *Karl-Heinz Rummenigge (l.) und Hansi Müll...*

EM 1972 ★

ab Seite 12

DIE JAHRHUNDERT-ELF
Sechs Münchner und fünf Spieler aus der Gladbacher Schule zelebrierten den ästhetisch anspruchsvollsten Fußball einer deutschen Nationalelf – aber nur einen Sommer lang **18**

ZAUDERER UND SENSIBLER FEINGEIST
Bundestrainer Schön war von seinem Habitus nicht geschaffen für den stressigen Job. Trotzdem wurde er Welt- und Europameister – weil er immer die richtigen Worte fand **32**

»EM WAR ANFANG GOLDENER ÄRA«
Torwart Sepp Maier über die Bedeutung des Titels für die Nationalelf und den FC Bayern, das Verhältnis zu Schön und den Fußball der Jahrhundert-Elf **34**

LIBERO, KAISER, WELTSTAR
Franz Beckenbauer bekleidete seit 1967 beim FC Bayern den Posten des freien Mannes, erst vier Jahre später hatte auch der Bundestrainer ein Einsehen **40**

FUSSBALL IST SEIN GESCHÄFT
Uli Hoeneß dachte schon als Spieler nur ans Geld. Er eckte an, zog sich Zorn zu. Bereits mit 22 Jahren hatte er alle wichtigen Titel gewonnen **44**

AUS DER TIEFE DES RAUMES
Günter Netzer war die erste Kultfigur des deutschen Fußballs, ein Playboy, ein Mythos. In der Nationalelf aber fremdelte er – bis Wembley kam **48**

MIT FUSS, BRUST, HINTERN, IM LIEGEN
Gerd Müller, der Bomber der Nation, traf mit allem, was das Reglement zulässt. Und aus jeder Lage. Vier Tore erzielte er bei der Endrunde – unnachahmliche Tore **54**

GRÖSSTES DEUTSCHES LÄNDERSPIEL
Das Wunder von Wembley: Deutschland besiegte England im Viertelfinal-Hinspiel 3:1. Der erste Sieg einer deutschen Nationalmannschaft auf der Insel **58**

EINSEITIGSTES FINALE DER GESCHICHTE
Es spielte nur eine Mannschaft – die deutsche. Sie gewann 3:0 gegen die UdSSR. Die Stimmung trübten nur randalierende deutsche Schlachtenbummler. Sie stürmten den Platz **64**

EM 1980 ★★

ERFOLGSSTORY NACH WM-SCHMACH
Der Tiefpunkt 1978 wurde zum Wendepunkt. Ein neuer Trainer kam, setzte auf Talente. Zwei Jahre und einen Tag nach dem 2:3 gegen Österreich war Deutschland Europameister **76**

PRINZIP DER LANGEN LEINE
Derwall trank mit seinen Spielern an der Bar, ließ ihnen Freiraum. So gewann er als einziger Bundestrainer das erste große Turnier seiner Amtszeit. Bis 1981 ging alles gut **90**

»WOLLTEN ADLER MIT ERFOLG TRAGEN«
Spielmacher Hansi Müller über das Einmalige an dieser Mannschaft, das gute Klima und wilde Messerspiele des blutjungen Lothar Matthäus **92**

IMMER ÄRGER MIT DEM BLONDEN ENGEL
Bernd Schuster war auf dem Rasen ein Genie, daneben ein Querulant und oft falsch beraten. Er kam nur auf 21 Länderspiele. Mit dem EM-Gewinn hat er das Beste hinter sich **98**

RUMMELFLIEGE WAR IMMER NERVÖS
Udo Lattek verpasste Karl-Heinz Rummenigge einst seinen Spitznamen. Der Torjäger litt vor jedem Spiel, einmal musste er sogar zwei Cognac zur Beruhigung trinken **102**

mit EM-Pokal in einer Hotelgrotte

FINALE 1996: *Die deutschen Spieler Klinsmann, Kuntz und Häßler begraben Torschütze Oliver Bierhoff unter sich*

ab Seite 70

MIT DEM SEGEN DES PAPSTES
Horst Hrubesch fühlte sich vom Bundestrainer nicht richtig gewürdigt, Kraft gab ihm erst eine komische Begebenheit auf dem Petersplatz. So wurde er der Endspiel-Held **108**

TORSCHÜTZENKÖNIG ALLOFS
In nur einem Spiel wurde er bester EM-Torjäger. Das 3:2 gegen Holland war der größte Auftritt des stillen Stürmers in der Nationalelf, er erzielte alle drei deutschen Tore **112**

»STELL DIE LINSE AUF HRUBESCH SCHARF«
Als Karl-Heinz Rummenigge in der 89. Minute zum Eckball trabte, kündigte er einem Fotografen den 2:1-Siegtreffer im Endspiel gegen Belgien an **118**

EM 1996 ★★★

DIE LETZTEN SIEGERTYPEN BIS 2014
Zwei Jahre vor der EM war die Nationalelf auf dem Tiefpunkt, zwei Jahre danach wieder. Der Titel war ein Triumph des Willens und unbändigen Kampfgeistes **132**

DER WAHRE HELD DER DEUTSCHEN
Bundestrainer Vogts steckte das Wechselbad zwischen kumpelhaftem Schultergeklopfe und oft unsachlicher Kritik in seiner achtjährigen Amtszeit weg. Er erlebte vier Endspiele **146**

»ES GAB KEINE EGOTRIPS«
Innenverteidiger Thomas Helmer über die Erfolgsgeheimnisse der Mannschaft, bittere Tränen, Nächte bei Masseuren und den Frust von Oliver Bierhoff **148**

ANTREIBER, CHEF, FEUERKOPF
Matthias Sammer hielt die Abwehr zusammen, stürmte, wenn Tore gebraucht wurden, und führte lautstark Regie. Der Titel trug die Handschrift des Liberos **154**

27 MINUTEN – DAS SPIEL SEINES LEBENS
Oliver Bierhoff kam nach dem zweiten Spiel nicht mehr zum Einsatz und klagte. Erst im Endspiel gegen Tschechien wurde er wieder eingewechselt. Er drehte nach 0:1 das Spiel **158**

ab Seite 126

BESTER BOTSCHAFTER IN ENGLAND
Jürgen Klinsmann war zwei Jahre vor der EM auf die Insel gewechselt, wurde angefeindet und eroberte die Herzen der Fans im Sturm. Aber bei der EM tat er sich schwer **162**

WIEDER DRAMA VOM ELFMETERPUNKT
Im ersten Pflichtspiel beider Giganten nach dem WM-Halbfinale von 1990 triumphierte die deutsche Elf erneut und besiegte England 7:6 n. E. **168**

ERSTES GOLDEN GOAL DER GESCHICHTE
Nach vier Minuten in der Verlängerung gegen Tschechien war es endlich so weit. Oliver Bierhoff traf zum glücklichen 2:1-Sieg n. G. G. Vorher hatte die DFB-Elf wieder Pech **174**

STATISTIK *ab Seite 180*

ALLE DEUTSCHEN VON A BIS Z
Die 161 deutschen Spieler der EM-Geschichte. Rainer Bonhof gewann dreimal den Titel, spielte aber nie. **184**

ALLE DEUTSCHEN EM-KADER
Die weiteren Teams von 1976 bis 2012. Alle Spieler, alle Einsatzminuten und Tore und die Rekorde der DFB-Elf **196**

CHAOS IN BRÜSSEL *Kurz vor Abpfiff am 18. Juni 1972 steht das Finale zwischen Deutschland und der UdSSR vor dem Abbruch. Beim Stand von 3:0. Deutsche Schlachtenbummler sind an den Platzrand vorgedrungen und säumen ihn zu Hunderten. Immer wieder laufen Anhänger auf den Rasen. Torwart Jewgenij Rudakow (l.) verdrängt sie aus seinem Strafraum. Wenige Minuten später ist Deutschland zum ersten Mal Europameister. Die Spieler flüchten vor den Zuschauermassen*

BELGIEN
EM 1972

14. Juni – 18. Juni *Teilnehmer (4): Belgien, Deutschland, UdSSR, Ungarn*

3:1 in Wembley: Deutschland gewinnt zum ersten Mal in England ++ Günter Netzer kommt in seinem besten Länderspiel aus der Tiefe des Raumes ++ Zwei junge Bayern-Spieler wirbeln die Mannschaft durcheinander: Paul Breitner und Uli Hoeneß ++ Franz Beckenbauer interpretiert die Libero-Rolle völlig neu ++ Gerd Müller schießt vier von fünf Toren bei der Endrunde und ist auf dem Höhepunkt seiner Schaffenskraft ++ Berti Vogts weint vor Enttäuschung in der Kabine ++ Co-Trainer Jupp Derwall lügt Spieler vor dem Finale aus taktischen Gründen an ++ Europa schwärmt nach dem Titel vom Jahrhundertteam ++ Die Elf glänzt nur einen Sommer lang ++

DIE EUROPAMEISTER 1972

Hintere Reihe von links: Günter Netzer, Gerd Müller, Jupp Heynckes, Sepp Maier, Jürgen Grabowski, Zeugwart Heinz Dahn, Hans-Georg Schwarzenbeck, Rainer Bonhof, Uli Hoeneß. Mittlere Reihe: Herbert Wimmer, Erwin Kremers, Paul Breitner, Wolfgang Kleff, Mannschaftsarzt Dr. Hannes Schoberth, Berti Vogts, Hannes Löhr, Michael Bella, Horst Köppel, Horst-Dieter Höttges. Vorn: Adidas-Chef Adolf Dassler, Physiotherapeut Erich Deuser, Co-Trainer Herbert Widmayer, DFB-Präsident Hermann Neuberger, Bundestrainer Helmut Schön, Co-Trainer Jupp Derwall, Franz Beckenbauer. Das Foto wurde am 1. Juni 1972 aufgenommen. Für die EM-Endrunde qualifizierte sich das Team durch ein 3:1 und 0:0 im Viertelfinale gegen England

DAS TOR ZUM TITEL *Ein typischer Müller-Treffer. In der 28. Minute schiebt der deutsche Mittelstürmer den Ball aus der Nahdistanz vorbei an Torwart Jewgenij Rudakow über die Linie – das 1:0 gegen die UdSSR. Die chancenlosen Russen um Kapitän Murtas Tschurtsilawa (2. v. r.) und Wladimir Kaplitschnij (l.) sind fortan nur noch Spielball der Deutschen. Müller erzielt in der 57. Minute mit seinem zweiten Finaltor den 3:0-Endstand*

MENSCHENAUFLAUF *Zwischen Fans und Fotografen stehen die frischgebackenen Europameister. Kapitän Franz Beckenbauer stemmt den Pokal in die Höhe. Allein Vorstopper Hans-Georg »Katsche« Schwarzenbeck (r.) hat ein Lächeln auf den Lippen*

EM 1972 Belgien

JAHRHUNDERT-ELF
SPIELTE NUR EINEN SOMMER GROSS AUF

Sechs Münchner und fünf Spieler aus der Gladbacher Schule zelebrierten den ästhetisch anspruchsvollsten Fußball in der Geschichte des DFB. Bundestrainer Helmut Schön hatte nur Luxusprobleme. Alles begann mit einem Verlegenheitsteam

Am 19. Juni 1972 überschlugen sich die internationalen Journalisten mit Lobeshymnen auf die deutsche Mannschaft. Die belgische Zeitung »La Libre« nannte die DFB-Auswahl am Tag nach dem 3:0-Endspielsieg gegen die Sowjetunion ein »Wunderteam«. Der italienische »Corriere dello Sport« schrieb von einem »Schauspiel der Kraft, Fantasie und Genialität«. Selbst Uefa-Präsident Gustav Wiederkehr, ein neutraler und nüchterner Schweizer, lobpreiste: »Um diese Mannschaft muss die ganze Welt Deutschland beneiden.«

Das, was die Zeitgenossen damals im Überschwang ausriefen, hat die Jahrzehnte überdauert und sich zu einem schier unzerstörbaren Meinungsbild verfestigt: Diese elf Männer auf dem Platz in Brüssel zelebrierten gegen den überforderten Klassenfeind aus dem Osten den ästhetisch anspruchsvollsten Fußball, den je eine deutsche Mannschaft gespielt hat. Auf seiner Homepage schwelgt der stets der Sachlichkeit verpflichtete Deutsche Fußball-Bund noch heute in Superlativen, vom »Triumph der Jahrhundert-Elf« ist zu lesen.

Wer sich diesem Team, das 1972 die ganze Welt verzückte, mit professioneller Distanz nähert und es nie hat spielen sehen, muss sich heute etwas wundern über die Lobpreisungen. Es besteht nicht der geringste Zweifel daran, dass die Elf von Bundestrainer Helmut Schön am 18. Juni 1972 hochverdient Europameister geworden war. Aber eine Jahrhundert-Elf? Sollte sie nicht wenigstens eine Epoche prägen?

Streng genommen glänzte diese Mannschaft nur einen langen Fußballsommer. Das Niveau jener rauschhaften Wochen zwischen dem Tag von Wembley am 29. April, dem Viertelfinal-Hinspiel gegen England, dem 3:1, dem ersten Sieg einer deutschen Nationalelf auf englischem Boden, und dem Finale von Brüssel hat sie danach nie mehr erreicht.

»Von da an ging es bergab. Man kann Traummannschaften nicht einwecken«, notierte Helmut Schön in seinen Memoiren. Obwohl er zwei Jahre später mit dem Kern des EM-Kaders im eigenen Land sogar Weltmeister wurde (2:1 gegen Holland).

Vor dem Frühjahr 1972 hatte sich der Triumph keineswegs als ›

EM 1972 Belgien

4. EM-ENDRUNDE

Qualifikation

Gruppe 1
Tschechoslowakei – Finnland 1:1, Rumänien – Finnland 3:0, Wales – Rumänien 0:0, Wales – Tschechoslowakei 1:3, Tschechoslowakei – Rumänien 1:0, Finnland – Wales 0:1, Finnland – Tschechoslowakei 0:4, Finnland – Rumänien 0:4, Wales – Finnland 3:0, Tschechoslowakei – Wales 1:0, Rumänien – Tschechoslowakei 2:1, Rumänien – Wales 2:0

Gruppe 2
Norwegen – Ungarn 1:3, Frankreich – Norwegen 3:1, Bulgarien – Norwegen 1:1, Ungarn – Frankreich 1:1, Bulgarien – Ungarn 3:0, Norwegen – Bulgarien 1:4, Norwegen – Frankreich 1:3, Ungarn – Bulgarien 2:0, Frankreich – Ungarn 0:2, Ungarn – Norwegen 4:0, Frankreich – Bulgarien 2:1, Bulgarien – Frankreich 2:1

Gruppe 3
Malta – Griechenland 1:1, Griechenland – Schweiz 0:1, Malta – Schweiz 1:2, Malta – England 0:1, England – Griechenland 3:0, Schweiz – Malta 5:0, England – Malta 5:0, Schweiz – Griechenland 1:0, Griechenland – Malta 2:0, Schweiz – England 2:3, England – Schweiz 1:1, Griechenland – England 0:2

Gruppe 4
Spanien – Nordirland 3:0, Zypern – Sowjetunion 1:3, Zypern – Nordirland 0:3, Nordirland – Zypern 5:0, Zypern – Spanien 0:2, Sowjetunion – Spanien 2:1, Sowjetunion – Zypern 6:1, Sowjetunion – Nordirland 1:0, Nordirland – Sowjetunion 1:1, Spanien – Sowjetunion 0:0, Spanien – Zypern 7:0, Nordirland – Spanien 1:1

Gruppe 5
Dänemark – Portugal 0:1, Schottland – Dänemark 1:0, Belgien – Dänemark 2:0, Belgien – Schottland 3:0, Belgien – Portugal 3:0, Portugal – Schottland 2:0, Portugal – Dänemark 5:0, Dänemark – Belgien 1:2, Dänemark – Schottland 1:0, Schottland – Portugal 2:1, Schottland – Belgien 1:0, Portugal – Belgien 1:1

Gruppe 6
Irland – Schweden 1:1, Schweden – Irland 1:0, Österreich – Italien 1:2, Italien – Irland 3:0, Irland – Italien 1:2, Schweden – Österreich 1:0, Irland – Österreich 1:4, Schweden – Italien 0:0, Österreich – Schweden 1:0, Italien – Schweden 3:0, Österreich – Irland 6:0, Italien – Österreich 2:2

Gruppe 7
Holland – Jugoslawien 1:1, Luxemburg – Jugoslawien 0:2, DDR – Holland 1:0, Luxemburg – DDR 0:5, Holland – Luxemburg 6:0, Jugoslawien – Holland 2:0, DDR – Luxemburg 2:1, DDR – Jugoslawien 1:2, Holland – DDR 3:2, Jugoslawien – DDR 0:0, Jugoslawien – Luxemburg 0:0, Luxemburg – Holland 0:8

Gruppe 8
Polen – Albanien 3:0, Deutschland – Türkei 1:1, Türkei – Albanien 2:1, Albanien – Deutschland 0:1, Türkei – Deutschland 0:3, Albanien – Polen 1:1, Deutschland – Albanien 2:0, Polen – Türkei 5:1, Polen – Deutschland 1:3, Albanien – Türkei 3:0, Deutschland – Polen 0:0, Türkei – Polen 1:0

Viertelfinale
29. 4.	London	England – Deutschland	1:3
13. 5.	Berlin	Deutschland – England	0:0
29. 4.	Mailand	Italien – Belgien	0:0
13. 5.	Brüssel	Belgien – Italien	2:1
29. 4.	Budapest	Ungarn – Rumänien	1:1
14. 5.	Bukarest	Rumänien – Ungarn	2:2
17. 5.	Belgrad	Ungarn – Rumänien	2:1
30. 4.	Belgrad	Jugoslawien – Sowjetunion	0:0
13.5.	Moskau	Sowjetunion – Jugoslawien	3:0

Halbfinale
14. 6.	Brüssel	Sowjetunion – Ungarn	1:0
14. 6.	Antwerpen	Belgien – Deutschland	1:2

Spiel um Platz 3
17. 6.	Lüttich	Ungarn – Belgien	1:2

Finale
18. 6.	Brüssel	Deutschland – Sowjetunion	3:0

ZWEI FELDHERREN PRÄGEN DIE ELF

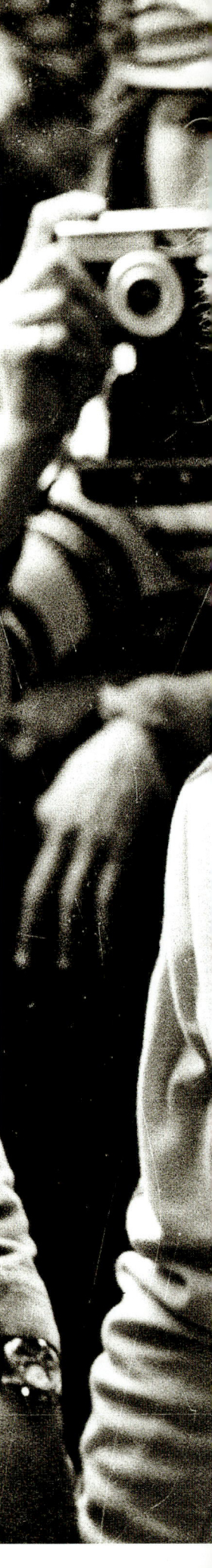

› unausweichliche Folge eines ausgeklügelten Konzepts angedeutet. Von der WM 1970 waren die Deutschen zwar Beifall umrauscht als Dritter zurückgekehrt und hatten im Halbfinale gegen Italien (3:4 n. V.), dem Jahrhundertspiel, Heldenstatus erlangt. Aber unter der Sonne Mexikos hatten sie eher ihr Image von den kampfstarken Teutonen, die nie aufgeben, gefestigt. Fußball-Glanz, dafür stand Deutschland nicht. Und während der EM-Qualifikation gab es mehr Pfiffe als Applaus, nach allen Heimspielen herrschte große Unzufriedenheit. So war es im Herbst 1970 in Köln gegen die Türkei (1:1), als der Bundestrainer zugab: »Dass es so schwer wird, war auch für mich ein Schock!« So war es im Juni 1971 in Karlsruhe, als gegen Albanien nur ein maues 2:0 gelang. Nun sprach Schön von einem »unsympathischen Spiel, bis auf die Punkte«. Und so war es auch nach dem abschließenden 0:0 in Hamburg im November 1971 gegen die Polen.
»Schlecht gespielt wie lange nicht«, titelte der »Kicker« und analysierte: »Mit dieser Leistung, die unsere Mannschaft in Hamburg zeigte, wird sie die zweite Runde kaum überstehen, wie der Gegner auch heißen mag.«
Die zweite Runde war das Viertelfinale, und der Gegner am 29. April hieß England. In Wembley aber spielte eine andere Mannschaft als noch in Hamburg, wo mit Klaus Fichtel und Reinhard »Stan« Libuda noch zwei Spieler von Schalke 04 aufgelaufen waren. Sie wurden im Zuge der Ermittlungen des Bundesliga-Skandals 1970/71, als mindestens 18 Spiele im Abstiegskampf manipuliert worden waren, vom DFB gesperrt und Helmut Schön entzogen.

Der Skandal, der sich über Jahre hinzog, markiert das düsterste Kapitel des deutschen Fußballs. Spieler mussten vor Gericht und schworen zuweilen Meineid, die Zuschauerzahlen sanken rapide, Fans forderten gar die Aussetzung der Bundesliga. Da klingt es schier paradox, dass aus jener Depression heraus die beste deutsche Nationalmannschaft aller Zeiten erwuchs. Zum Glück gab es erstklassige Spieler im Dutzend, Schön konnte aus dem Vollen schöpfen. Um seine Probleme beneideten ihn alle anderen Nationaltrainer. Das größte Problem seiner Ära kulminierte in der Frage: »Overath oder Netzer?« Schön hatte zwei geniale Spielmacher, die einfach nicht miteinander (spielen) konnten. In seiner Not hatte der Bundestrainer den Kölner Wolfgang Overath gegen Albanien sogar in den Sturm gestellt, damit er dem Gladbacher Günter Netzer nicht in die Quere kam. Ein Flop. Wie 1970 löste sich sein Luxusproblem schließlich von selbst: In Mexiko fiel Netzer verletzt aus, nun traf es Overath. Er schaffte es nach einer Leistenoperation nur noch in den erweiterten Kader.
Der Ausfall spielte keine Rolle. Gerade die neuen Mächte der Bundesliga förderten Talente im Übermaß. Bayern München (Meister 1969) und Borussia Mönchengladbach (1970, 1971) prägten in jenen Tagen die Nationalmannschaft, Schön setzte auf Blockbildung. Im Heimspiel gegen Albanien kamen sieben Borussen zum Einsatz, es war Nachkriegsrekord.
Im EM-Jahr dominierten dann die Bayern, von denen sechs in der Finalmannschaft gegen die UdSSR standen. Dazu kamen drei aktuelle Gladbacher und zwei ehemalige (Horst-Dieter Höttges und Erwin ›

FREUNDE FÜRS LEBEN *Franz Beckenbauer (l.) und Günter Netzer führen die Europameistermannschaft. Neben dem Platz – und auf dem Rasen im Wechselspiel: Beckenbauer als Libero, Netzer als Spielmacher*

EM 1972 Belgien

BAYERN-ACHSE VON DER WM IN MEXIKO

ENGLAND SOLLTE DIE ENDRUNDE AUSRICHTEN

Brüssels Wahrzeichen hinter der Gegengerade des Endspiel-Stadions Roi Baudouin: das Atomium

Wie damals üblich, bestimmte die Uefa erst nach den Viertelfinalspielen den Ausrichter der Endrunde. England war für den Fall eines erfolgreichen Duells mit Deutschland zum ersten Kandidaten ernannt worden, als Ersatzausrichter der Sieger des Viertelfinals Italien gegen Belgien. Niemand rechnete ernsthaft mit der Qualifikation der Belgier, so bereiteten sich England und Italien auf die Aufgabe vor. Es kam ganz anders: England unterlag Deutschland, Belgien bezwang Italien (0:0, 2:1). So gab die Uefa am 13. Mai, erst gut einen Monat vor dem ersten Halbfinale, das Turnier nach Belgien. In ein Land, in dem der Radsport die Massen faszinierte und nicht der Fußball. Sie fieberten mit Eddy Merckx, der im Juli zum vierten Mal die Tour de France gewann. Zu den Besonderheiten zählte auch dies: Das belgische Fernsehen übertrug das Finale nicht. Die Uefa hatte die Werberechte in den Stadien für 500 000 Mark an eine Agentur verkauft, womit zwar der flämische, aber nicht der wallonische Kultusminister einverstanden war. Ohne dessen Zustimmung gab es keine Übertragung aus Brüssel. Die belgischen Fußball-Fans schalteten deshalb französisches, holländisches oder deutsches Fernsehen ein. Die DDR zeigte in beiden Kanälen des Staatsfernsehens das Finale.

› Kremers). Die Bayern-Achse mit Torwart Sepp Maier, Libero Franz Beckenbauer und Mittelstürmer Gerd Müller hatte schon in Mexiko ihren Dienst getan, aber da stand Beckenbauer noch in Overaths Schatten und Müller in dem von Uwe Seeler. Fixsterne wurden sie erst nach der Weltmeisterschaft, auch weil Beckenbauer nach dem Rücktritt von Ausputzer Willi Schulz, der sich bei der WM 1966 den Spitznamen »Worldcup-Willi« erworben hatte, endlich vom Mittelfeld in die Abwehr durfte und dort einen Stilwandel bewirkte: Als erster Libero der Nation organisierte er die deutsche Abwehr, mit seinen Sturmläufen bereicherte er die Offensive. Idealtypisch dafür gilt sein legendäres Wechselspiel mit Günter Netzer in Wembley. Beckenbauer konnte sich die Ausflüge leisten, weil zuverlässige Mitstreiter aus München ihm folgten und ihn absicherten. Allen voran der kantige Vorstopper Hans-Georg »Katsche« Schwarzenbeck, ein zäher, lauf- und kampfstarker Athlet.

Seit der Skandinavien-Reise im Juni 1971 gehörten auch die Münchner Paul Breitner und Uli Hoeneß, zwei Studenten, die sich eine WG teilten und unverblümt ihre Meinung sagten, zum Team. In der Saison 1971/72, die der FC Bayern mit einem Torrekord (101 Treffer) abschloss, überholte der Münchner Block rein hierarchisch den der Gladbacher um Netzer, Berti Vogts, Jupp Heynckes und Herbert »Hacki« Wimmer. Dem Binnenklima kam es zugute, dass der Umgang der Ligarivalen von großem Respekt geprägt war. ›

ERWEITERTER KADER

Mit diesem Fernschreiben (FS) an die Uefa benennt der DFB 24 Spieler. Der dritte Torwart steht wegen Verletzung von Bernd Franke noch nicht fest

1 Sepp Maier

Der Münchner festigte mit dem Gewinn der Europameisterschaft seinen Status als deutsche Nummer 1. Maier kam auch in allen Qualifikationsspielen zum Einsatz. Im Halbfinale gegen Belgien bestritt er sein 40. Länderspiel und löste Hans Tilkowski als Rekord-Nationaltorhüter ab. Das ist er auch heute noch: 1979 trat Maier mit 95 Länderspielen zurück. Nicht ganz freiwillig, sondern wegen eines schweren Autounfalls, der seine Karriere beendete. Als einziger deutscher Torwart bestritt er zwei EM-Endspiele. 1976 war er jedoch auf der Verliererseite: Deutschland unterlag der CSSR nach Elfmeterschießen, das Maiers Schwäche war. Beim 3:5 i. E. hielt er keinen Ball.

2 Horst-Dieter Höttges

Der robuste Bremer Verteidiger war Schöns Allzweckwaffe in der Defensive. 1966 stand Höttges im Wembley-Finale gegen England (2:4 n. V.), 1970 bei der WM in Mexiko pendelte er zwischen Spielfeld und Bank. In der EM-Qualifikation kam Höttges nur im ersten und letzten Spiel zum Einsatz. Aber die Sperre des Berliners Bernd Patzke, der in den Bundesliga-Skandal verwickelt war, und die Verletzung von Berti Vogts waren sein Glück. Ab dem Viertelfinale fehlte Höttges keine Minute mehr. Obwohl er mit Werder oft gegen den Abstieg spielte, brachte er es auf 66 Länderspiele und darf sich dank eines Kurzeinsatzes 1974 auch Weltmeister nennen.

KARAMBOLAGE *Englands Rechtsaußen Francis Lee stürzt im Zweikampf mit Torwart Sepp Maier. Der hat den Ball, noch ganz aus Leder, fest in den Armen. Später erzielt Lee den 1:1-Ausgleich, kann sich aber nur sechs Minuten darüber freuen*

3 Paul Breitner

Der Linksverteidiger war die Entdeckung der Skandinavien-Reise im Sommer 1971. Seitdem war Breitner, der mit 19 Jahren debütierte, im Kreis der Nationalelf. Der Bayern-Block in der Abwehr machte ihm die Integration leichter. Obwohl Rechtsfuß, etablierte er sich auf der linken Deckungsseite. Seine Position interpretierte er gern offensiv. Seine Kritik an der Nationalhymne (»Sie stört mich bei der Konzentration«) brachte Breitner im September 1971 zwar um ein Länderspiel, aber Schön konnte nicht auf ihn verzichten. Der zornige junge Mann wurde 1974 Weltmeister, bei seinem Abgang 1982 stand er im WM-Finale (1:3 gegen Italien) – nun als Chef im Mittelfeld.

4 Hans-Georg Schwarzenbeck

Der Vorstopper des FC Bayern war ab 1971 auch der der Nationalmannschaft. Was wesentlich an Kapitän Franz Beckenbauer lag, der seinen braven Helfer protegierte. Der Mann, den alle »Katsche« riefen, trug auch den Beinamen »Der Putzer des Kaisers«. Es störte ihn nicht, im Mittelpunkt wollte Schwarzenbeck nie stehen. In 44 Länderspielen schoss er kein Tor, es war nicht sein Job. Schwarzenbeck war allerdings ein besserer Fußballer, als es seine Kritiker wahrhaben wollten: Das bewies er vor allem im Finale gegen Russland bei der Vorarbeit zum 3:0. Schwarzenbeck wurde zwei Jahre später an der Seite Beckenbauers auch Weltmeister.

EM 1972 Belgien

KEINE GRÄBEN
ZWISCHEN DEN SPIELERN

SCHNELLINGERS ABSCHIED, FLOHE WAR SCHON GESETZT

Spielte nur im Qualifikations-Spiel in Albanien: Karl-Heinz Schnellinger (l.)

In der Qualifikation (Gruppenphase und Viertelfinale) bot Helmut Schön zehn Spieler auf, die später nicht zum 18-Mann-Kader für die EM gehörten. Prominentester Akteur: Karl-Heinz Schnellinger, Vize-Weltmeister von 1966 und WM-Dritter von 1970. Der Verteidiger vom AC Mailand kam nur 1971 beim 1:0 in Albanien zum Einsatz (90 Minuten), beim 0:0 im Viertelfinal-Rückspiel gegen England saß er auf der Bank. Dem Kölner Spielmacher Heinz Flohe übertrug Schön in dieser Partie die Spielmacherrolle. Flohes Name stand bereits auf der offiziellen Zimmerbelegungsliste des DFB für Belgien, dann aber erhielt Teamkollege Hannes Löhr den Vorzug. Flohe blieb auf Abruf in der Heimat. Hartwig Bleidick (Mönchengladbach) durfte nur beim Heimspiel gegen Albanien (2:0) ran und avancierte zum Kurzarbeiter: In 48 Sekunden kam er nicht einmal an den Ball.

› Netzer sagte einmal: »Es war eine Blockbildung aus den beiden besten Mannschaften, zwischen denen es keine Gräben oder Dissonanzen gab, nur eine gesunde Rivalität.« So schoss der Münchner Gerd Müller im Halbfinale gegen EM-Gastgeber Belgien (2:1) beide Tore nach Pässen des Gladbachers Netzer, der feststellte: »Der Gerd war für mich ein Partner wie im Verein der Jupp Heynckes.«

Das war das Geheimnis dieses Wunderteams. Es war gewiss eine glückliche Fügung, dass es Anfang der 70er-Jahre so viele Weltklassespieler in Deutschland gab, aber die Kunst des Bundestrainers war es, sie harmonieren zu lassen. Daran war mancher vor Helmut Schön gescheitert. In einem Fußball-Jahrbuch von 1972 steht: »Schön konnte aus dem Vollen schöpfen. Er tut es mit einigem Geschick, wie er bewiesen hat. Ein Punkt scheint in der deutschen Nationalelf besonders wichtig: Heute bügelt jeder so weit wie möglich den Fehler seines Nebenmannes aus. Das war nicht immer so.« Und doch waren auch erst im Nachhinein als glücklich zu wertende Umstände wie der Ausfall von Overath und die Sperren der Schalker Fichtel und Libuda für die Geburt der Wunderelf von Wembley verantwortlich. Schön schickte genau genommen eine Verlegenheitself auf den berühmten Rasen. Vor dem Spiel herrschte großer Pessimismus, nach dem 3:1 kannte die Euphorie keine Grenzen. Auch das Ausland staunte, plötzlich konnten die Deutschen auch spielerisch leicht gewinnen. Selbst das schon traditionell ernüchternde Heimspiel – das Rückspiel in Berlin endete 0:0 – änderte nichts mehr an der Favoritenrolle der Nationalmannschaft. Erst recht nach dem furiosen 4:1 im Freundschaftsspiel gegen die UdSSR am 26. Mai anlässlich der Einweihung des Münchner Olympiastadions, bei dem Gerd Müller vier Tore erzielte und einen Monat vor der Endrunde die Europameister-Elf erstmals ›

Viertelfinale
ENGLAND – DEUTSCHLAND 1:3 (0:1)
29. April 1972, 19.45 Uhr Ortszeit, Wembley-Stadion, London

Schiedsrichter: Héliès (Frankreich).
Tore: 0:1 Hoeneß (27.), 1:1 Lee (78.), 1:2 Netzer (84., Foulelfmeter), 1:3 Müller (88.).
Einwechslungen: Marsh für Hurst (57.)
Gelbe Karten: –.
Zuschauer: 96 800.

Aufstellung England: Banks – Madeley, Moore, Hunter, Hughes – Bell, Ball, Peters – Lee, Chivers, Hurst.

Aufstellung Deutschland: Maier – Höttges, Schwarzenbeck, Beckenbauer, Breitner – Hoeneß, Netzer, Wimmer, Grabowski – Held, Müller.

5 *Franz Beckenbauer*

Obwohl fünf Spieler aus der Finalmannschaft älter waren als er, war der 26 Jahre alte Beckenbauer derjenige Deutsche mit den meisten Länderspielen. In Belgien überholte er mit seinem 62. Einsatz Fritz Walter, den Weltmeister und Spielführer von 1954. Als Beckenbauer 1977 nach New York wechselte, trat er als Rekord-Nationalspieler (103 Einsätze) ab. Den Titel verlor er, Lothar Matthäus brachte es auf 150. Länderspiele. An sein 100. Spiel denkt das Fußball-Genie ungern zurück: Es war das verlorene EM-Finale 1976 gegen die Tschechoslowakei (5:7 n. E.). Nur Beckenbauer und Sepp Maier verpassten auf dem Weg zum EM-Titel keine Sekunde.

6 *Herbert Wimmer*

Die Länderspiel-Karriere des Dauerläufers begann Ende 1968, einem Einsatz in der WM-Qualifikation folgten drei auf der Südamerika-Reise. Aber seine Hoffnungen auf die WM-Teilnahme 1970 platzten, weil Günter Netzer ausfiel und Wimmer als sein »Wasserträger« überflüssig war. Erst nach zweieinhalbjähriger Pause kehrte er (mit Netzer) ins DFB-Team zurück. Vier Qualifikationsspiele, das Viertelfinale gegen England und die Endrunden-Partien absolvierte Wimmer – alle in der Startelf. Im Finale glückte ihm sein erstes von vier Länderspiel-Toren. »Der EM-Titel war das Größte, was ich in meiner Karriere erreicht habe.« 1974 wurde er als Reservist Weltmeister.

JUBELSPRUNG Uli Hoeneß hebt nach seinem Tor zum 1:0 gegen England ab. Günter Netzer (Nr. 10) läuft ihm vor der imposanten Kulisse der knapp 100 000 Zuschauer im Wembley-Stadion entgegen, Gerd Müller (r.) hinterher. England trauert

7 Jürgen Grabowski

Seine Rückennummer 7 berechtigte zu Hoffnungen, doch die Endrunde verbrachte der Frankfurter Rechtsaußen weitgehend auf der Bank. Dabei war er längst mehr als nur der »beste Joker der Welt«, wie man ihn nach der WM 1970 titulierte. In der Qualifikation stand Grabowski in allen Spielen in der Startelf und schoss zwei Tore, und er spielte auch in Wembley. Vor dem Rückspiel gegen England verletzte er sich im DFB-Training und fiel zwei Wochen aus. Schön zog den unerfahrenen, aber fitteren Erwin Kremers vor, gönnte »Grabi« nur 33 Minuten gegen Belgien. Sein Anteil am WM-Titel 1974 war weitaus größer (sechs Spiele). Nach dem Finale trat er zurück (44 Länderspiele).

8 Uli Hoeneß

Der jüngste Spieler in der Sieger-Elf, gerade 20 Jahre alt, krönte mit dem Titelgewinn seine Saison bei den Bayern, in der er 13 Tore zur Meisterschaft beisteuerte. In der Qualifikation nicht dabei, profitierte Hoeneß von Schöns Entscheidung, die Kölner Overath und Flohe nur auf Abruf zu nominieren. Sein Platz: das linke Mittelfeld. Erst im März 1972 war er Nationalspieler geworden, traf gleich bei seinem Debüt in Budapest. Gegen Belgien war Hoeneß noch schwächster deutscher Spieler und wurde ausgewechselt, im Finale steigerte er sich erheblich. Auch er wurde 1974 Weltmeister, 1976 endete seine Länderspiel-Karriere im Alter von erst 24 Jahren (35 Einsätze).

EM 1972 Belgien

ZWISCHEN 32. UND 33.
SPIELTAG SCHNELL ZUR EM

SO SCHLIEFEN DIE DEUTSCHEN

Bundestrainer Schön vor dem Mannschaftshotel in Brüssel

Die DFB-Auswahl wohnte während der EM-Endrunde im siebten Stock des Holiday Inn in Brüssel – Bayern und Gladbacher meist voneinander getrennt. Die große Ausnahme machten die Torhüter Sepp Maier und Wolfgang Kleff in Zimmer 747.

Die Zimmerverteilung:
731 Helmut Schön
733 Walter Baresel (Delegationsmitglied)
735 Beckenbauer/Müller
737 Netzer/Heynckes
739 Hoeneß/Breitner
741 Grabowski/Wimmer
743 Höttges/Schwarzenbeck
745 Vogts/Bonhof
747 Maier/Kleff
749 Kremers/Löhr
751 Bella/Köppel

zusammenspielte. Ohne die verletzten Stammspieler Vogts, Overath und Jürgen Grabowski von Eintracht Frankfurt, dafür mit Breitner und Hoeneß und dem Schalker Debütanten Erwin Kremers, den Schön mit Erfolg als Linksaußen ausprobierte.
Am System wurde nicht gerüttelt, man spielte im klassischen 4-3-3 mit zwei Außenstürmern. Der sowjetische Trainer Nikolaj Guljajew sprach es als einer der Ersten aus: »Gegen diese deutsche Mannschaft können wir durchaus auch das nächste Mal verlieren, denn sie ist derzeit die stärkste der Welt.« Da ahnte Guljajew noch nicht, dass sich beide Teams so schnell wiedertreffen würden.
Auf der Tribüne in München saß der Trainer des Halbfinal-Gegners Belgien, Raymond Goethals. Als Reporter ihn nach seinen Eindrücken fragten, prophezeite er: »Ich habe den europäischen Meister und den Weltmeister 1974 gesehen. Die belgische Mannschaft hat in Antwerpen überhaupt keine Chance.« Trotz des Heimvorteils. Obwohl es bereits die vierte Endrunde seit Einführung 1960 war, steckte die Europameisterschaft 1972 noch in den Kinderschuhen. Von einem Turnier konnte keine Rede sein, nur vier Mannschaften nahmen teil und trugen vier Spiele aus: zwei Halbfinals, das Spiel um Platz drei und das Finale binnen vier Tagen. Und das noch während der laufenden Bundesliga-Saison: Zwischen dem 32. und 33. Spieltag fuhren 18 Nationalspieler kurz zur EM ins Nachbarland. Auch das DFB-Pokal-Finale stand noch aus.
Für Deutschland war es die erste EM-Endrunde überhaupt. 1960 und 1964 hatte der DFB kein Interesse gezeigt, 1968 war die Mannschaft in der Qualifikation an Fußball-Zwerg Albanien gescheitert (0:0 in Tirana).
Von EM-Fieber konnte keine Rede sein. Es lag kein einziges Sonderheft an den Kiosken, die Kinder konnten nicht so wie vor Weltmeisterschaften Bilder in Sam-

Viertelfinale
DEUTSCHLAND – ENGLAND 0:0
13. Mai 1972, 16 Uhr Ortszeit, Olympia-Stadion, Berlin

Schiedsrichter: Gugulovic (Jugoslawien).
Tore: –.
Einwechslungen: Heynckes für Hoeneß (70.) – Summerbee für Marsh (60.), Peters für Hunter (71.).
Gelbe Karten: –.
Zuschauer: 76 122.

9 *Jupp Heynckes*

Der Gladbacher gehörte zu den Spielern, die ihr wahres Können in der Nationalelf nur selten zeigten. In der Bundesliga erzielte Heynckes nach Gerd Müller und Klaus Fischer die meisten Tore (220), hatte eine Torquote von fast 60 Prozent. Im DFB-Trikot traf er nur 14-mal in 39 Partien. Zur EM reiste er mit einer Serie von 14 Länderspielen ohne Tor an. Eigentlich Linksaußen, versetzte ihn Schön auf den rechten Flügel, um Platz für Erwin Kremers zu schaffen. Auch in Belgien traf er nicht, bereitete aber zwei Finaltore vor. 1974 wurde Heynckes als Ersatzspieler Weltmeister. Als Trainer gelangte er bei Real Madrid (Champions-League-Sieg 1998) und Bayern München (Triple 2013) zu Weltruf.

10 *Günter Netzer*

Die Europameisterschaft 1972 wird immer eng mit seinem Namen verbunden sein. In diesem Jahr war der Mönchengladbacher in der Form seines Lebens. Spätestens seitdem ist auch seine Rückennummer 10 zum Mythos geworden und zum Symbol für einen klassischen Spielmacher. Im deutschen Fußball gab es keinen größeren »Zehner«, Konkurrent Wolfgang Overath war eher ein »Achter«. Netzers Länderspielbilanz ist indes, gemessen an seinen Fähigkeiten, unbefriedigend. Er lief nur 37-mal für Deutschland auf, erzielte sechs Tore. Bei der WM 1974 spielte er keine Rolle, abgesehen von einem Kurzeinsatz gegen die DDR blieb er Zuschauer.

GAUMENFREUDEN *Mit Brötchen, Rührei und Kaffee: An langer Tafel im Brüsseler Hotel Holiday Inn frühstücken (v. l.) Franz Beckenbauer, Berti Vogts, Horst-Dieter Höttges (verdeckt), Hannes Löhr, Hans-Georg »Katsche« Schwarzenbeck, Paul Breitner, Uli Hoeneß, Michael Bella, Rainer Bonhof und Wolfgang Kleff*

11 Erwin Kremers

Der Ausfall von Siggi Held spülte den Schalker Linksaußen in die Mannschaft. Keiner konnte Anfang der 70er-Jahre so gut mit links flanken wie Kremers. Seine Karriere schien schon beendet, als er sich vor der Europameisterschaft weigerte, in der B-Elf zu spielen. Helmut Schön verzieh ihm. Sein Debüt gab Kremers 19 Tage vor dem EM-Finale beim 4:1-Testspielsieg gegen die UdSSR, danach war er gesetzt. Bis zur WM 1974. Kurz vor dem Turnier flog Kremers aus dem Kader, weil er im letzten Bundesliga-Spiel in Kaiserslautern Schiedsrichter Max Klauser »dumme Sau« nannte, dies auch wiederholte und vom DFB gesperrt wurde. So blieb es bei 15 Länderspielen und drei Toren.

13 Gerd Müller

1971/72 spielte der Mittelstürmer der Bayern seine beste Saison. Nach Belgien reiste er mit dem Allzeitrekord von 40 Bundesliga-Toren. Auch hatte »der Bomber der Nation« schon Uwe Seeler (43 Treffer) als Rekordtorschützen der DFB-Historie abgelöst. Bei der EM kamen vier Treffer hinzu. Im Finale knackte Müller die 50-Tore-Marke. Mit seinem 68. und letzten Tor entschied der Münchner 1974 das WM-Endspiel gegen Holland (2:1) und verkündete seinen Rücktritt, den er drei Tage zuvor beschlossen hatte. Erst 2014 wurde Müller von Miroslav Klose an der Spitze der deutschen Torjägerliste abgelöst. Klose erzielte 71 Tore in 137 Länderspielen.

EM 1972 Belgien

10 000 MARK
TITELPRÄMIE

DREI DEUTSCHE BEI WAHL ZUM FUSSBALLER DES JAHRES VORN

Europas bester Spieler 1972: Franz Beckenbauer siegt vor Netzer und Müller

Die Glanzleistungen der deutschen Mannschaft wirkten noch lange nach. Als am Jahresende 1972 die von der französischen Zeitung »France Football« initiierte Wahl zu Europas Fußballer des Jahres stattfand, gingen die ersten drei Plätze an Europameister. Franz Beckenbauer gewann mit 81 Stimmen hauchdünn vor Günter Netzer und Gerd Müller (je 79). Dann erst kam mit dem Holländer Johan Cruyff (73) der Star von Landesmeisterpokal-Sieger Ajax Amsterdam (2:0 im Finale Inter Mailand). Eine Stimme entfiel auf Paul Breitner. An der seit 1956 ausgetragenen Wahl beteiligten sich Journalisten aus 25 Ländern. Vor Beckenbauer hatte Gerd Müller als erster Deutscher die Auszeichnung gewonnen (1970).

›melalben kleben. Auch die Begeisterung der Beteiligten hielt sich in Grenzen. Gerd Müller sagte offen: »Die Deutsche Meisterschaft ist wichtiger als die Europameisterschaft.«

Die Prämie, die der DFB zahlte, sprach Bände. Hatte es für den dritten Platz in Mexiko noch 30 000 Mark gegeben, wurden für den EM-Triumph nur 10 000 Mark pro Spieler ausgelobt. In den Genuss dieser Prämie sollten 18 Spieler kommen, »aber davon ging die Hälfte ans Finanzamt«, erinnert sich Reservist Michael Bella vom MSV Duisburg.

Sieben weitere Profis warteten zu Hause vergeblich auf Abruf. Der Bundestrainer brauchte sie nicht. Denn selbst der 18er-Kader war viel zu groß für zwei Spiele, in denen der Zauderer Schön, der Auswechslungen nicht mochte, zweimal mit derselben Elf spielen ließ. Nur Jürgen Grabowski gönnte er 32 Einsatzminuten im Halbfinale gegen Belgien.

Schöns Risiko, mit den sechs absoluten Turnierneulingen Schwarzenbeck, Breitner, Hoeneß, Wimmer, Heynckes und Kremers zu spielen, wurde belohnt. Beckenbauer war mit 61 Länderspielen der Erfahrenste dieser Elf, Vogts-Vertreter Horst-Dieter Höttges (Werder Bremen) mit 28 Jahren der Älteste. Im Schnitt war der Europameister 25,1 Jahre jung. Im WM-Halbfinale 1970 gegen Italien hatte das Durchschnittsalter der Startelf noch 26,9 Jahre betragen. Jünger und schwungvoller, mit den zwei Feldherren Beckenbauer und Netzer, die sich nicht in die Quere kamen, und dem »Bomber der Nation« Gerd Müller in der Form seines Lebens – so brachen sie auf nach Belgien.

Auch ein Nato-Manöver, das den Abflug von Frankfurt um die Länge eines Fußballspiels verzögerte, konnte sie nicht stoppen. Helmut Schön gab die Parole aus: »Nun wollen wir auch Europameister werden!«

Über die im selben Brüsseler Hotel, dem Holyday Inn, wohnenden Belgier konnte er seinen Schützlingen nicht viel erzählen. »Die ›

Halbfinale
BELGIEN – DEUTSCHLAND 1:2 (0:1)
14. Juni 1972, 20 Uhr Ortszeit, Stade Bosuil, Antwerpen

Schiedsrichter: Mullen (Schottland).
Tore: 0:1 Müller (24.), 0:2 Müller (71.), 1:2 Polleunis (83.)
Einwechslungen: Polleunis für Martens (69.) – Grabowski für Hoeneß (59.),
Gelbe Karte: Vandendaele (Belgien).
Zuschauer: 55 601.

---

14 Berti Vogts

Der kleine, drahtige Außenverteidiger von Borussia Mönchengladbach war der Traurigste im DFB-Kader. Eine Knieverletzung machte seinen Einsatz unmöglich, er verlor seinen Stammplatz. Im Halbfinale gegen Belgien saß Vogts noch auf der Ersatzbank, gegen die UdSSR schaffte er es nicht mehr auf den Spielberichtsbogen. Vogts bangte sogar um seine Karriere. Nicht lange: Er spielte noch sechs Jahre, kam auf 96 Länderspiele, wurde 1974 Weltmeister, stand im EM-Finale 1976 und war Kapitän bei der verkorksten WM 1978 in Argentinien (2:3 gegen Österreich in der Finalrunde). Europameister wurde Vogts 24 Jahre später noch einmal: 1996 als Bundestrainer.

15 Rainer Bonhof

Für den jüngsten Spieler im DFB-Kader war die Europameisterschaft ein Schnupperkurs: Zum Einsatz kam der schussgewaltige Gladbacher Mittelfeldspieler mit seinen 20 Jahren und drei Monaten nicht. Schön hatte Bonhof erstmals vor dem Viertelfinale in Wembley berufen, auch da blieb er auf der Bank. Im Test gegen die UdSSR feierte er dann sein Debüt. Bonhofs Zeit kam später: 1974 bereitete er Gerd Müllers 2:1 im Finale gegen Holland vor, 1976 wurde er Vize-Europameister. Nach der Mini-WM 1981 endete seine Länderspiel-Karriere (53 Einsätze) abrupt. Für Gladbach, Köln und Hertha spielte er 311-mal in der Bundesliga (57 Tore).

MEISTERREIM *Während der Nationalhymne halten zwei Zuschauer aus Bingen ein Transparent mit eindeutiger Forderung hoch. Die Spieler erfüllen sie spielend leicht. Von links: Günter Netzer, Herbert »Hacki« Wimmer, Gerd Müller, Horst-Dieter Höttges, Erwin Kremers, Paul Breitner und Uli Hoeneß*

17 Hannes Löhr

Als der DFB die Zimmerliste für das Teamhotel in Brüssel erstellte, fehlte sein Name noch. Aber Schön brauchte Stürmer und nominierte den Kölner, der 1967/68 Bundesliga-Torschützenkönig war (27 Treffer) und bei der WM 1970 in Mexiko in allen sechs Spielen zum Einsatz kam, nach 21-monatiger Pause wieder. Gebraucht hat der Bundestrainer Hannes Löhr letztlich nicht. Löhr spielte keine Minute. Überhaupt kam zu seinen 20 Länderspiel-Einsätzen bis zum 9. September 1970 keiner mehr hinzu. Für den 1. FC Köln lief Löhr noch sieben Jahre auf und beendete 1978 nach dem Double mit Meisterschaft und DFB-Pokalsieg seine Karriere.

18 Horst Köppel

Dass Horst Köppel in Belgien zum Ersatzspieler degradiert wurde, hing angeblich mit seiner Rückkehr von Borussia Mönchengladbach zum VfB Stuttgart 1971 zusammen. Als Mitglied des Borussen-Blocks hätte der Stürmer eher eine Lobby gehabt, sagte er einmal. Helmut Schön machte ihm vor dem Finale Hoffnung auf einen Einsatz, dann reichte es nicht einmal für die Ersatzbank. Die EM blieb Köppels einziges Turnier, 1973 endete seine Länderspiel-Karriere mit elf Einsätzen. Zur WM nach Mexiko kam er 1986 als Assistent von Teamchef Franz Beckenbauer. In der Bundesliga trainierte Köppel fünf Vereine und rettete seine Borussia 2005 vor dem Abstieg.

EM 1972 Belgien

FÜNF TAGE NACH FINALE
WIEDER BUNDESLIGA

EM OHNE HELD: ER MUSSTE IN DIE REGIONALLIGA

Gegen England Stammspieler, während der EM in Offenbach gefangen: Siggi Held

In den Viertelfinals gegen England verpasste er keine Sekunde. Linksaußen Siggi Held, WM-Teilnehmer von 1966 und 1970, war bei Helmut Schön gesetzt. Aber ausgerechnet bei der EM-Endrunde fehlte er – aus kuriosem Grund: Held war 1971 von Dortmund zu Absteiger Offenbach zurückgekehrt und hatte die Kickers wiederbelebt. Sie spielten im Juni 1972 in der Aufstiegsrunde, konnten nicht auf ihren Starstürmer verzichten. Held war zwar einer von sieben auf Abruf wartenden Nationalspielern, faktisch aber kam er für die EM nicht infrage. Der DFB hatte bei Terminierung der vierwöchigen Aufstiegsrunde (22. Mai – 25. Juni) nicht damit gerechnet, dass Schön mit einem Regionalliga-Spieler plante. »Schade. Aber wenn ich schon auf Länderspiele verzichten muss, dann steigen wir wenigstens hoffentlich auf«, nahm Held die verpasste Chance sportlich. Schön hoffte bis zuletzt (»Notfalls könnte Held zum Endspiel nachkommen, vielleicht steht Offenbach schon früher als Aufsteiger fest«), das aber vergeblich. Als Deutschland am 14. Juni gegen Belgien spielte, kickte Held gegen Röchling Völklingen (7:2). Am Final-Wochenende waren die Kickers spielfrei. Da sie noch nicht aufgestiegen waren, durfte Held nicht reisen. Eine Woche nach dem Finale machten sie die Rückkehr in die Bundesliga perfekt. Held kam nur noch zu drei Länderspielen.

› Spieler kenne ich nicht so sehr!« Aber diese deutsche Elf richtete sich nicht nach dem Gegner. Vor 59 000 Zuschauern in Antwerpen, darunter rund 25 000 aus Deutschland, deutete die Nationalmannschaft an einem verregneten Mittwochabend schon an, wozu sie in der Lage sein würde. Die hart einsteigenden Belgier ließen auf einem von Sepp Maier als »Kartoffelacker« bezeichneten Platz zunächst nicht viel zu, aber als sie Gerd Müller die erste Chance gestatteten, verwandelte der eine Netzer-Flanke vor der Pause zum 1:0. Nach Müllers zweitem Tor 20 Minuten vor Schluss beendeten die Deutschen allerdings zu früh den Arbeitstag, prompt verkürzte Odilon Polleunis (83.). Von einer Wunder-Mannschaft sprach an diesem Abend niemand, Schön von »einem Arbeitssieg«.

Und doch spürten alle vor dem Endspiel: Es kann nichts schiefgehen. Sepp Maier erinnerte sich an die entspannte Stimmung: »Helmut Schön hatte zwar, wie immer, Angst vor dem Spiel. Doch wir kannten keine Furcht mehr, vor nichts und niemandem.«

Warum auch? Die Russen hatten zwar schon zum dritten Mal ein EM-Finale erreicht, aber die Staatsamateure waren in dem einseitigen Spiel ohne Chance. So also wurde Deutschland zum ersten Mal Europameister.

»Auf der Fahrt zum Flughafen haben wir im Bus gesungen und gelacht wie kleine Kinder. So feiert man nur unerwartete oder besonders schöne Siege und Titel«, erzählte Sepp Maier später. In Deutschland gab es für die Helden nicht einmal ein offizielles Bankett. Günter Netzer traf man abends in seiner Mönchengladbacher Discothek »Lovers' Lane« an. Ein paar Tage später, am 23. Juni, trug er wieder das Trikot von Borussia Mönchengladbach und führte seine Mannschaft zum 4:0-Auswärtssieg in Oberhausen. Netzer erzielte den Endstand, zuvor hatten Heynckes zum 1:0 und Wimmer zum 3:0 getroffen. Die Bundesliga hatte die Europameister wieder. ●

Finale
DEUTSCHLAND – SOWJETUNION 3:0 (1:0)

18. Juni 1972, 16 Uhr Ortszeit, Stadion Roi Baudouin, Brüssel

Schiedsrichter: Marschall (Österreich).
Tore: 1:0 Müller (28.), 2:0 Wimmer (52.), 3:0 Müller (57.).
Einwechslungen: Dolmatow für Konkow (46.), Konsinkewitsch für Banischewski (63.).
Gelbe Karte: Kaplitschnij (Sowjetunion).
Zuschauer: 43 066.

Aufstellung Deutschland: Maier – Höttges, Beckenbauer, Schwarzenbeck, Breitner – Wimmer, Netzer, Hoeneß – Heynckes, Müller, E. Kremers

Aufstellung Sowjetunion: Rudakow – Dzodzuaschwili, Istomin, Kaplitschnij, Tschurtsilawa – Troschkin, Konkow, Kolotow – Onischenko, Banischewski, Baidatschnij

19 Michael Bella

Auf der Südamerika-Reise 1968 kam der Duisburger Libero zu zwei Länderspielen in Chile und Mexiko, das dritte folgte Ende 1970 in Griechenland. In der Qualifikation wurde Bella nur Anfang 1971 beim 1:0 in Albanien eingesetzt. Er kam in der 67. Minute für Bernd Patzke. Sein viertes Länderspiel war auch sein letztes. Aber als das Viertelfinale gegen das scheinbar übermächtige England anstand und Deutschland die Verteidiger ausgingen, nahm Schön Bella mit nach Wembley. Dort blieb ihm ebenso die Zuschauerrolle wie bei der Endrunde. »Ich fühle mich nicht als Europameister«, sagt Duisburgs Bundesliga-Rekordspieler (405 Einsätze) heute noch.

22 Wolfgang Kleff

Borussia Mönchengladbachs Meistertorwart (1970, 1971, 1975, 1976) war der einzige Konkurrent, dem es jemals gelang, Sepp Maier zu verdrängen. Von September bis November 1973 bestritt Wolfgang Kleff vier Länderspiele in Folge, Deutschland führte eine Torwart-Debatte. Vor der Europameisterschaft, zu der Kleff mit der Erfahrung von zwei DFB-Einsätzen reiste, gab es sie noch nicht. Kleff fügte sich in seine Rolle: »Natürlich würde ich gern selbst spielen, aber Maier ist nun mal besser«, gestand er ein. Bei der WM 1974 war Kleff, wieder mit der Rückennummer 22 ausgestattet, dritter Torwart.

EM-KADER 1972

Bundestrainer Helmut Schön wechselte nur einmal. Die im Finale nichtnominierten Spieler Bella, Vogts und Köppel waren eigentlich Tribünengäste, durften aber auf der Mannschaftsbank sitzen – in Turnschuhen

NR.	NAME	GEBOREN	BELGIEN 2:1	UDSSR 3:0	VEREIN
TOR					
22	Wolfgang Kleff	16. 11. 1946	Bank	Bank	Borussia Mönchengladbach
1	Sepp Maier	28. 02. 1944	90 Min.	90 Min.	Bayern München
ABWEHR					
5	Franz Beckenbauer	11. 09. 1945	90 Min.	90 Min.	Bayern München
19	Michael Bella	29. 09. 1945	Tribüne	Tribüne	MSV Duisburg
3	Paul Breitner	05. 09. 1951	90 Min.	90 Min.	Bayern München
2	Horst-Dieter Höttges	10. 09. 1943	90 Min.	90 Min.	Werder Bremen
4	Hans-Georg Schwarzenbeck	03. 04. 1948	90 Min.	90 Min.	Bayern München
14	Berti Vogts	30. 12. 1946	Bank	Tribüne	Borussia Mönchengladbach
MITTELFELD					
15	Rainer Bonhof	29. 03. 1952	Bank	Bank	Borussia Mönchengladbach
7	Jürgen Grabowski	07. 07. 1944	32 Min.	Bank	Eintracht Frankfurt
8	Uli Hoeneß	05. 01. 1952	58 Min.	90 Min.	Bayern München
18	Horst Köppel	17. 05. 1948	Tribüne	Tribüne	VfB Stuttgart
10	Günter Netzer	14. 09. 1944	90 Min.	90 Min.	Borussia Mönchengladbach
6	Herbert Wimmer	09. 11. 1944	90 Min.	90 Min./1 Tor	Borussia Mönchengladbach
ANGRIFF					
9	Jupp Heynckes	09. 05. 1945	90 Min.	90 Min.	Borussia Mönchengladbach
11	Erwin Kremers	24. 03. 1949	90 Min.	90 Min.	FC Schalke 04
17	Hannes Löhr	05. 07. 1942	Bank	Bank	1. FC Köln
13	Gerd Müller	03. 11. 1945	90 Min./2 Tore	90 Min./2 Tore	Bayern München

Jupp Derwall

Wie fast alle späteren Bundestrainer diente sich auch Derwall hoch: an der Seite seines Vorgängers Helmut Schön. Der frühere Stürmer von Fortuna Düsseldorf und Alemannia Aachen (zwei Länderspiele) war als Co-Trainer unter anderem für die Beobachtung der Gegner verantwortlich. Nach der WM 1978 löste er Schön ab und schaffte auf Anhieb den Gewinn der Europameisterschaft (1980). 1982 führte Derwall Deutschland zur Vize-Weltmeisterschaft, das Vorrunden-Aus bei der EM 1984 kostete ihn den Job. Als Vereinstrainer feierte er danach in der Türkei einige Erfolge, Galatasaray Istanbul hat einen Trainingsplatz nach ihm benannt.

Erich Deuser

Der Masseur genoss im Kreise der Nationalmannschaft hohes Ansehen. Schon Sepp Herberger setzte auf Deusers »heilende Hände«, die er seit dem 23. Dezember 1951 bei Länderspielen einsetzen durfte. Sein Anteil am »Wunder von Bern« war groß, mit der damals revolutionären Unterwassermassage machte er 1954 Max Morlock wieder fit. 1972 brauchte er solche Kunststücke nicht. Erich Deuser kam in seiner Funktion auf 302 Länderspiele, trat nach der Weltmeisterschaft 1982 in Spanien ab. Geblieben ist u. a. das legendäre »Deuser-Band« für das Muskeltraining. Der Düsseldorfer verstarb am 29. Juni 1993 kurz vor seinem 83. Geburtstag.

DER MANN MIT DER MÜTZE *Helmut Schön war von 1964 bis 1978 verantwortlich für die Nationalmannschaft. Seine Bilanz: 139 Spiele, 87 Siege, 30 Unentschieden, 22 Niederlagen; Vize-Weltmeister 1966, WM-Dritter 1970, Europameister 1972, Weltmeister 1974, Vize-Europameister 1976. Schön wurde am 15. September 1915 geboren und starb am 23. Februar 1996*

EM 1972 Belgien

EIN ZAUDERER UND SENSIBLER FEINGEIST

Helmut Schön — Der Bundestrainer war von seinem Habitus her nicht geschaffen für den stressigen Job. Trotzdem wurde er Welt- und Europameister. Weil er seine Spieler sanft führte und immer das richtige Wort fand. Er war ein ganz Großer

Am Endspiel-Sonntag genoss Helmut Schön die vielleicht schönsten 90 Minuten seiner Laufbahn. Er war weder übermäßig nervös, noch litt er still vor sich hin wie sonst so oft bei großen Spielen. Nein, Schön präsentierte sich ziemlich entspannt und gelassen. Dem Bundestrainer war schnell klar, dass der Sieger nur aus Deutschland kommen würde. Der glanzvolle 3:0-Sieg gegen die Sowjetunion ist das am hellsten funkelnde Schmuckstück in Schöns beeindruckender Bilanz als Bundestrainer mit einem WM-Titel (1974), einer Vize-Weltmeisterschaft (1966), einer Vize-Europameisterschaft (1976) und WM-Platz drei 1970. Schön – sein Name war Programm. Der »Lange«, wie er von Freunden genannt wurde, »der Mann mit der Mütze« wegen seiner Schiebermütze, die er stets trug, war ein großer Trainer. Und doch findet sich in dem Porträt, das der DFB vom erfolgreichsten Bundestrainer seiner Geschichte zeichnet und auf seiner Homepage veröffentlicht, das bemerkenswerte Resümee: »Leicht war es manchmal nicht in all den Jahren – weder mit ihm noch für ihn.«

Warum? Weil Helmut Schön von seinen persönlichen Eigenschaften und seinem Habitus her nicht eben prädestiniert war für die öffentliche Rolle, die ihm der Job des obersten Fußballlehrers im Lande aufzwang. Der Sohn eines Dresdner Kunsthändlers war ein hoch sensibler Feingeist, der Bücher und die Oper liebte. Im Auftreten wirkte er meist leise und bedächtig, manchmal gar ein wenig vornehm und distanziert. Schön war kein jovialer Held des Volkes, er wurde respektiert und hoch geachtet.

In Stresssituationen, denen er in seiner

> » *Training, das ist für mich keine Schleiferei, sondern ein Lehrauftrag.*

Position naturgemäß ausgesetzt war und nicht entkommen konnte, zeigte er sich extrem empfindlich. Sie schlugen ihm auf den Magen und das Gemüt. Dann saß er für alle sichtbar wie Lazarus auf der Trainerbank, still und leicht verzagt das Geschehen verfolgend. Auf Kritik von Journalisten reagierte er dünnhäutig, mitunter schwer beleidigt und mimosenhaft.

Nach der Auslosung der Viertelfinal-Paarung gegen das hoch eingeschätzte England druckte der »Kicker« ein Foto von Schön, der entsetzt die Hände über dem Kopf zusammenschlägt. Eine typische Geste.

Einen anderen Spagat vollführte der »Akrobat Schöööön«, wie ihn der »Spiegel« einst titulierte, dagegen deutlich souveräner: Obwohl er selbst einer autoritären Trainertradition entstammte und alles andere als ein 68er war, gelang es ihm Anfang der 70er-Jahre, die allgemeinen gesellschaftlichen Forderungen nach einer Demokratisierung auch auf den Fußball zu übertragen. Anders als die meisten seiner Vorgänger und zeitgenössischen Kollegen, die sich allzu gern als Diktatoren im Trainingsanzug gerierten, sah sich Schön als Moderator. Als jemand, der einen losen Rahmen absteckte, in dem sich das Talent der von ihm ausgewählten Schützlinge möglichst frei entfalten konnte. Schon zu seinem Amtsantritt im Jahr 1964 stellte er klar: »Training, das ist für mich keine Schleiferei, sondern ein Lehrauftrag. Man hat mit der Jugend zu tun und muss behutsam sein. Mit einem Programm allein ist nichts getan, wenn dahinter nicht die Fähigkeit steht, sich immer wieder veränderten Situationen selbst anzupassen.« Schön, ausgestattet mit feinsten Antennen, konnte das wie kaum ein Zweiter. Mit seinem antiautoritären Stil handelte er sich allerdings den Ruf eines konfliktscheuen und harmoniesüchtigen Zauderers ein. Doch Schön konterte die Kritik, erhob den Zweifel zur Tugend: »Zaudern ist ein negatives Wort, ich bin eher für das Wort Gelassenheit. Wenn ich etwas mache, will ich mir meiner Sache sicher sein. Wer keine Verantwortung trägt, braucht nicht zu zaudern.« Viele der großen und kniffligen Entscheidungen traf er erst nach ausgiebiger, von den Medien äußerst kritisch beäugter Bedenkzeit. In der Regel waren es die richtigen: Die Frage »Gerd Müller oder Uwe Seeler?« vor der WM 1970 etwa beantwortete er mit einem erfolgreichen »Müller und Seeler«. Günter Netzer redete er mit Engelszungen den geplanten Rücktritt aus dem Nationalteam aus und wurde mit ihm in berauschender Manier 1972 Europameister. Und als es 1974 »Netzer oder Overath?« hieß, entschied er sich richtigerweise für den Kölner.

Im Umgang mit seinen Spielern bewies Schön enormes psychologisches Geschick und räumte ihnen großes Mitspracherecht ein. »Der Helmut Schön brauchte nicht mehr viel zu sagen, im Gegenteil, er kam zu uns und ließ uns entscheiden, was richtig ist: ›Ihr macht das schon‹«, sagt Günter Netzer über die Stunden vor dem Finale. Und Wolfgang Overath erinnert sich: »Er wusste immer, was er wollte, und hat das auch sehr konsequent durchgesetzt. Er versäumte aber nie, mit uns Spielern

> » *Zaudern ist ein negatives Wort. Wenn ich etwas mache, will ich meiner Sache sicher sein.*

zu sprechen, und gab uns stets das Gefühl, ernst genommen zu werden.« Manchmal waren kaum noch Worte nötig. Noch einmal zurück zum 18. Juni 1972, in die deutsche Umkleidekabine: Kurz vor dem Anpfiff wollte Schön die Taktik erläutern, sagte dann aber nur: »Ihr wisst doch sowieso, was ihr zu tun habt. Spielt einfach!«

EM 1972 Belgien

»EM WAR DER ANFANG EINER GOLDENEN ÄRA«

Sepp Maier Deutschlands Nr. 1 über die Bedeutung des Titels für die Nationalelf und den FC Bayern, das Verhältnis zu Helmut Schön und den Fußball der Jahrhundert-Elf. Als er das Finale auf Video sah, schüttelte er ungläubig den Kopf

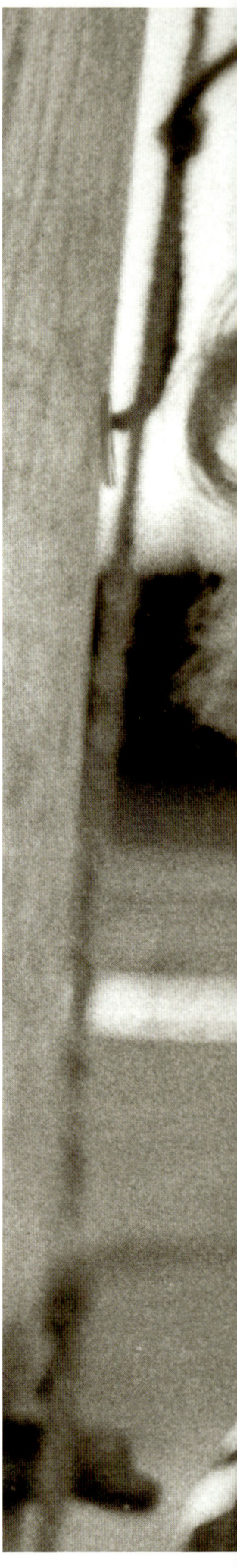

Herr Maier, kurz vor Ihrem ersten großen Triumph als Nationalspieler mussten Sie handgreiflich werden. Sie waren richtig sauer auf einige deutsche Fans.
Sepp Maier: Ja, es waren nur noch wenige Minuten im Finale zu spielen, wir führten klar mit 3:0. Plötzlich standen Tausende Fans am Spielfeldrand. Damals gab es noch nicht diese Menge an Ordnern und Security rund um den Platz. Also musste ich die Fans zurückhalten.
Sieht man die TV-Bilder, wirkt die Situation bedrohlich.
Mulmig war mir nicht. Die waren ja alle brav und verständnisvoll, haben auf mich gehört. Einmal hat der Schiedsrichter Abseits gepfiffen, die Zuschauer meinten, es wäre der Schlusspfiff und sind auf den Platz gestürmt. Mir war klar, dass die einfach nur feiern wollten.
Hatten Sie Sorge vor einem möglichen Spielabbruch?
Nein, nicht beim Stand von 3:0, ein paar Minuten vor Schluss. Ich dachte mir: Ach was, die bekommen wir schon wieder runter. Ich war eher grantig, weil ich ja schon kommen sah, was dann nach Abpfiff passieren sollte: Plötzlich liefen 1000 oder 2000 Leute auf den Platz. Die waren euphorisch, hatten ihre Fahnen dabei. Da kann schnell mal etwas passieren. Außerdem ist es ja so: Du kannst dann gar nicht mehr richtig zu deinen Mitspielern. Wir mussten in den Innenraum flüchten und konnten uns nicht richtig freuen. Das hat mich geärgert. Jeder Spieler hing in einer Fantraube, alle irgendwo auf dem Platz verstreut. Ein furchtbares Durcheinander. Wir hatten nicht wirklich etwas von unserem Titel in diesem Moment. Irgendwann später hat man uns den Pokal in die Hände gedrückt und schnell ein Foto ›

Ur-Bayer und Liebhaber einer Prise Schnupftabak: Sepp Maier berauscht sich

DIE KATZE VON ANZING *Sepp Maier spielte nur bei zwei Vereinen: beim Dorfklub TSV Haar von 1952 bis 1959, danach beim FC Bayern. Auf der Torlinie reagierte er geschmeidig und elegant, das trug dem Mann aus der oberbayerischen Gemeinde Anzing seinen Spitznamen ein*

AUF DEM SPRUNG *Beim 3:1 im Viertelfinale in Wembley zeigt Sepp Maier eines seiner besten Länderspiele. Den Kopfball von Martin Chivers (Nr. 9) fängt er wenig später. Im Hintergrund sichert Franz Beckenbauer ab*

» *Die Europameisterschaft war schon eine große Sache. Der Modus ist dir doch als Spieler wurscht, den kannst du ja nicht beeinflussen. Du willst einfach Europameister werden. Ich finde, dass es früher schwieriger war: jedes Spiel ein K.o.-Spiel, im Viertelfinale mit Hin- und Rückspiel. Heutzutage gibt es drei Gruppenspiele, und du kannst auch weiterkommen, obwohl du eins verloren hast.* «

Sepp Maier über die Tücken des EM-Modus und die Leichtigkeit heute

EM 1972 Belgien

gemacht – mitten in einem Haufen von Leuten. Dieses Bild habe ich irgendwo zu Hause. Es war eine ganz andere Siegerehrung als heute. Damals gab es nicht so eine Inszenierung und so ein Theater.

War die EM 1972 der Ursprung des WM-Titels 1974?
Ja, das hatte sich abgezeichnet. Bei der EM 1968 waren wir nicht dabei, sind in der Qualifikation mit einem 0:0 in Albanien blamabel gescheitert, allerdings ohne uns Bayern-Profis. Wir sind dann 1970 bei der WM in Mexiko Dritter geworden, hatten eine sehr gute Mannschaft. 1972 war der Anfang unserer großen Erfolge, dieser goldenen Ära. Ein Schlüssel-Titel – nicht nur für die Nationalmannschaft, auch für den FC Bayern. Mitte der 70er-Jahre folgten die fetten Jahre. Auch dank der jungen Gladbacher Mannschaft.

Die Mischung der Mannschaft mit einem Bayern- und einem Gladbach-Block ...
... war genau richtig. Wir Bayern waren die etwas Kühleren, die Reservierteren, die Gesetzten. Die Gladbacher waren euphorischer, stürmischer. So wie sie halt sind, die Rheinländer, so haben sie auch gespielt: immer nach vorne, zack-zack, die Fohlenelf eben. Wir Bayern haben eher abwartend Fußball gespielt, ruhiger, abgeklärter. Das hat beides gut zusammengepasst, ergab eine Super-Mannschaft.

Mit dem passenden Bundestrainer, oder? Franz Beckenbauer sagte einmal: »Helmut Schön war kein raffinierter Stratege, sondern eine Vaterfigur.«
Das stimmt. Helmut Schön war genau der richtige Trainer für uns zu dieser Zeit und wirklich ein väterlicher Freund. Wir hatten großen Respekt vor ihm. Er hat dafür gesorgt, dass die Mannschaft einen guten Zusammenhalt hatte.

Beckenbauer sagt, dass man Schön voller Respekt begegnet sei, weil er ein sehr anständiger Mensch gewesen sei, den die Spieler nicht enttäuschen wollten. Das sei vielleicht das Geheimnis des Erfolges gewesen.
Ganz genau. In meiner Karriere war Schön ein bedeutender Trainer. Ich bin den ganzen Weg von der Jugend-Nationalmannschaft bis zur A-Mannschaft mit ihm gegangen. Er hat mich Seppl genannt, wir haben ihn gesiezt.

Erzählen Sie uns bitte mehr von Helmut Schön. Wie haben Sie ihn in der Öffentlichkeit erlebt?
Der Presse gegenüber war er sehr empfindlich. Wenn jemand etwas zu Kritisches oder Negatives geschrieben hatte, sprach er mit demjenigen eine Zeit lang nicht mehr, hat ihn nicht einmal angeschaut. Im Mannschaftskreis hat Schön gern Gaudi gemacht und auch mal einen Spaß vertragen. Ein lebenslustiger Typ. Ihm kam kaum ein böses Wort über die Lippen, er konnte nicht richtig schimpfen. Wenn ihm etwas missfallen hat, dann war er beleidigt. Wenn es Reibereien gab, konnte er sich nicht einmischen, hat die Dinge in sich hineingefressen und ausgesessen. Von manch kleineren Problemen haben wir ihm daher gar nicht erzählt. Vor den Spielen war er furchtbar nervös. Meist mussten wir ihn suchen oder auf ihn warten. Die letzte Sitzung vor Beginn eines Spiels begann oft so, dass einer fragte: »Ja, wo ist denn der Herr Schön?« Auf dem Klo war er. Wir mussten auf ihn warten. Als er von der Toilette zurückkam, haben wir gemeinsam einen Kreis gebildet und uns aufs Spiel eingeschworen, uns angefeuert. Das war Schöns Erfindung.

Haben Sie diesen Kreis auch

BIOGRAFIE

Sepp Maier

Geboren am 28. Februar 1944 in Metten.
1965 bis 1979:
473 Bundesliga-Spiele für den FC Bayern München, viermal Meister, viermal Pokalsieger.
1966 bis 1979:
95 Länderspiele.
1967: *Europapokalsieger der Pokalsieger.*
1970: *WM-Dritter.*
1972: *Europameister.*
1974: *Weltmeister.*
1974 bis 1976:
Dreimal Europapokalsieger der Landesmeister.
1975: *Deutschlands Fußballer des Jahres.*
1976: *Weltpokalsieger.*
1976: *Vize-Europameister.*
1977: *Deutschlands Fußballer des Jahres.*
1978: *Deutschlands Fußballer des Jahres.*
1988 bis 2004:
Torwarttrainer der Nationalmannschaft.
1994 bis 2008:
Torwarttrainer des FC Bayern München.
1999: *Deutschlands Torhüter des Jahrhunderts.*

Wieder lässt Maier Englands Mittelstürmer Chivers keine Chance, presst den Ball mit seinen ungewöhnlich langen Armen an die Brust. Maier trug meist einen schlichten schwarzen Pullover

EM 1972 Belgien

MAIER REKORD-TORHÜTER DER NATIONALELF

Bayern-Legenden: Maier (r.) spielte 95-mal für Deutschland, Oliver Kahn 86-mal

Europameister, Weltmeister, Europacupsieger der Landesmeister, Deutscher Meister, Pokalsieger – Sepp Maier gewann in seiner Karriere alle bedeutenden Titel. 1990 wurde er als Bundes-Torwarttrainer ein zweites Mal Weltmeister, 1996 noch einmal Europameister. Deutschlands »Torhüter des Jahrhunderts« hält auch zwei Torhüter-Rekorde: Vom 20. August 1966 bis 9. Juni 1979 fehlte er in keinem der 442 Bundesliga-Spiele seines FC Bayern, seine 95 Einsätze in der Nationalmannschaft sind bis heute unerreicht. Auf den Plätzen zwei und drei folgen Oliver Kahn (86) und Toni Schumacher (76). Bei EM-Endrunden kam er nur viermal zum Einsatz, weil die Turniere 1972 und 1976 erst mit dem Halbfinale begannen. Deshalb stehen Schumacher (7 Spiele), Andreas Köpke (6), Oliver Kahn (6), Jens Lehmann (6), Bodo Illgner (5) und Manuel Neuer (5) vor Maier in der Bestenliste.

› *vor dem 3:1 in Wembley gemacht?*

Den Kreis gab es, aber vor dem Spiel wusste eh jeder, worum es geht. England war das wichtigste Spiel für uns.

Günter Netzer hat in Wembley ein herausragendes Spiel gemacht.

Vor allem im Zusammenspiel mit Franz Beckenbauer. Sein Stern ist dort aufgegangen. Günter spielte in der Nationalelf eigentlich nur 1972 so richtig gut. Schön hatte ja Wolfgang Overath für die Spielmacher-Position. Overath war ein richtiger Beißer, Netzer mehr der Elegante. Wembley und die Endrunde, das waren Günters beste Spiele. Günters Elfmeter-Tor zum 2:1 hat Helmut Schön übrigens nicht mal sehen können.

Warum das denn?

Nach dem Foul an Siggi Held kurz vor Schluss, es stand 1:1, lautete die Frage: Wer schießt den Elfmeter? Schön hat ganz aufgeregt von der Seitenlinie aufs Spielfeld gerufen: »Günter! Der Günter! Der Günter soll schießen!« Netzer hat cool geantwortet: »Ja, ja, ich schieß schon.« Günter schnappte sich also den Ball, marschierte in seiner typischen Art, mit einem leichten Buckel Richtung Strafraum, legte die Kugel auf den Elfmeterpunkt. Zufällig schaute ich in diesem Moment zu unserer Bank. Schön hatte sich umgedreht, ging ein paar Schritte zurück, drehte sich wieder zum Spielfeld, damit er den Elfmeterschuss sehen konnte. Er machte noch einen Schritt zurück und noch einen, wollte sich hinsetzen – und fiel rücklings neben die Bank, seine Füße flogen in die Luft. Ich musste so lachen. Nur durch den Torschrei erfuhr Schön, dass sein Günter getroffen hatte.

Bei der Endrunde waren nur vier Teams dabei. Heutzutage unvorstellbar, die EM 2016 wird mit 24 Nationen ausgetragen und läuft über mehr als vier Wochen.

Die EM damals hatte keine große Popularität, das war alles relativ überschaubar.

Wie hoch war denn der Stellenwert unter den Spielern?

Die Europameisterschaft war schon eine große Sache. Der Modus ist dir doch als Spieler wurscht, den kannst du ja nicht beeinflussen. Du willst einfach Europameister werden. Ich finde, dass es früher schwieriger war als heute: jedes Spiel ein K.o.-Spiel, im Viertelfinale mit Hin- und Rückspiel. Heute gibt es drei Gruppenspiele, und du kannst auch weiterkommen, obwohl du eins verloren hast. Damals musste man unbedingt gewinnen.

Im Halbfinale ging es gegen Gastgeber Belgien.

Die Belgier waren harte Hunde, Eisenschädel sagten wir, sie pflegten eine resolute Gangart. Da ist es ganz schön zur Sache gegangen. Noch dazu hatten sie den Heimvorteil, der Platz war ein regelrechter Kartoffelacker. Das war das knappste Spiel, wir haben die Belgier als die härteste Nuss der drei Gegner angesehen. Und umsonst sind sie ja auch nicht unter die letzten vier gekommen.

Sie siegten mit 2:1 durch zwei Tore von Gerd Müller.

In der Schlussphase, als die Belgier noch mal rankamen, hatte ich richtig viel zu tun. Doch ihnen gelang nur noch der Anschlusstreffer.

Das Finale gegen die UdSSR war dann ein Selbstläufer?

Aus unserer Sicht waren die Sowjetrussen nicht so stark, konnten uns nicht wirklich gefährlich werden. Ich glaube, dass sie auch zu großen Respekt vor uns hatten. Und wir fürchteten niemanden.

Im Rückblick wird die Mannschaft als Jahrhundert-Elf und

Auch bei der Strafraumbeherrschung stets auf der Höhe: Maier beim 0:0 im Rückspiel gegen Englands Rodney Marsh

Immer für einen Spaß zu haben: Maier bei der Ankunft auf dem Brüsseler Flughafen, seine Sporttasche hat er sich um den Hals gehängt

STANDING OVATIONS *Nach dem ersten Sieg auf englischem Boden nehmen (v. l.) Herbert Wimmer, Uli Hoeneß, Paul Breitner, Gerd Müller, Günter Netzer und Hans-Georg Schwarzenbeck ihren Torwart in die Mitte*

> »*Natürlich hatten wir eine Traummannschaft, zu der Zeit war es einfach der modernste Fußball. Fans und Kritiker haben uns so gefeiert, dass wir selbst gedacht haben: Ja, wie kann man besser Fußball spielen? Sind wir nicht perfekt? Und heute? Das Spiel ist physischer, athletischer, schneller, taktisch besser, technisch besser. Es gibt immer noch eine Steigerung. Es ist der Wahnsinn.*«

SEPP MAIER ÜBER DEN FUSSBALL VON 1972 UND HEUTE

spielerisch beste deutsche Elf aller Zeiten betitelt – zu Recht?
Ich habe mir einmal das Spiel unserer sogenannten Jahrhundert-Elf komplett als Video angeschaut und gedacht: Das gibt's doch nicht, das kann doch nicht wahr sein. So langsam! Wie in Zeitlupe! Das kann man mit der Athletik des heutigen Spiels nicht vergleichen.

Damals galt die Elf als Nonplusultra des Fußballs.
Natürlich hatten wir eine Traummannschaft, zu der Zeit war es einfach der modernste Fußball. Fans und Kritiker haben uns so gefeiert, dass wir selbst gedacht haben: Ja, wie kann man besser Fußball spielen? Sind wir nicht perfekt? Und heute? Das Spiel ist physischer, athletischer, schneller, taktisch besser, technisch besser. Es gibt immer noch eine Steigerung. Es ist der Wahnsinn. Früher hast du die Räume gehabt, konntest in Ruhe deine Pässe schlagen. Angegriffen wurde erst ab der Mittellinie. Die Perfektion, die die Mannschaften und einzelnen Spieler heute haben, die hatten wir damals ganz bestimmt nicht. Wir haben früher Pässe geschlagen, heute sind es Schüsse, so pfeilschnell kommen die daher. Da hätten wir uns den Innenmeniskus kaputt gemacht.

Noch eine persönliche Frage zum Schluss, Herr Maier: Hinter Ihnen die Nummer zwei zu sein war kein leichtes Los. Im Verein spielten Sie praktisch 14 Jahre durch, in der Nationalmannschaft acht. Wie war das Verhältnis zu Ihren Rivalen?
Da hat es nie Probleme gegeben. Wir haben uns gut verstanden, ein freundschaftliches Miteinander. Wir haben Gaudi miteinander gehabt und gemacht. Bis auf den Manfred Manglitz 1970 in Mexiko, der war ein Quertreiber. Es gab mehrere, die mich verdrängen wollten. Ich hatte nie das Gefühl, dass das passieren könnte. ●

DER BUNDESTRAINER UND SEIN KAPITÄN
Helmut Schön und Franz Beckenbauer schauen sich tief in die Augen. Schön zog den Bayern-Profi in taktischen Fragen oft zu Rate

ERST LIBERO, DANN KAISER, DANN WELTSTAR

Franz Beckenbauer Seit 1967 bekleidete er beim FC Bayern den Posten des freien Mannes. Erst vier Jahre später hatte auch Helmut Schön ein Einsehen und zog ihn aus dem Mittelfeld hinter die Abwehr

Seit er mit dem FC Bayern im Sommer 1965 in die Bundesliga aufgestiegen war, hatte Franz Beckenbauer jedes Jahr etwas gewonnen. 1966 durfte er sich schon Pokalsieger nennen, zudem war er auf Anhieb »Fußballer des Jahres« geworden. 1967 verteidigte Beckenbauer mit seinen Münchnern den DFB-Pokal und gewann gegen Glasgow Rangers das Endspiel im Europacup der Pokalsieger. 1968, als der Klub erstmals wieder leer ausging, wurde er erneut »Fußballer des Jahres«. Und 1969 schaffte er mit Bayern das erste Double – Meisterschaft und

EM 1972 Belgien

Unaufhaltsam: Beckenbauer stürmt im Finale am russischen Mittelfeldspieler Wladimir Troschkin vorbei

Kaiser-Krönung: Beckenbauer empfängt aus den Händen von Uefa-Präsident Gustav Wiederkehr den EM-Pokal

Pokalsieg. Aber vollends glücklich als Fußballer war Franz Beckenbauer nicht, als das Jahrzehnt zu Ende ging.
Der Hochbegabte wurde von Gegenspielern gehetzt und gegnerischen Zuschauern schon beim Betreten des Platzes ausgepfiffen. Manchmal setzte es sogar Prügel wie in Oberhausen, als ihn ein Verrückter mit einer Fahnenstange traktierte. Beckenbauers lässige Spielweise und sein häufiges Abwinken provozierten, der Vorwurf der Arroganz stand im Raum. Ja, es gab eine regelrechte Beckenbauer-Debatte, auch noch Jahre später. »Meine Art auf dem Platz kommt bei einzelnen Bevölkerungsschichten nicht an«, bekannte er 1973 selbst.
Beckenbauer tat allerdings ein Übriges, als er im Pokalfinale 1969 vor der Schalker Fankurve als Replik auf Schmähungen den Ball 40 Sekunden lang jonglierte – während des Spiels.
In jenen Tagen wurde auch das Etikett geprägt, das ihn sein Leben lang begleiten sollte: »Kaiser von Bayern« nannte ihn die »BILD« am 10. Juni 1969 – fortan war er für alle Welt »der Kaiser«. Beckenbauer regierte Mannschaft und Spiel und wurde der beste Spieler Deutschlands, vielleicht sogar der Welt. Weil er für sich einen Platz auf dem Fußballfeld fand, der ihn zwar nicht vor den Pfiffen, wohl aber den Tritten in Sicherheit brachte.
Mitte der 60er-Jahre kam im internationalen Fußball der Libero in Mode, der freie Mann. In Deutschland wurde der Begriff noch eine Weile in Gänsefüßchen gesetzt, man sprach lieber vom Ausputzer. Den verkörperte Willi Schulz vom HSV. Auch der Hamburger hatte keinen Gegenspieler, aber jenseits der Mittellinie hat man ihn fast nie gesehen. Er verteidigte strikt sein Tor. Den jungen Franz Beckenbauer aber faszinierte die Vorstellung, als Libero immer da zu sein, wenn es irgendwo brennt auf dem Spielfeld. »Mittelfeld war mir nicht recht, damals gab es noch die Manndeckung. Das mochte ich nicht, dass mir einer 90 Minuten hinterherläuft und in die Haxen reinhaut. Das entsprach nicht meiner Fußball-Vorstellung. Deshalb war die Position des Liberos genau richtig«, sagte Beckenbauer nach seiner Karriere.
Und so orientierte er sich immer weiter nach hinten: Angefangen hatte Beckenbauer als Linksaußen, später spielte er im Mittel- ›

41

AUCH ALS TRAINER EIN SIEGERTYP

Weltmeister 1990: Franz Beckenbauer genießt den Triumph in Rom allein auf dem Rasen

Sein Biograf Hans Blickensdörfer beschrieb ihn als »spielenden Trainer«. Obwohl der Kaiser während seiner Karriere mehrmals betonte, dass der Trainerberuf für ihn später nicht infrage käme, ergriff er ihn doch. Eine Ausbildung machte Franz Beckenbauer nie und fing gleich als Teamchef der Nationalmannschaft an. Nach dem EM-Aus 1984 löste er auf öffentlichen Druck hin Jupp Derwall ab. Mit beachtlichem Erfolg: 1986 führte Beckenbauer die DFB-Elf ins WM-Finale (2:3 gegen Argentinien), 1990 in Rom gegen denselben Gegner gar zum Titel (1:0). Nach der Weltmeisterschaft trat er zurück und erhielt vom DFB die Trainerlizenz ehrenhalber. So konnte Beckenbauer im Februar 1994 bei seinen Bayern aushelfen, deren Vizepräsident er zugleich war, und führte sie nach der Entlassung von Erich Ribbeck vom fünften Platz zur Meisterschaft. Im Erfolg trat er wieder zurück und kam nach Otto Rehhagels Rauswurf im April 1996 letztmals wieder. Für vier Wochen. Meister wurde er nicht mehr, dafür gewannen die Bayern unter seiner Leitung erstmals den Uefa-Pokal.

Der Ball war immer sein Freund: Franz Beckenbauer spielte 103-mal für Deutschland, 50-mal führte er die Mannschaft als Spielführer an. Das erste Mal am 25. April 1971, letztmals am 23. Februar 1977

EM 1972 Belgien

BECKENBAUER WILL KEIN ZWITTER SEIN

› feld, seit 1967 agierte er in Absprache mit Bayern-Trainer Tschik Cajkovski hinter dem Vorstopper. Nur in der Nationalelf musste Beckenbauer noch fast vier Jahre warten, denn Platzhirsch Willi Schulz ließ sich nicht verdrängen. Das war umstritten, erst recht nach dem Scheitern in der EM-Qualifikation Ende 1967 an Albanien. Aber Helmut Schön hielt an Schulz fest, und Experten wie der 54er-Weltmeister Werner Liebrich gaben ihm recht: »Einen Mann wie Beckenbauer würde ich ins Mittelfeld stellen!« Defensiv sei er verschenkt, außerdem spiele er zu risikoreich.

Bei der Südamerika-Reise im Dezember 1968 kam es dann zum »Krieg der Liberos«, wie die BILD schrieb. Der junge Kaiser reklamierte den Job für sich, denn »ich habe meine besten Spiele für den FC Bayern als letzter Mann gemacht. Aber ich verstehe, dass Willi so um seinen Platz kämpft. Er kann ja gar nichts anderes spielen.« Kesse Worte.

Schulz konterte: »Wenn einer sagt, er könne nicht im Mittelfeld spielen, dann ist er doch keine Weltklasse. Manche sind eben zu weich und sensibel.« Beckenbauer gab auf und erklärte Ende 1968 beiläufig, dass er sich um den Erwerb eines Ladens an einer Münchner U-Bahn-Haltestelle beworben habe, weil er nach seiner aktiven Zeit wohl kaum im Fußballgeschäft bleiben werde. In seine Endzeit-Gedanken stellte er noch eine Drohkulisse: »Ich bin Libero geworden und will kein Zwitter sein. Im Mittelfeld sinkt meine Leistung. Wenn ich in der Nationalelf meinen Ruf ruiniere, verzichte ich lieber auf sie.« Das tat er aber dann doch nicht.

Bezeichnend für die kuriose Situation war die Rangliste des »Kicker« zum Jahreswechsel 1968/69: Beckenbauer und Schulz standen gemeinsam bei Innenverteidigern unter der Rubrik »Weltklasse«. Im Mittelfeld gab es auch zwei Spieler auf diesem Niveau: Wolfgang Overath und Beckenbauer.

Der Kaiser spielte seine ungeliebte Rolle einfach zu gut in der Nationalmannschaft, um seine geliebte zu bekommen. Erst vor dem EM-Qualifikationsspiel am 25. April 1971 in Istanbul wurde Beckenbauer von Helmut Schön endlich befördert – und das doppelt. Der Bundestrainer machte ihn erstmals zum Kapitän (weil Overath fehlte) und zum Libero. Derjenige, den er verdrängte, hatte weder Lobby noch Verdienste: Der Mönchengladbacher Klaus-Dieter Sieloff wich klaglos auf den Vorstopperposten, ehe er ganz aus dem Kreis der Nationalelf verschwand. Fortan spielte Beckenbauer nur noch in der Paraderolle seines Lebens, nach der auch der Film benannt wurde, der ihm 1973 gewidmet worden war: »Libero«, ein semi-dokumentarischer Spielfilm, wie es bei »Wikipedia« heißt. Der Film floppte, der Libero startete durch. Denn Beckenbauer revolutionierte die Rolle, wovon sich alle Welt ganz besonders 1972 überzeugen konnte. Das Wechsel-Spiel mit Günter Netzer, das »Ramba-Zamba«, ließ seine glänzenden spielerischen Qualitäten zur Geltung kommen. Beckenbauer stürmte durchs Mittelfeld, schlug mit dem Außenrist Traumpässe, spielte mit Gerd Müller Doppelpässe. Manchmal schoss er sogar Tore. Sein Ballgefühl verzauberte die Fachwelt. Der Franzose Jean-Philippe Réthacker von der »L'Equipe« kommentierte in hehren Worten: »Beckenbauers Triumph ist zunächst ein Beweis dafür, dass sich der deutsche Fußball gründlich gemausert hat und die eleganten Techniker dort ebenfalls das Gesetz des Handelns bestimmen. Und er beweist vor allem, dass man niemals alle Poeten umbringen kann, auch nicht im Fußball von heute.« Etwas fachlicher argumentierte »Les Sports« aus Belgien: »Beckenbauer hat dem häufig so verschrienen Posten des Liberos eine neue Dimension gegeben. Ihm ist es gelungen, die Beachtung defensiver Anordnungen mit seinem angriffslustigen Temperament und einem Schuss Fantasie in Einklang zu bringen.«

Das gelang ihm noch lange. 1974 führte Beckenbauer Deutschland zum WM-Titel, von 1974 bis 1976 seine Bayern dreimal in Folge zum Europapokalsieg der Landesmeister. Erst als er 1977 im Alter von schon 31 Jahren den FC Bayern verließ und durch seinen Wechsel zu Cosmos New York auch der Nationalmannschaft den Rücken kehrte, starb der Libero Beckenbauer. Denn im damals so seltsamen US-Fußball wurde das Feld gedrittelt, nur im vordersten Drittel galt die Abseitsregel. Das war nichts für den Kaiser, »da könnte ich ja nicht so offensiv spielen, wie ich es von zu Hause gewöhnt bin!« Den Libero Beckenbauer gab es auch nicht mehr, als er Ende Oktober 1980 nach Deutschland zurückkehrte und noch anderthalb Jahre für den HSV spielte. Da spielte er wieder im Mittelfeld. ●

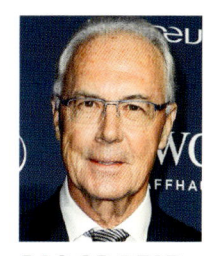

BIOGRAFIE

Franz Beckenbauer

Geboren am 11. September 1945 in München.
***1965** bis **1977** und **1980** bis **1982**: 424 Bundesliga-Spiele und 44 Tore für Bayern München und Hamburger SV, fünfmal Meister, viermal Pokalsieger.*
***1977** bis **1980** und **1983**: Cosmos New York, dreimal Meister.*
***1965** bis **1977**: 103 Länderspiele und 14 Tore.*
***1966**: Vizeweltmeister, Deutscher Fußballer des Jahres.*
***1967**: Europapokalsieger der Pokalsieger.*
***1968**: Deutscher Fußballer des Jahres.*
***1970**: WM-Dritter.*
***1972**: Europameister, Europas Fußballer des Jahres.*
***1974**: Weltmeister, Deutscher Fußballer des Jahres.*
***1974** bis **1976**: Dreimal Europapokalsieger der Landesmeister.*
***1976**: Weltpokalsieger, Deutscher und Europäischer Fußballer des Jahres.*
***1982**: Ehrenspielführer Nationalmannschaft.*
***1984** bis **1990**: Teamchef deutsche Nationalmannschaft.*
***1986**: Vizeweltmeister.*
***1990**: Weltmeister, Wahl zu Europas bestem Fußballer aller Zeiten.*
***1990/91**: Trainer Olympique Marseille, Meister.*
***1994**: Trainer Bayern München, Meister.*
***1994** bis **2009** Präsident FC Bayern.*
***1996**: Trainer Bayern München, Uefa-Cup-Sieger.*
***1999**: Deutscher Fußballer des Jahrhunderts.*
***2002** bis **2009** Aufsichtsratsvorsitzender FC Bayern.*
***2009** Ehrenpräsident des FC Bayern München.*

AUF TUCHFÜHLUNG *Uli Hoeneß (r.) legt den Ball mit der Fußspitze an Wladimir Troschkin vorbei, wird vom Russen aber geblockt. Er gewinnt seinen ersten Titel mit der Nationalmannschaft. Im Hintergrund: Hoeneß-Freund Paul Breitner*

EM 1972 Belgien

FUSSBALL IST SEIN GESCHÄFT

Uli Hoeneß Schon als Spieler dachte der Außenstürmer, der so unwiderstehlich rennen konnte, nur ans Geld. Er eckte an, zog sich Zorn zu. Bereits mit 22 Jahren hatte er alle wichtigen Titel gewonnen

Die Eltern hatten es ihm verboten und der Pfarrer zumindest nicht erlaubt, an Pfingsten Fußball zu spielen. Aber Uli Hoeneß fürchtete weder Ohrfeigen noch Strafpredigt. Seine TSG Ulm stand im Mai 1960 im Finale um die Bezirks-Meisterschaft, und er sollte mit der katholischen Jugend am Lagerfeuer Lieder singen? Nicht mit ihm. Er schnappte sich sein Fahrrad und strampelte los, vom Zeltlager in Memmingen bis Ulm. Knapp 60 Kilometer. Mit dem Auto sind das 40 Minuten, mit dem Fahrrad Stunden. Jedenfalls, wenn man acht Jahre alt ist.

Aber dem Uli war kein Weg zu weit. Als er in der Halbzeit endlich am Sportplatz ankam, lag die D-Jugend seiner TSG im Derby gegen den SSV Ulm 0:4 zurück. Es kam, was kommen musste, damit eine Legende daraus wird: Uli wurde eingewechselt und schoss fünf Tore zum 6:5-Sieg.

Der Metzger-Sohn Uli Hoeneß, so sprach es sich schnell herum, hatte alle Anlagen, ein großer Fußballer zu werden. Und die nutzte er auch mit dem ihm eigenen Durchsetzungsvermögen. Als er 17 Jahre alt war, widmete ihm der »Kicker« ein ganzseitiges Porträt, da war er Junioren-Nationalspieler. DFB-Trainer Udo Lattek machte ihn sofort zum Kapitän: »Er war einfach der reifste aller Jungen, obgleich er der jüngste war.« Hoeneß durchlief alle Auswahl-Mannschaften von der Schüler-Elf bis zur A-Nationalmannschaft. Dort kam er mit 20 Jahren an, nach eineinhalb Bundesliga-Spielzeiten als Stürmer des FC Bayern. Im März 1972 debütierte er in Budapest und schoss gleich ein Tor beim 2:0-Sieg gegen Ungarn. Das andere erzielte sein Spezi Paul Breitner, mit dem er in München eine Studenten-WG bildete.

Sie sorgten für schönen Wirbel – auch neben dem Platz. Als Breitner zur Bundeswehr eingezogen werden sollte, weigerte er sich. Und als die Feldjäger klingelten, um ihn abzuholen, log Hoeneß dreist für seinen Freund: »Der Paul ist nicht da.« Hoeneß hatte ihn im Kohlenkeller versteckt. Das Versteckspiel flog bald auf, Breitner musste einrücken.

Bei den Bayern sorgten sie auch für ein neues, nicht unbedingt besseres Klima. Udo Lattek, nun in Diensten der Münchner, sagte einmal: »Besonders in der ersten Zeit war sein übertriebenes Selbstbewusstsein recht unangenehm für seine Umgebung. Das kam in der Mannschaft gar nicht gut an.« Aber es war kalkuliert.

»Das Bemerkenswerte an Uli Hoeneß ist dessen programmierte Karriere, die Leistung eines nicht über alle Maßen Begabten, dessen Ehrgeiz fast ohne Beispiel ist«, schrieb Biograf Peter Bizer 1975. Hoeneß hatte schnell den Ruf des Egoisten weg, er dachte mehr als alle anderen an seinen Profit. Was er später zugab: »Am Anfang meiner Laufbahn habe ich den Fehler ›

NACH DER EM NOCH OLYMPIA IN MÜNCHEN

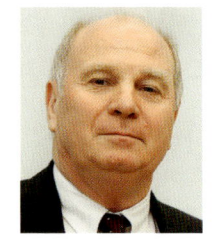

BIOGRAFIE

ULI HOENESS

Geboren am 5. Januar 1952 in Ulm.
1970 bis **1978**: 235 Bundesliga-Spiele und 86 Tore für Bayern München, dreimal Deutscher Meister, einmal Pokalsieger.
1978 bis **1979**: 11 Bundesliga-Spiele für den 1. FC Nürnberg.
1972 bis **1976**: 35 Länderspiele und 35 Tore.
1972: Europameister.
1974: Weltmeister.
1974 – 1976: Dreimal Europapokalsieger der Landesmeister.
1976: Weltpokalsieger.
1979 bis **2009**: Manager des FC Bayern München.
1979 bis **2008**: 16-mal Deutscher Meister.
1982 bis **2008**: Neunmal Pokalsieger.
1996: Uefa-Cup-Sieger.
2001: Champions-League-Sieger.
2001: Weltpokal-Sieger.
2009 bis **März 2014**: Präsident des FC Bayern München.
2010: Deutscher Meister und Pokalsieger.
2013: Deutscher Meister und Pokalsieger.
2013: Champions-League-Sieger.
2013: Klubweltmeister.

› gemacht, nur ans Geld zu denken. Ich wollte möglichst viel auf die hohe Kante scheffeln und vergaß manchmal dabei, dass es noch wichtigere Dinge gibt, als ein dickes Bankkonto zu haben.« Immerhin beteiligte er auch die anderen an seinen Geschäften. »Ohne den Uli hätte ich neben dem Fußball keine Mark verdient«, sagte Breitner dankbar. Den anderen Mitspielern blieb Hoeneß damals trotzdem ein bisschen suspekt, auch auf dem Fußballplatz. Franz Beckenbauer schalt Hoeneß im Mai 1972 kurz vor der EM öffentlich: »Er bringt fast alle Anlagen für einen großen Spieler mit. Aber im Augenblick denkt er nur noch ans Toreschießen und deckt nicht mehr.« Dazu passt das Theater, das Hoeneß nach dem 4:1 gegen die UdSSR im Testspiel entfachte: Eins der vier Tore von Gerd Müller reklamierte er heftig für sich, ehe ihn Fotos und TV-Aufnahmen widerlegten. Hoeneß hatte eben außer dem überragenden Antritt auch das Talent, ins Fettnäpfchen zu treten. So verärgerte er Jupp Derwall, Trainer der Olympia-Auswahl, und den DFB kolossal. Er hatte 1970 bei Bayern nur einen Amateur-Vertrag unterschrieben, weil er unbedingt »bei der Eröffnungsfeier im Münchner Olympia-Stadion einmarschieren und den Duft der großen weiten Sportwelt einatmen« wollte. Das war Profis versagt, weshalb sie ihn offiziell auf Bayerns Geschäftsstelle beschäftigten. Für 2000 D-Mark Grundgehalt sei er »für die Frankiermaschine verantwortlich«, witzelte Präsident Willi Neudecker. Von der Sporthilfe kamen 400 Mark dazu, Hoeneß hatte also durchaus Anlass für Nebengeschäfte.

Als Derwall am 7. Juni 1972 sein Olympia-Aufgebot benannte, berief er Hoeneß nur unter Vorbehalt. Weil dieser ungeniert mit anderen Klubs verhandelte – nun um Profi-Verträge, die bis zum 15. Juli geschlossen werden mussten. Olympia aber war erst im September, Hoeneß wäre nicht spielberechtigt gewesen. Derwall zeterte: »Ich lasse mir nicht länger von Hoeneß auf der Nase herumtanzen. Wenn er nicht schleunigst sein Pokerspiel mit der halben Bundesliga beendet, hat er bei uns nichts mehr zu suchen.«

Das »Vabanquespiel« (Zitat Hoeneß) ging gut aus, er spielte als Europameister in Deutschlands Olympia-Elf, wo er allerdings stark enttäuschte, und unterschrieb erst am 6. Oktober 1972 einen gut dotierten Profi-Vertrag bei Bayern. Seinetwegen hatte der DFB sogar die Statuten geändert, Verträge durften nun bis 31. Dezember geschlossen werden.

Spätestens seit seinem Auftritt im Viertelfinale gegen England in Wembley, wo er der jüngste Spieler auf dem Platz war und ihm im zweiten Länderspiel das zweite Tor (1:0) glückte, hatte alle Gefallen an dem jungen Hoeneß gefunden. Seine Position im offensiven Mittelfeld bezeichnete man als »vierte Spitze«. Der »Daily Express« nannte ihn geschmacklos auf Deutsch »ein blonder Panzer«. Seinen Egoismus stellte er manchmal sogar über die Interessen der Nationalelf: 1974 bei der WM im eigenen Land wurde Hoeneß ausgerechnet in der Nacht vor dem Finale gegen Holland (2:1) krank. Er hatte 39 Grad Fieber, verschwieg es aber Helmut Schön und den DFB-Ärzten. Er wollte unbedingt spielen und ließ sich klammheimlich von Bayerns Vereinsarzt Medikamente besorgen. So wurde er am 7. Juli 1974 Champion und hatte mit 22 Jahren alle wichtigen Titel gewonnen: die Welt- und Europameisterschaft, Deutsche Meisterschaft, den DFB-Pokalsieg und kurz vor der WM erstmals den Europacup der Landesmeister.

Das Geldverdienen hatte nun wieder Vorrang. 1974 koppelte Hoeneß seinen Vertrag ans internationale Abschneiden der Bayern: Spielten sie nicht im Europacup, verdiente er 30 Prozent weniger.

Nachdenkliche Bayern-Fraktion (v. l.): Franz Beckenbauer, Uli Hoeneß, Paul Breitner und Hans-Georg Schwarzenbeck am Tag vor dem Spiel in England

»Wenn alle Spieler solche Verträge abschließen würden, ginge kein Verein bankrott«, lobte er sich selbst. Es kamen noch zwei weitere Europapokale der Landesmeister hinzu (1975 und 1976).
Aber im Finale von Paris im Mai 1975 begann sein Abstieg: Die Engländer von Leeds United waren keine fairen Verlierer, traten wild um sich. Hoeneß schied schwer verletzt aus, litt lange an einer Knieverletzung: »Es stellte sich heraus, dass der Meniskus nun gänzlich kaputt war. Es war der Beginn meiner gesundheitlichen Probleme.« Hoeneß wurde nie mehr der Alte, die Verletzung war fatal für einen Spieler, der so von seiner Dynamik lebte wie er. Trotzdem schaffte er den Sprung in den EM-Kader 1976. In Jugoslawien wollte Deutschland als erste Mannschaft den Titel verteidigen. Aber es kam anders, und das lag vor allem an Uli Hoeneß.
Der berühmteste Moment seiner Spieler-Karriere war nicht einer am 18. Juni 1972 in Brüssel oder 7. Juli 1974, es war seine letzte Ballberührung am 20. Juni 1976. Ein schwarzer Moment – so schwarz wie der viel besungene Nachthimmel von Belgrad, in den Hoeneß den vierten Elfmeter der deutschen Mannschaft gegen die CSSR schoss. Deutschland unterlag 5:7 n. E. (1:2, 2:2). »Normalerweise achte ich auf den Torwart und schiebe den Ball in die Ecke. Weil ich jedoch so ausgelaugt war, wollte ich kein Risiko eingehen und den Ball mit voller Wucht ins Tor jagen«, entschuldigte er sich und fragte die Reporter beinahe flehentlich: »Nun muss ich mich doch aber nicht 100 Jahre lang mit Vorwürfen plagen lassen?«
Zumindest nicht jeden Tag, aber auch heute wird die Geschichte noch gern erzählt.

Nach dem Fehlschuss im EM-Finale 1976: Hoeneß ist entsetzt, Deutschland verliert

HOENESS MACHTE DEN FC BAYERN ZUR WELTMARKE

Nach seinem Rücktritt vom Leistungssport im Frühjahr 1979 wegen eines irreparablen Knorpelschadens im Knie wurde Uli Hoeneß im Alter von nur 27 Jahren der jüngste Manager der Bundesliga-Geschichte – und der erfolgreichste: Er machte aus dem FC Bayern eine Weltmarke, der Umsatz des Rekordmeisters hat sich in seiner Ära fast versechzigfacht – von 12 Millionen D-Mark auf 350 Millionen Euro. In seiner mehr als 30 Jahre langen Ära bis zu seinem Rücktritt als Manager im November 2009 gewann der Klub 16 Meistertitel, neunmal den DFB-Pokal sowie je einmal den Uefa-Cup und die Champions League. Hoeneß wurde Präsident und später Aufsichtsratsvorsitzender, Bayern holte zwei weitere Meisterschaften und Pokalsiege und den Champions-League-Titel 2013. Er musste von beiden Ämtern aber 2014 zurücktreten: Das Landgericht München II verurteilte Hoeneß im März 2014 wegen Steuerhinterziehung aus Börsengewinnen in Höhe von 28,5 Millionen Euro (sieben Fälle von 2003 bis 2009) zu drei Jahren und sechs Monaten Freiheitsstrafe. Hoeneß trat die Haft am 2. Juni 2014 an, Anfang 2015 wurde er Freigänger.

MIT RAUMGREIFENDEM SCHRITT und wehender Mähne stürmt Günter Netzer im Finale gegen die UdSSR über den Platz. Seine Gegenspieler sind nur Statisten

MIT WEHENDEN HAAREN AUS DER
TIEFE DES RAUMES

Günter Netzer Der Gladbacher Spielmacher war die erste Kultfigur des deutschen Fußballs, ein Playboy, ein Mythos. In der Nationalelf aber fremdelte er – bis Wembley kam

Ich habe anders ausgesehen, ich habe anders gelebt, vor allem aber habe ich anders Fußball gespielt – das war die Basis meines Erfolgs«, reflektierte Günter Netzer einmal über seine Außenwirkung. Wenn er mit langen, wehenden dunkelblonden Haaren und großen Schritten über den Platz stürmte, raunten nicht nur die Fußballkenner. Wenn er mit wunderbarem Effet seine direkten Freistöße auf das Tor schlug und den Torhütern keine Chance ließ, schwärmten auch unzählige

EM 1972 Belgien

Gladbacher Schick Anfang der 70er-Jahre: Netzer und Freundin Hannelore posieren für eine Homestory in ihrem Wohnzimmer

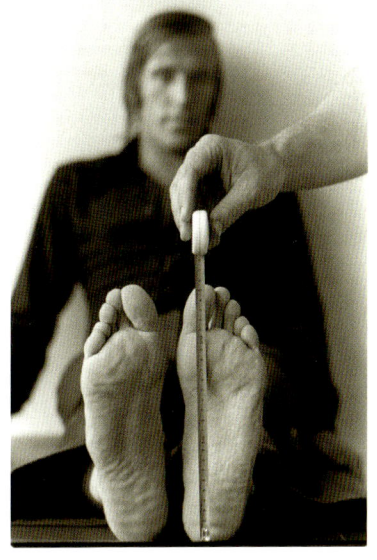

Lebt auf großem Fuß: Netzer braucht Schuhgröße 47, von der Ferse bis zum großen Zeh misst sein Fuß 30,25 Zentimeter

Frauen. Günter Netzer war der erste Playboy des Fußballs, eine Kultfigur, unangepasst, aufbegehrend gegen das Bürgertum, eine Mode-Ikone, wenn er ganz in Schwarz posierte.

Netzer füllte nicht nur die Sportseiten, sondern auch die Klatschspalten der Frauentitel. Er war ein Profi, der nicht wie einer lebte, umgab sich mit Künstlern und Schauspielern, jettete unter der Woche nach München und feierte Partys. Netzer musste ja nur die Frühmaschine um 6.30 Uhr nach Düsseldorf bekommen, um beim Zehn-Uhr-Training in Mönchengladbach zu sein. Dahin fuhr er mit seinem gelben Ferrari (Preis: 38 000 D-Mark). Und er führte eine Diskothek – die »Lovers' Lane«. Während Gladbachs Trainer Hennes Weisweiler schier entsetzt war über Netzers Freizeitverhalten und im Gegensatz zu den Mitspielern nicht zur Einweihung kam, betrat Alt-Bundestrainer Sepp Herberger als einer der ältesten Gäste einmal seine Diskothek. Herberger kam im Mai 1971 zur Aussprache mit Netzer, man sah sie an der Theke intensiv diskutieren. Denn der damals schon 74-jährige Herberger hatte in aufrichtiger Sorge um die Nationalmannschaft Kritik am Spielmacher geäußert. Er schlage wie auch Overath »herrliche Pässe über 30 und 40 Meter, aber danach ist das Spiel für ihn zu Ende. Vorne dürfen sich die armen Teufel dann mit dem Ball gegen eine oft massierte Abwehr herumschlagen.«

Das Klischee vom Feldherrn, der andere für sich laufen ließ, allen voran seinen treuen Wasserträger Herbert »Hacki« Wimmer, haftete auch nach seiner zweiten Meisterschaft 1971 an Netzer wie Kohlenstaub an der Wange des Bergmanns. Er machte sich nichts vor, was seine Bilanz im DFB-Dress anging. In seinem Leben fehlte noch etwas. Ein Spiel, von dem alle Welt sprechen würde. Dann kam der Abend des 29. April 1972. Der Abend, an dem Günter Netzer an seinem eigenen Denkmal rüttelte und ein neues, schöneres errichtete. Eben weil er nicht nur lange Pässe schlug und ›

49

EM 1972 Belgien

BOMBENEINSCHLAG
IM KRANKENHAUS

GÜNTER NETZER: AM LIEBSTEN FERRARI

Autoliebhaber: Netzer fuhr in seiner Gladbacher Zeit zehn Ferrari-Modelle

Sein Playboy-Image verdankte Netzer auch seiner Liebe für schnelle Autos. Als 18-Jähriger fuhr er Mercedes, dann einen Porsche 911 und immer wieder Ferrari. Damit stand er im Fußball-Business nicht allein, wie diese kuriose Geschichte belegt: Netzers viertes Auto, ein Jaguar E (269 PS), fuhren drei Superstars. Nicht nur das Modell, sondern denselben Wagen. Netzer verkaufte ihn für 10 000 Mark an Beckenbauer, weil es reinregnete und wegen der »eigenwilligen Bremsen«. Die Mängel verschwieg er dem Kaiser und wurde deshalb als »Betrüger« gescholten. Beckenbauer fand nach kurzer Zeit einen neuen Käufer: Wolfgang Overath erwarb den Flitzer für nur noch 7500 Mark und lackierte ihn lila. Netzer lamentierte: »Das muss man sich mal vorstellen. Mir tränten die Augen!« Der Jaguar wurde also von Fahrern mit insgesamt 221 Länderspielen gesteuert. Mit seinem Porsche 911 baute Netzer am 18. Juni 1970 auf regennasser Fahrbahn einen Unfall und entging nur knapp dem Tod, ebenso wie sein Beifahrer Herbert Wimmer. Im März 1971 beging Netzer nach einem Unfall mit seinem Ferrari Fahrerflucht, kam aber mit 300 Mark Geldstrafe davon.

› stehen blieb. Nein, der Mann mit der Schuhgröße 47 trieb die deutsche Mannschaft an, lief im Viertelfinal-Hinspiel im Londoner Wembley-Stadion wahrlich um sein Leben und entzückte im Wechselspiel mit Franz Beckenbauer. Alles schien ihm zu gelingen an diesem Tag, und was nicht perfekt war, ging gut aus. Wie sein Elfmeter, mit dem er das wichtige 2:1 erzielte.

Hinterher sprachen alle vom besten Länderspiel seines Lebens. Es kam auch kein besseres mehr, ehe er 1975 nach 37 Einsätzen nie mehr für Deutschland auflief. Der Journalist und Autor Ludger Schulze fand, mit dem Elfmeter habe Netzer »seine triumphale Leistung gekrönt, die sicherlich zu den besten gehört, die je ein deutscher Nationalspieler geboten hat«. Der FAZ-Korrespondent Karl-Heinz Bohrer wählte mit seiner Formulierung vom »aus der Tiefe des Raumes plötzlich vorstoßenden Netzer« Worte, die seinen Mythos ausmachten.

Es gibt kaum ein Porträt über Netzer, in dem sie nicht standen. Der genaue Wortlaut: »Der aus der Tiefe des Raumes plötzlich vorstoßende Netzer hatte ›thrill‹. ›Thrill‹, das ist das Ergebnis, das nicht erwartete Manöver; das ist die Verwandlung von Geometrie in Energie, die vor Glück wahnsinnig machende Explosion im Strafraum, ›thrill‹, das ist die Vollstreckung schlechthin, der Anfang und das Ende. ›Thrill‹ ist Wembley.« Helmut Schön fühlte sich an »Fritz Szepan *(aus dem Schalker Kreisel der 30er-Jahre; d. Red.)* in seinen allerbesten Zeiten erinnert« und schrieb in seinen Memoiren: »Ich werde es mein Leben lang nicht vergessen, dieses Bild: Wie er unter dem Flutlicht mit wehendem, langen blonden Haar durch das Mittelfeld stürmte, den Ball am Fuß – das war einfach ein herrlicher Anblick.«

38 Jahre später lieferten Wissenschaftler der Kölner Sporthochschule weitere Belege von Netzers Extraklasse in Wembley. Sie sezierten das Spiel und stellten fest: Netzer hatte 99 Ballkontakte, davon 88 Offensiv-Aktionen und 64 angekommene Pässe – es waren die Bestwerte unter allen eingesetzten 23 Spielern. »Netzer schwang den Taktstock, und alle tanzten nach seiner Melodie, auch Franz Beckenbauer an diesem Tag«, schrieb Schulze in seinem Buch »Die Mannschaft«.

Obwohl es kurzzeitig den Anschein hatte, er könne sogar Beckenbauer den Rang ablaufen, entstand daraus nie ein Problem. Im Gegenteil. In der Nacht nach dem 4:1 im Testspiel gegen die UdSSR zogen Beckenbauer und Netzer durch die Münchner Nacht und kamen sich menschlich und fachlich näher. Zum Glück für Deutschland. Das Duo verstand sich glänzend bei der EM in Belgien, wo Netzer an vier der fünf deutschen Tore als Vorbereiter beteiligt war. Nach dem Finale schrieb Frankreichs Sportblatt »L'Equipe«: »Netzer ist das Symbol der Deutschen, der beste Spieler unseres Erdteils.« Helmut Schön verstieg sich zu der euphorischen Aussage: »Wir brauchen keine Taktik, wir haben Beckenbauer und Netzer.«

Auf einer Stufe mit dem Kaiser, wer konnte das je von sich sagen? Dabei hatte Netzers Leben so hart begonnen: Wer im September 1944 in einem deutschen Krankenhaus geboren wird, den prüft es ab dem ersten Atemzug. Günter Theodor Netzer ist fünf Tage auf der Welt, da schlagen im Krankenhaus Maria-Hilf in Mönchengladbach die Bomben ein. Es sind englische Bomben, es ist Krieg. Die Mütter auf der Wöchnerinnen-Station flüchten mit ihren Babys in die halbwegs sicheren Kellerräume, so übersteht er das erste große Abenteuer seines Lebens unbeschadet. Und als ein paar Wochen später eine Bombe im Vorgarten seines

DAS GRÖSSTE SPIEL SEINES LEBENS *Im Viertelfinale in Wembley ist Günter Netzer der uneingeschränkte Herrscher auf dem Platz. Aus der Tiefe des Raumes reißt er immer wieder Englands Deckung auseinander. Colin Bell (l.) und Francis Lee lassen Netzer gewähren*

BIOGRAFIE

Günter Netzer

Geboren am 14. September 1944 in Mönchengladbach.
1965 bis **1973**:
230 Bundesliga-Spiele und 82 Tore für Borussia Mönchengladbach, zweimal Meister, einmal Pokalsieger.
1973 bis **1976**:
85 Primera-División-Spiele und neun Tore für Real Madrid, zweimal Meister, zweimal Pokalsieger.
1976 bis **1977**:
26 Spiele für Grasshopper Zürich und drei Tore.
1965 bis **1975**:
37 Länderspiele und 6 Tore.
1972: *Europameister, Deutschlands Fußballer des Jahres.*
1973: *Deutschlands Fußballer des Jahres.*
1974: *Weltmeister.*
1978 bis **1986**:
Manager Hamburger SV, dreimal Meister und Europapokalsieger der Landesmeister.
1991/92:
Manager FC Schalke 04.
2015: *SPORT BILD-Award für sein Lebenswerk.*

Elternhauses landet, ein Blindgänger, hat die Familie wieder Glück. In der Nachkriegszeit erlebt Günter Netzer eine Kindheit wie fast alle Jungen in jenen Tagen des Neuanfangs in Trümmern. Zum Spielen hat er nicht viel, braucht aber auch nicht viel. Nur seine Füße und etwas zum Treten. Oft sind es Blechbüchsen oder Stofffetzen, die Glücklicheren haben einen Ball. Wie Netzer und seine Freunde. »Ich war verrückt nach jedem Ball. Schule, Hausaufgaben und hinaus auf die Straße.« Obwohl seine spätere Spielweise nicht dem Klischee entsprach, Günter Netzer ist ein echter Straßenfußballer. Bei dem wilden Gebolze in der Mönchengladbacher Gasthausstraße, wo die Mutter einen Tante-Emma-Laden führt, sehen zuweilen Leute zu. Ein Nachbar sagt eines Tages zur Mutter: »Der Günter, der kann ja mit dem Ball umgehen wie kein anderer. Der wird mal sicher was.« Netzer ist eine wahre Sportskanone, seine später oft von Spöttern und Kritikern bemühte Lauffaulheit kollidiert mit seinen Talenten. Bei den Vereinsmeisterschaften seines ersten Vereins, des 1. FC Mönchengladbach, belegte er 1961 in sechs Sportarten den ersten Platz: über 100 und 1000 Meter, im Kugelstoßen, Weitsprung, Dreikampf und »Fußball-Weitstoß« (50 Meter). Sein Wechsel zur großen Borussia ist nur eine Frage der Zeit. Am 1. August 1963 beginnt die überaus fruchtbare Ehe zwischen der Fohlen-Elf, wie sie alsbald heißen sollte, und ihrem größten Spieler. Netzers erstes Gehalt beträgt 160 Mark, bei einer Einsatzprämie von 10 Mark. Weit deutlicher wird sein Marktwert durch die Ablösesumme, die Borussia für einen 18-Jährigen zahlt: 50 000 Mark. Ein stolzer Preis. Aber er ist schließlich bereits Jugend-Nationalspieler.
Da Borussia bei der Bundesliga- ›

EM 1972 Belgien

ERDBEERSEKT AUS DEM SUPERMARKT

NETZER WECHSELTE SICH IM POKALFINALE SELBST EIN

Jubel nach dem 2:1 gegen Köln im Pokalfinale. Netzer trägt die Nr. 12 eines Ersatzspielers

Um die Jahreswende 1972/73 begann der Niedergang der Gladbacher Fohlen-Elf und mit ihr der von Günter Netzer. Auch aus privaten Gründen – die Mutter starb, ein Millionen-Angebot von Real Madrid schwirrte durch seinen Kopf. Das nahm er schließlich an, als erster Deutscher wurde Netzer ein »Königlicher«. Gründe genug für Hennes Weisweiler, seinen Kapitän im Pokalfinale 1973 gegen den 1. FC Köln auf die Bank zu setzen. Im Düsseldorfer Rhein-Stadion ereignete sich dann eine einmalige Geschichte, die den Buchtitel seiner schon 1971 erschienenen Biografie nachträglich bestätigte. Der »Rebell am Ball« verweigerte zur Halbzeit seine Einwechslung, aber mit Beginn der Verlängerung – es stand 1:1 – beschloss er selbstherrlich. Das verabredete Netzer nicht etwa mit Weisweiler, sondern mit Mitspieler Christian Kulik, der erschöpft am Boden lag. Netzer rief Weisweiler nur zu: »Ich spiele dann jetzt!« Drei Minuten später entschied er mit seinem zweiten Ballkontakt das Spiel – mit links traf er zum 2:1 in den Winkel. Es war der Endstand, Netzer ging im Triumph. In Madrid wurde er 1974 auf Anhieb Pokalsieger, aber für die Nationalelf war er nicht mehr gut genug. Bei der WM im eigenen Land spielte Netzer nur 21 Minuten (beim 0:1 gegen die DDR), Weltmeister will er nicht genannt werden.

› Gründung 1963 übergangen wird, startet Netzers Karriere am Bökelberg in der zweitklassigen Regionalliga West. In zwei Jahren werden in 67 Spielen 26 Treffer gezählt, knapp die Hälfte sind Elfmeter. Auch Ecken und Freistöße lassen sie ihn schon bald treten. Sein Ballgefühl ist Legitimation genug. Der rechte ist der starke Fuß, der linke der schwächere. Schon in jungen Jahren ist er auch ohne Spielführer-Binde der Boss der Borussen-Elf. Was seinem Selbstbewusstsein nicht schadet.

Es gibt eine schöne Geschichte, die davon kündet, das schon der junge Günter Netzer ungemein selbstbewusst war. Als er mit Manager Helmut Grashoff um einen neuen Vertrag verhandelt und dieser auf das vermeintlich gute Borussen-Angebot mit Sekt anstoßen will, steht Netzer auf, geht in den nächsten Supermarkt und kauft den billigsten Erdbeer-Sekt. Den stellt er Grashoff auf den Tisch. Mehr sei das Angebot des Vereins ja nicht wert. Sie werden sich noch einig. Netzer hat seinen eigenen Kopf, was Führungskräfte gemeinhin auszeichnet, und kann damit leben, dass bei der Erstellung eines Soziogramms herauskommt, niemand im Team wolle sein Zimmerpartner sein.

Für ihn hatte Fußball immer wenig mit Kameradschaft zu tun (»Das Gerede von den elf Freunden ist Blödsinn«), jedenfalls war es ihm nicht wichtig. Es gab bei Borussia regelrechte Aufstände gegen Netzer, wenn er wieder mal zu spät zum Training kam. Nicht nur Minuten, einmal waren es sogar Tage, und sie riefen ihn auf Hawaii an, wo er sich am Strand aalte: »Günter, wenn du nicht sofort zurückkommst, treten wir in Streik.« Das war 1970 – und er kam. Sofort. Netzer isolierte sich mit seiner Art und blieb doch Mittelpunkt. Seine Karriere verlief nicht so gradlinig wie die seines späteren Freundes Franz Beckenbauer, mit dem er 1965 zeitgleich in die Bundesliga kam. Nur zwei Wochen nach dem Kaiser debütierte er im Oktober 1965 in der Nationalelf, mit der Erfahrung von sieben Bundesliga-Spielen. Aber während Beckenbauer fortan gesetzt war, fremdelte Netzer im DFB-Dress.

Es war seltsam: In seinen ersten vier Bundesliga-Jahren erreichte er stets eine zweistellige Anzahl an Toren, als Mittelfeldspieler wohlgemerkt, und 1970 führte er Borussia zur ersten Meisterschaft. Dort war er unverzichtbar. Doch nur 1968 war er Stammspieler in der Nationalmannschaft, 1969 spielte er keine Sekunde, was auch an Willi Schulz lag.

Als Helmut Schön ihn im entscheidenden WM-Qualifikationsspiel gegen die Schotten im Oktober einwechseln wollte und Helmut Haller schon vom Platz trabte, intervenierte der Abwehrchef und zog Haller förmlich zurück. Schön ließ sich überzeugen, wie ein begossener Pudel schlurfte Netzer zurück auf die Bank.

Die WM 1970 fand ohne ihn statt, was nicht nur an seiner Verletzung lag. Im Februar 1970, nach einem schlimmen 0:2 in Sevilla gegen Spanien, reagierte Netzer patzig auf die Kritik von Helmut Schön (»Netzers Spiel ist nicht das Spiel der deutschen Mannschaft«) und erklärte seinen Rücktritt. Den widerrief er ziemlich schnell. Schön wusste nicht so recht, auf welche Position er Netzer stellen sollte: Einen Mann, der zentimetergenaue Pässe übers halbe Feld schlagen konnte, hatte er schon: Wolfgang Overath. Nur war der Kölner nicht so rebellisch und – obwohl viel sensibler – weniger störanfällig als Netzer, der sich im Umfeld der Nationalmannschaft nie sonderlich wohlfühlte.

Netzer wird im Finale gegen die UdSSR von Wladimir Troschkin ausgebremst. Aber auch mit Härte können ihn die Russen nicht nachhaltig stoppen

KOLUMNE

HERBERT WIMMER (M.) bei der Nationalhymne neben seinem kongenialen Partner Günter Netzer. Gegen die UdSSR steht er auch einmal im Rampenlicht. Rechts lauscht Gerd Müller den Klängen

GÜNTER UND ICH VERSTANDEN UNS BLIND

Herbert Wimmer über seine geliebte Rolle als Wasserträger von Netzer, seinen Spitznamen Hacki und sein Glückstor im Finale nach Netzers Vorarbeit

Es war ein Malheur. Zwei Genies, die, rein sportlich, nicht miteinander konnten. Netzer gab zu: »Overath war der bessere Mannschaftsspieler. Ich brauchte immer den Schutz des Vertrauten und war am besten, wenn möglichst viele Gladbacher in der Elf standen.« Wie im Glanzjahr 1972.

Ein Volksentscheid über die deutsche Schicksalsfrage – Overath oder Netzer? – hätte gewiss immer einen klaren Sieg für Netzer ergeben, denn er war durch seinen Habitus in der Zeit der Studenten-Unruhen der populärste deutsche Fußballer. So wie Borussia Mönchengladbach Anfang der 70er-Jahre mehr Fans als die erfolgreicheren Bayern hatte. Mit den Gladbachern identifizierten sich auch Intellektuelle, vor allem aus dem linken Spektrum, denn ihr Fußball war anarchisch, wild und begeisternd. Und sie kämpften mit bescheidenen Mitteln gegen das Establishment. Der Netzer-Biograf, der Germanist Helmut Böttiger, zog einmal einen Vergleich zwischen Netzers weiten Pässen und der Politik Willy Brandts, der in Netzers Glanzzeit erster SPD-Bundeskanzler war und innen- wie außenpolitisch neue Wege ging. Netzers Spiel und Brandts Politik, beides, fand Böttiger, »atmete den Geist der Utopie«. Es war eine Parabel auf den Wandel nach der Adenauer-Ära, auch wenn es keinen linken Fußball gab und Netzer selbst das auch nie so begriff. Ihn amüsierten diese Vergleiche eher, er erklärte sich offen für unpolitisch und entwickelte sogar früh kapitalistische Züge. Netzer verdiente gern und gut Geld, warb für »Puma« und brachte als Spieler bereits die Stadionzeitung »Fohlen-Echo« heraus. Für eine Autogrammstunde nahm er bis zu 1500 Mark. »Ich habe ein Näschen für Geschäfte«, sagte er und bewies es oft genug.

Dennoch war er geschaffen als Idol der Jugend wie kein anderer.

Eifersüchtig? Nein, das war ich wirklich nicht. Ich habe mich gegenüber Günter Netzer nie unterbewertet oder zu wenig wertgeschätzt gefühlt. Dazu bestand auch gar kein Anlass. Wir waren ja völlig unterschiedliche Typen und überhaupt nicht miteinander vergleichbar.

Günter zum Beispiel fuhr Ferrari oder Jaguar, ich eher unauffällige Wagen. Er suchte das Rampenlicht und liebte die großen öffentlichen Auftritte, ich dagegen war immer heilfroh, wenn mich die Reporter in Ruhe ließen. Auf dem Platz verstanden wir uns trotzdem blind, da musste eigentlich kaum noch gesprochen werden. Jeder von uns hatte seine Rolle und wusste genau, was zu tun ist. Ich empfinde daher auch heute noch die Bezeichnung »Wasserträger« nicht als Makel oder gar Beleidigung. Im Gegenteil: Netzers Stärke waren eben die langen Pässe, meine, kreuz und quer und 90 Minuten lang über den Platz zu rennen. Das war unser Spiel, so waren wir erfolgreich – im Verein und in der Nationalmannschaft. Wir haben als Gespann funktioniert und voneinander profitiert. Bei aller Defensivarbeit liebte ich als gelernter Rechtsaußen nach wie vor das Flanken, Dribbeln – und Hakenschlagen. Das hatte mir einst von Manfred Orzessek, unserem Ersatztorwart bei der Borussia, auch den Spitznamen ‚Hacki' eingebracht. Günter wusste das und setzte mich, so oft es ging, offensiv in Szene. Das EM-Finale von 1972 ist ein gutes Beispiel dafür: Mit Beginn der zweiten Halbzeit, wir führten 1:0 und dominierten klar, änderten die Sowjets ihre Taktik. Sie opferten ihren Spielmacher, den ich sicher im Griff hatte, um Günter einen frischen Mann auf die Füße zu stellen. Sein Freiraum war dadurch zwar etwas eingeschränkt, meiner dafür aber entscheidend vergrößert. So kam ich zu meinem ersten Länderspieltor, das einer lupenreinen Borussen-Kombination entsprang: Günter Netzer spielte steil auf Jupp Heynckes, der wiederum zu mir in den Strafraum, jeweils elegant per Außenrist. Ich zog aus halblinker Position ab. Weniger elegant, mit links. Man muss wissen: Mein linker Fuß war schwach. Wirklich richtig schwach! Ich kann mich nicht erinnern, dass ich auch nur eines meiner über 50 Bundesliga-Tore mit links erzielt hätte. Mein Schuss war also nicht gerade ein Hammer. Zwar flach und platziert, aber keineswegs unhaltbar. Ich habe den ansonsten guten Torwart Rudakow wohl auf dem falschen Fuß erwischt. Auf jeden Fall rutschte ihm der Ball über die Hände und kullerte gegen den langen Pfosten und von dort aus ins Tor. Ich habe mich riesig gefreut. Und mit mir alle Kameraden. Denn obwohl noch weit über eine halbe Stunde zu spielen war, wussten wir in diesem Moment alle: Das ist die Entscheidung, diesen Titel nimmt uns keiner mehr!

Denkmal in der Fußgängerzone in Gladbach-Eicken: das legendäre Fohlen-Trio Vogts, Netzer und Wimmer (v. l.)

DER BALL LIEGT IM TOR *Gerd Müller hat gerade zum vierten Mal bei der Endrunde getroffen, es ist sein Tor zum 3:0-Endstand gegen die UdSSR. Er ist auf dem Zenit seines Könnens*

EM 1972 Belgien

MIT FUSS, BRUST, HINTERN, IM LIEGEN, SITZEN ODER FALLEN

Gerd Müller Der »Bomber der Nation« traf mit allem, was das Reglement zulässt. Und aus jeder Lage. 68 Tore erzielte er in 62 Länderspielen – unnachahmliche Tore

Dann macht es bumm!« Lässt sich Gerd Müllers Fußballkunst besser beschreiben als von ihm 1969 selbst besungen und auf einer Schallplatte verewigt? Melodiöser vielleicht, inhaltlich kaum. »Bumm!« – das steht für seinen erfolgreichen Torschuss.

Müller sorgte immer für die großen Einschläge und entscheidenden Knalleffekte. Momente, die wach machten, mitrissen, alles veränderten. Wie seine vier Tore gegen Belgien und die UdSSR. »Bumm!« – das war ein Wohlklang in den Ohren all derer, die es mit dem FC Bayern und der deutschen Nationalelf halten. »Bumm!« – das passte perfekt zu Gerd Müller: kurze Beine, voluminöse Oberschenkel, gedrungener Körper. Als der 18-jährige Müller 1964 aus der schwäbischen Provinz seiner Heimatstadt Nördlingen zum großen FC Bayern nach München kam, nahm ihn sein neuer Trainer Zlatko »Tschik« Cajkovski nicht für voll. Der Jugoslawe ließ Müller links liegen und auf der Ersatzbank schmoren, und er lästerte: »Was soll ich denn mit diesem Gewichtheber? Der hat ja viereckige Beine!« Doch Cajkovski musste rasch erkennen, dass er vorschnell geurteilt hatte. Herablassender Spott wich größtem Respekt und inniger Zuneigung für sein »kleines dickes Müller«. Der Mittelstürmer, der ab 1966 in der Nationalmannschaft erfolgreich auf Torejagd ging und sich dort den Spitznamen »Bomber der Nation« verdiente, setzte seinen Körper und seinen Sinn für Tore, für viele Tore, dermaßen zielsicher ein, dass er seine oft größeren und schnelleren Gegenspieler überforderte. Im Kopfballduell glich er seine geringe Körperlänge ›

Müller (l.) köpft das 1:0 gegen Belgien. Exzellente Sprungkraft und Timing zeichneten ihn beim Kopfballspiel aus, so düpierte er auch weitaus größere Gegner

EM 1972 Belgien

40 TORE SIND EWIGER
BUNDESLIGA-REKORD

14 TORE BEI ZWEI WM-TURNIEREN

In der ewigen Torschützenliste bei Weltmeisterschaften liegt Gerd Müller auf Platz drei hinter Miroslav Klose (16 Tore) und dem Brasilianer Ronaldo (15). Seine 14 Tore erzielte er bei nur zwei Turnieren. Klose nahm an vier Endrunden teil, Ronaldo spielte bei dreien. 1970 in Mexiko wurde Müller mit zehn Treffern Torschützenkönig,

Für das beste Foto vom entscheidenden Torschützen 1974 liegen die Fotografen vor Müller auf dem Boden

1974 steuerte er vier Tore zum WM-Titel bei. Die wichtigsten: der 1:0-Siegtreffer im dritten Finalrundenspiel gegen Polen, mit dem er die deutsche Mannschaft ins Finale schoss, und das 2:1 im Endspiel gegen Holland. Drei Tage zuvor hatte Müller Bundestrainer Helmut Schön informiert, nach dem Spiel seine Nationalelf-Karriere zu beenden. Aus familiären Gründen, er wollte mehr Zeit mit Ehefrau Uschi und Tochter Nicole verbringen. Am Abend des Triumphs gab er seinen Entschluss bekannt.

› von nur 1,76 Metern mit enormer Sprungkraft und exzellentem Timing aus. Am Boden präsentierte er sich mit seinen kräftigen Beinen und einem extrem niedrigen Körperschwerpunkt äußerst beweglich und antrittsschnell. Er setzte im Strafraum jedem Ball nach oder stahl sich hakenschlagend geschickt frei. Beidfüßig stark, eine verlässliche Anspielstation im Doppelpass, zumeist für den aufrückenden Franz Beckenbauer, und ein eiskalter Vollstrecker – das war Müller. Sein typischer Abschluss: Zuspiel, Ballannahme mit dem Rücken zum Tor, Hintern rausstrecken und den Gegner auf Abstand halten, Drehung links oder Drehung rechts, Schuss. Das Ganze in einer einzigen flüssigen Bewegung, in rasantem Tempo, auf engstem Raum und so gut wie nicht zu verteidigen. Eben »Bumm!«

Gerd Müller war nicht nur körperlich, sondern vor allem im Kopf einer der Beweglichsten. Er war kein umständlicher Grübler, sondern wusste, wo der Ball hinkommt und wo er hinmuss – ins Tor. Er besaß unglaublich gute Reflexe, erfasste mögliche Torchancen meist als Erster instinktiv und handelte als Erster. So erzielte Müller in nur 62 Länderspielen 68 Tore und 365 in 427 Bundesliga-Einsätzen.

Ein Physiker würde es so ausdrücken: Müller verstand es wie kein Zweiter, Raum, Zeit und Spannungsverhältnisse der eigenen Bewegung wahrzunehmen und umzusetzen. Er hat einmal den schönen Satz gesagt: »Wenn's denkst, ist eh zu spät.« Wie der Ball reinging, war ihm egal: »Tor ist Tor. Hauptsache, der Ball ist hinter der Linie. Kleine Tore zählen auch.«

Es »müllerte« fast immer ganz schnörkellos aus der Nahdistanz. An Treffer von außerhalb des Strafraums kann sich der Torjäger kaum erinnern. »Viele waren es auf jeden Fall nicht, vielleicht fünf oder so. Und die auch mehr aus Versehen.«

Für die schönen Tore waren die anderen zuständig: Uwe Seeler und später Klaus Fischer für die Fallrückzieher und Scherenschläge, Günter Netzer für die eleganten Schlenzer und fein gezirkelten Freistöße ins Kreuzeck, Bernd Nickel und Rainer Bonhof für die knallharten Fernschüsse.

Und doch: Obwohl die ARD-Sportschau erst im März 1971, also zu einem Zeitpunkt, als in Müllers Profi-Karriere schon fast Halbzeit war, zum ersten Mal ihr »Tor des Monats« kürte, wählten ihn die Zuschauer noch fünfmal zum Sieger. Müller-Tore hinterließen oft ein ungläubig-fasziniertes Kopfschütteln: »Wie hat er das denn nun bloß wieder hingekriegt?« Er traf mit allem, was das Reglement zuließ: Fußspitze, Hacke, Knie, Schenkel, Hüfte, Hintern, Brust, Kopf. Aus dem Stand, im Flug, Fallen, Sitzen, Liegen. Gehämmert, gestreichelt, gestochert, gespitzelt, reingewuchtet, genickt, gelupft. Eben unnachahmlich.

Die Spielzeit 1971/72, an deren Ende die Europameisterschaft stand, ragt in der an Superlativen nicht gerade armen Vita des Ausnahmestürmers noch ein wenig heraus. Bis heute einmalige 101 Treffer produzierte die Torfabrik des FC Bayern auf ihrem Weg zur Deutschen Meisterschaft. Müller, der alle Punktspiele von der ersten bis zur letzten Minute bestritt,

Müller lässt Frankfurts Torw... 3:1 am 32. Bundesliga-Spie... Endstand – ebenfalls per Ko...

Ein gefragter Mann: Die Telefone klingeln heiß bei einer Fragestunde in einer Redaktion

...er Kunter keine Chance mit seinem Kopfball zum
1/72. Später erzielt er noch das 4:3 und den 6:3-
...nd seine Tore 38, 39 und 40 in der Spielzeit

trug sich dabei nur in 19 Partien in die Torschützenliste ein. In sieben Spielen erzielte er je ein Tor, in sechs Spielen je zwei. Dreimal traf er beim HSV (4:1), gegen Bochum (5:1), Werder Bremen (6:2) und Frankfurt (6:3). Vier Tore gelangen ihm beim 11:1-Schützenfest über Borussia Dortmund, und zum 7:0 gegen Rot-Weiß Oberhausen steuerte er gar fünf Tore bei. Unter dem Strich: 40 Tore. Ein bis heute und – so lässt sich ohne Risiko behaupten – für immer einmaliger Wert in der Bundesliga.

In den Gruppenspielen der EM-Qualifikation gingen sechs der zehn Tore auf sein Konto. Beim holperigen Auftakt zunächst die immens wichtigen Treffer zum 1:1-Endstand per Elfmeter gegen die Türkei und 1:0 in Albanien. Zum 3:0-Rückspielsieg in der Türkei trug Müller zwei Tore bei, ebenfalls zwei beim 3:1 in Polen.

Beim Triumph in Wembley erzielte er in der 88. Minute das 3:1, bei der Endrunde in Belgien vier der fünf Tore. Den Weg zum zweiten großen Titel nach dem »Wunder von Bern« ebnete Müller, wenn man das Fußballspiel auf Tore reduziert, fast im Alleingang.

»Hören's auf, so denk' ich gar nicht«, würde der stets zurückhaltend-bescheidene, ja teilweise schüchterne Mannschaftsspieler sagen, wenn er diese Zeilen liest. Seine Ausnahmestellung ist dennoch unumstritten.

Zwei Jahre später, 1974, beendete Gerd Müller als Weltmeister im Alter von 28 Jahren seine Laufbahn in der Nationalmannschaft. Natürlich mit dem Siegtreffer gegen Holland. In typischer Müller-Manier: Es läuft die 44. Minute. Rainer Bonhof setzt sich auf dem rechten Flügel durch und passt scharf nach innen, wo Müller zwischen zwei Holländern lauert. Müller verspringt der Ball bei der Annahme mit dem linken Fuß leicht nach hinten. Doch er ist wieder einmal mit seinen Gedanken einen Tick schneller als die Gegenspieler. Eine kurze Drehung und ein gar nicht strammer Schuss ins lange Eck. Das 2:1.

Was für ein Hit. »Dann macht es bumm, ja, und dann kracht's, und alles schreit: Der Müller macht's!«

BIOGRAFIE

GERD MÜLLER

Geboren am 3. November 1945 in Nördlingen.

1965 bis 1979:
427 Bundesliga-Spiele und 365 Tore für den FC Bayern München, viermal Meister, viermal Pokalsieger, siebenmal Bundesliga-Torschützenkönig, 66 Tore im Europapokal, 79 Tore im DFB-Pokal.

1979 bis 1981:
71 NASL-Spiele und 38 Tore für die Fort Lauderdale Strikers (USA).

1966 bis 1974:
62 Länderspiele und 68 Tore.

1967: Europapokalsieger der Pokalsieger, Deutschlands Fußballer des Jahres.

1969: Deutschlands Fußballer des Jahres.

1970: WM-Dritter, WM Torschützenkönig (10 Tore), Europas Fußballer des Jahres, Europas Torschützenkönig (38 Tore).

1972: Europameister, Europas Torschützenkönig (40 Tore).

1974: Weltmeister.

1974 bis 1976: Dreimal Europapokalsieger der Landesmeister.

1976: Weltpokalsieger.

ab 1992: Trainer beim FC Bayern in der Nachwuchs- und Amateurabteilung.

2013: SPORT BILD-Award für sein Lebenswerk.

GRÖSSTES DEUTSCHES LÄNDERSPIEL

England – Deutschland 1:3 Das Wunder von Wembley. Erstmals siegte eine deutsche Nationalmannschaft auf der Insel. Es regierte die pure Lust am Spielen. Bis zur 84. Minute stand es 1:1

EM 1972 Belgien

0:1 ULI HOENESS *(oben, r.) schießt zum 1:0 ein (26.). Bobby Moore (Nr. 5) grätscht vergeblich, Norman Hunter (6) fälscht den Ball leicht ab, Torwart Gordon Banks (großes Foto) ist geschlagen*

Wimpeltausch: Die Kapitäne Bobby Moore (l.) und Franz Beckenbauer reichen sich die Hand. Mitte: Schiedsrichter Robert Héliès aus Frankreich

```
EUROPEAN CHAMPIONSHIP 1ST LEG
ENGLAND....................1
  LEE
WEST GERMANY...............3
  HOENESS   NETZER   MÜLLER
```

Viertelfinale im Wembley-Stadion: Weiß auf Schwarz steht das für England niederschmetternde Ergebnis auf der Anzeigetafel. 1st leg heißt: Hinspiel

Angesetzt war ein Spaziergang. Wie immer am Spieltag. Doch es kam anders. Die Spielfreude, von der nach dem Abpfiff die ganze Welt schwärmte, überkam die deutschen Nationalspieler schon am Vormittag des 29. April. Auf dem Rasen vor ihrem Hotel in der englischen Kleinstadt Welwyn Garden City hatten sie sich gegen elf Uhr zwanglos zusammengefunden. Irgendwer organisierte einen Ball, und schon waren sie mitten im Spiel. Helmut Schön beobachtete die Szenerie mit wohligem Gefühl, wie der Bundestrainer später in seinen Memoiren kundtat: »Freiwillig, nur von einer besonderen Spiellust getrieben, legten sie sich richtig ins Zeug, schossen, passten, köpften, lachten – bis sie total verschmutzt und verschwitzt waren. Sie mussten alle unter die Dusche.«

Das Training ohne Trainer hat vermutlich mehr bewirkt als manche penibel konzipierte Einheit. Schön nannte es einen »rätselhaften Vorgang«, der ihn selbst überwältigt habe. »Wie ist das entstanden? Hat es sich aus einer gemeinsamen Übereinstimmung ergeben? Die Antwort weiß ich bis heute nicht«, gab er Jahre später zu. Spaß und Zuversicht waren jedenfalls in diesem Moment zurück im deutschen Team, gerade rechtzeitig vor dem Schicksalsspiel in Wembley. Als am 12. Januar 1972 in Zürich die Viertelfinalspiele ausgelost wurden, war der Aufschrei groß: »Schlimmer ging's nicht, England!«, titelte der »Kicker«. Denn im Mutterland des Fußballs hatte Deutschland stets verloren. Überhaupt hatten die Engländer seit 1872 erst vier Heimspiele mit einer Niederlage beendet. Unbedeutende Testspiele. Und diese Heimspiele fanden nach dem Krieg im Londoner Wembley-Stadion statt, in dem die Engländer 1966 Weltmeister geworden waren. Gegen Deutschland und unter dubiosen Umständen. Das berühmte Wembley-Tor von Geoff Hurst zum 3:2 ist bis heute umstritten. Sein Schuss prallte von der Unterkante der Latte vor die Linie, behaupteten die Deutschen. Er war drin, sagten die Engländer. Was auch Schiedsrichter Gottfried Dienst nach Befragung von Linienrichter ›

EM 1972 Belgien

NETZER HAT VOR DEM ANPFIFF ANGST

SCHÖN WUSSTE NICHTS: MAIER SPIELTE MIT VERLETZUNG

Sepp Maier hatte sich im Europapokal-Halbfinale der Bayern bei den Glasgow Rangers (0:2) am 19. April eine schmerzhafte Schleimbeutel-Entzündung am Ellenbogen zugezogen, die zwei Nächte vor dem England-

Unter großen Schmerzen: Maier fängt den Ball vor Englands Mittelstürmer Martin Chivers ab

Spiel besonders schlimm wurde. Maier: »In wenigen Stunden hatte der Arm fast den doppelten Umfang erreicht.« Er alarmierte Masseur Erich Deuser und Teamarzt Johannes Schoberth, die ihn mit Salben und Eis behandelten. Schoberth beschloss: »Dem Schön sagen wir nichts. Der wird sonst nervös wegen der Mannschaftsaufstellung.« Allein Ersatztorwart Wolfgang Kleff wurde eingeweiht, um sich psychisch auf einen möglichen Ernstfall vorzubereiten. Für das Spiel erhielt Maier einen Schaumgummiverband, den linken Arm konnte er jedoch kaum noch anwinkeln. Maier: »Im Spiel brannte der Arm wie Feuer, jedes Mal wenn ich mich werfen musste. Aber an dieses Match in Wembley werde ich mich immer erinnern als eines meiner besten Länderspiele.«

› Tofik Bachramow so sah. Das Spiel endete 4:2 n. V.
Die Festung Wembley galt gemeinhin als uneinnehmbar, der Pessimismus wuchs beinahe täglich. Personal- und Formprobleme drückten die Stimmung. Die Bayern mussten im April Pleiten in allen drei Wettbewerben verdauen, waren bei den Glasgow Rangers mit 0:2 im Halbfinale des Europacups der Pokalsieger gescheitert, in Köln (1:5) aus dem DFB-Pokal geflogen, und in der Bundesliga hatten sie wie so oft in Duisburg verloren. Diesmal mit 0:3. »Die Bayern waren in einer grausamen Verfassung«, erinnert sich Günter Netzer. Schön stellte fest: »Die Herrschaften waren die personifizierte schlechte Laune.«
Im Trainingslager in Frankfurt wurde »die Stimmung von Tag zu Tag besser«, merkte Sepp Maier. Doch die Sorgen blieben, auch körperlich angeschlagene Spieler reisten nach London: Günter Netzer war gegen Schalke an den Torpfosten geprallt, Horst-Dieter Höttges und Jürgen Grabowski waren stark erkältet. Und auf der Ausfallliste standen Namen wie Berti Vogts, Wolfgang Overath, Hannes Löhr, Reinhard »Stan« Libuda, Klaus Fichtel und Wolfgang Weber, allesamt 1970 in Mexiko dabei. Schön setzte auf einen sechsköpfigen Bayern-Block, auf den Bremer Höttges als Vogts-Vertreter, im Zentrum auf Netzer und dessen Wasserträger im Verein, Herbert »Hacki« Wimmer, und auf die Flügelzange vom Main: rechts Grabowski (Frankfurt), links Siggi Held (Offenbach). Und er bot den Kritikern die Stirn, die nach dem letzten Testspiel im März 1972 in Ungarn (2:0) gefragt hatten: »Haben Sie wirklich die Absicht, mit diesen Leuten gegen England zu spielen? Mit denen haben wir doch keine Chance!«
Das bezog sich besonders auf die Münchner Paul Breitner, Uli Hoeneß und Hans-Georg Schwarzenbeck. Hoeneß bestritt erst sein zweites Länderspiel, Breitner sein viertes, Stopper Schwarzenbeck gab zum neunten Mal den »Putzer des Kaisers« Franz Beckenbauer. Vom Wembley-Finale 1966 waren noch Beckenbauer, Höttges und Held dabei. Die Engländer liefen mit fünf Weltmeistern auf: Gordon Banks, Bobby Moore, Geoff Hurst, Alan Ball und Martin Peters. Dass sie ihre besten Tage hinter sich hatten, stand auf einem anderen Blatt. Trainer Sir Alf Ramsey bewirkte sogar, dass West Ham United den 31-jährigen Moore schonte und in der Woche vor dem Viertelfinale nicht einsetzte. Die Deutschen trugen grüne Trikots an diesem regnerischen April-Samstag, was fortan als gutes Omen galt. Denn in Grün machten sie eines ihrer besten Länderspiele. Woran zumindest Netzer kurz vor Anpfiff nicht glaubte.
In der Kabine sagte er zu Beckenbauer: »Du, wenn wir heute keine fünf Tore kriegen, haben wir ein gutes Resultat erzielt.« Beckenbauer entgegnete lapidar: »Ja, mei!«
Schön gab eine optimistischere Parole aus: »Wir stellen uns nicht hinten rein. Wir machen unser Spiel, die werden sich wundern.«
Fast 100 000 Zuschauer bildeten die Kulisse des für beide Seiten historischen Spiels, darunter 12 000 Deutsche. In der Heimat saßen 22 Millionen vor den Bildschirmen und ärgerten sich zunächst über eine Tonstörung, die während der Nationalhymnen und der ersten fünf Minuten herrschte. Schon kurz nach Anpfiff stockte ihnen der Atem: Ausgerechnet Beckenbauer leitete mit einem Fehlpass eine turbulente Szene ein, fast 30 Sekunden

1:1 FRANCIS LEE (M.) staubt in der 78. Minute ab. Sepp Maier (liegend) hat zuvor den Schuss von Colin Bell abprallen lassen

ERNEUTE FÜHRUNG *Herbert Wimmer (l.) und Jürgen Grabowski beglückwünschen den Torschützen Günter Netzer (Nr. 10). Siggi Held (Nr. 11) dreht schon ab, Paul Breitner (ohne Schienbeinschützer) stößt erst zur Jubeltraube*

herrschte Gefahr vor Maiers Tor. Auch Netzer hatte einen Fehlstart: Der erste Ball sprang ihm weit weg. Aber dann wurde alles besser, es war ein Abend wie für Künstler gemalt. Netzer: »Die Bedingungen waren perfekt. Dieser einzigartige Rasen, wie ein Billardtisch. Leichter Nieselregen, dazu die unglaubliche Atmosphäre des Stadions.« ZDF-Kommentator Werner Schneider analysierte nach einer Viertelstunde: »Die deutsche Mannschaft ist bisher sehr gut, muss ich sagen, sie spielt mit.« Das schien mehr, als alle erwartet hatten. Auch Ramsey staunte, wie er hernach zugab: »Ich war überrascht, dass die Deutschen uns sofort angriffen.« Und dann gingen sie auch noch in Führung: Nach einem Missverständnis in Englands Abwehr setzte Held den schnellen Hoeneß ein, der zog mit rechts aus zehn Metern ab. Leicht abgefälscht flog der Ball zum 1:0 ins linke Eck (27.). Das Mittelfeld-Trio Netzer, Hoeneß und Wimmer war für ein Auswärtsspiel äußerst offensiv ausgerichtet. Unterstützt wurde es von Beckenbauer, dessen Wechselspiel mit Netzer keiner Order, sondern der Intuition zweier Genies des Weltfußballs entsprang. Sie ergänzten sich in Abwehr und Angriff. So wurde der »Ramba-Zamba«-

1:2 GÜNTER NETZER *(links hinten) verwandelt den Elfmeter nach Foul an Siggi Held (84.). Banks ahnt die Ecke, der Schuss ist aber zu platziert*

EM 1972 Belgien

SCHÖN KULLERT ÜBER DEN BODEN

DAUERREGEN UND EIN 0:0 – RÜCKSPIEL IN BERLIN TROSTLOS

In Wembley wurde die Tür zum Halbfinale geöffnet, aber den letzten Schritt mussten die Deutschen zwei Wochen später in Berlin tun. Das Rückspiel am 13. Mai reichte bei Weitem nicht an das Spektakel vom 29. April heran.

Zufriedene Gesichter im Berliner Olympia-Stadion (v. l.): Müller, Derwall, Schön, Beckenbauer

76 122 Zuschauer im Olympia-Stadion warteten bei Dauerregen vergeblich auf Tore. Das Spiel endete 0:0. Helmut Schön hatte seine Elf nur auf einer Position geändert, für den verletzten Grabowski spielte der Kölner Heinz Flohe. Die Engländer fielen durch eine raue Gangart auf und kamen zu keiner Torchance. Auf deutscher Seite blieben nur ein feiner Freistoß von Günter Netzer und ein Lattentreffer von Siggi Held in Erinnerung. »Mehr als ein 0:0 brauchten wir doch gar nicht«, sagte ausgerechnet Torjäger Gerd Müller. Es war das erste torlose Remis in der 16. Auflage des Klassikers.

› Fußball geboren – nach einer Schlagzeile der BILD-Zeitung. »Das Geheim-System unserer Wunder-Elf.«

Zur Halbzeit herrschte in Englands Fußball-Tempel Stille wie in einer Kathedrale. Nur die Deutschen machten sich bemerkbar, sie »haben den Engländern Gesangsunterricht gegeben«, meldete Schneider amüsiert.

In der 53. Minute versagte Schiedsrichter Robert Héliès aus Frankreich den Deutschen einen Elfmeter, ignorierte ein Foul von Norman Hunter an Gerd Müller. Auch England hatte Pech, als der abgefälschte Schuss von Emlyn Hughes auf der Latte landete (62.). Die Engländer hatten nun mehr Ballbesitz, aber keinen Esprit, keinen Spielwitz und vor allem keinen Netzer. Sportwissenschaftler ermittelten 2010, dass die deutschen Pässe eine Geschwindigkeit von 2,9 Metern pro Sekunde hatten, die englischen nur 1,64. Zwar wurde Maier in der zweiten Hälfte häufiger geprüft als Banks, aber wenn Netzer mit Riesenschritten durchs Mittelfeld marschierte, war mehr Gefahr im Verzug. Der renommierte Sportautor Ulfert Schröder schrieb: »Wenn Fußball etwas mit Intelligenz zu tun hat – und das möchte man doch wohl voraussetzen –, dann war nach diesem Spiel festzustellen, dass die Engländer in der letzten Zeit viel weniger gelernt hatten als die Deutschen …«

Das Faszinierende ist auch in der Rückschau nach über 40 Jahren das Tempo. Es gab keine Unterbrechungen und Ruhephasen. Nicht einmal entschied der Schiedsrichter in diesen 90 Minuten auf Abseitsposition. Kein Spieler kam auf den Gedanken, den Gegner mit diesem taktischen Mittel auszutricksen. Es regierte die pure Lust am Spiel. Und so fielen noch drei Tore in der letzten Viertelstunde. Zunächst glückte Francis Lee der Ausgleich (78.), weil Sepp Maier einen Schuss von Colin Bell aus kurzer Distanz nicht festhielt. »Wenn man gerecht ist, muss man sagen: Es ist sicherlich nicht unverdient«, befand Kommentator Schneider.

Die Vorentscheidung fiel in der 83. Minute: Gerd Müller schickte Siggi Held steil, Bobby Moore bremste den Linksaußen per Foul auf der Strafraumlinie – Elfmeter (84.). Müller war einer von zwei festgelegten Schützen, bekam aber weiche Knie und signalisierte dem anderen Kandidaten: »Mach du!« So erzielte Günter Netzer mit einem platzierten Schuss an den Innenpfosten das 2:1.

Auf der deutschen Bank war die Stimmung auch aus einem anderen Grund heiter, denn Helmut Schön war nach Anweisungen an Netzer rückwärtsgegangen. Beim Setzen verfehlte er die Bank und kullerte über den Boden.

Mit vereinten Kräften: Horst-Dieter Höttges (l.) und Sepp Maier bereinigen eine brenzlige Situation vor dem deutschen Tor. Rechts Martin Peters

EM-Viertelfinale
ENGLAND – DEUTSCHLAND 1:3 (0:1)
29. April 1972, 19.45 Uhr Ortszeit, Wembley-Stadion, London

ENGLAND: Banks – Madeley, Moore, Hunter, Hughes – Bell, Ball, Peters, – Lee, Chivers, Hurst (57. Marsh).
DEUTSCHLAND: Maier – Höttges, Beckenbauer, Schwarzenbeck, Breitner – Wimmer, Netzer, Hoeneß – Grabowski, Müller, Held.
TORE: 0:1 Hoeneß (27.), 1:1 Lee (78.), 1:2 Netzer (84., Foulelfmeter), 1:3 Müller (88.).
SCHIEDSRICHTER: Héliès (Frankreich).
ZUSCHAUER: 96 800.

1:3 GERD MÜLLER (2. v. l., kleines Foto) trifft in der 88. Minute nach schneller Drehung um Hunter (Nr. 6). Wieder ist Banks am Ball, kann ihn aber nicht abwehren (großes Foto)

Glückselig nach seinem zweiten Länderspiel und zweiten Nationalelf-Tor: Uli Hoeneß (l.) an der Seite des redseligen Helmut Schön

Gesenkte Häupter nach der ersten Niederlage gegen Deutschland auf heimischem Boden: die Engländer um Kapitän Moore (r.) trauern

Ein weiteres Mal durften sie alle jubeln, es fehlte ja noch das obligatorische Müller-Tor. Er hob es sich bis zur 88. Minute auf. Der »Kicker« schilderte diese Szene so: »Fünf Mann stehen wie eine Sperrkette vor Gerd Müller, der ihnen den Rücken zukehrt. Eine Drehung, und wie Apollo 16 zischt der Ball weg. Ins entlegene Eck.« Das 3:1, der Sieg. Die Spielkunst der Deutschen wurde international hymnisch gefeiert. »Was haben die Deutschen nur für eine herrliche ausgeglichene Mannschaft! Sämtliche Spieler waren ständig in Bewegung. Die Verteidigung spielte hervorragend, glänzend dirigiert von Beckenbauer, das Mittelfeld gehörte nur den Deutschen. Ein großartiger Netzer, der Overath vergessen ließ, und die größte Überraschung des Spieles überhaupt war ein kämpferischer Wimmer und der 20-jährige Hoeneß, ein feiner Techniker mit großer Zukunft«, ließ selbst die brasilianische Zeitung »O Globo« ihre Leser wissen. Fifa-Präsident Stanley Rous zog einen Vergleich mit Ungarns Wunderteam, das 1953 als erstes Wembley gestürmt hatte (6:3).

Netzer-Biograf und Feuilletonist Helmut Böttiger schrieb noch in den 90er-Jahren: »Es war der glänzendste Sieg einer deutschen Nationalmannschaft. Nichts von den ›Panzern‹, von den ›Nibelungen‹, wie es sonst nach deutschen Erfolgen in der internationalen Presse zu lesen war, nichts von Kampf und Kondition: Die Welt rieb sich die Augen und erkannte bei den Deutschen die Möglichkeit der Kunst, der Eleganz, der Phantasie.« 2011 erhielt der Sieg von Wembley auch in der Rangliste der SPORT BILD das Etikett »Größtes deutsches Länderspiel aller Zeiten«. Die Aktiven wehren sich oft gegen solche Vergleiche. Netzers Credo: »Wir haben zu unserer Zeit das höchste Tempo gespielt, das unsere Zeit erlaubt hat. Heute wird mit dem höchsten Tempo gespielt, das die Gegenwart zulässt. Es ist daher nicht statthaft, einst und jetzt eins zu eins zu vergleichen.« Aber er sagt auch: »In Wembley waren wir der Perfektion sehr nahe.« Werner Schneider beendete seinen Kommentar mit den Worten: »Es ist eine Sensation des Weltfußballs.«

1:0 **GERD MÜLLER** *(3. v. r.) schiebt den Ball über die Linie (28.), sein 50. Länderspieltreffer. Günter Netzer (rechts im Hintergrund) hatte zuvor die Latte getroffen, Jupp Heynckes im Nachschuss Torwart Jewgenij Rudakow*

EM 1972 Belgien

EINSEITIGSTES FINALE DER EM-GESCHICHTE

Deutschland – UdSSR 3:0

Es spielte nur eine Mannschaft – die deutsche. Gerd Müller erzielte sein 50. Länderspieltor, Herbert Wimmer sein erstes. Die Stimmung trübten nur randalierende deutsche Schlachtenbummler. Sie stürmten den Platz

Zum Finale schwebte auch die hohe Politik ein. Bundeskanzler Willy Brandt (SPD), der sechs Wochen zuvor ein Misstrauensvotum überstanden hatte, schickte seinen Innenminister Hans-Dietrich Genscher (FDP). Oppositionsführer Rainer Barzel (CDU), dem nur zwei Stimmen gefehlt hatten, um Brandt zu stürzen, hatte schon das Halbfinale gegen Belgien gesehen und ging nun wieder auf Stimmenfang. Noch in Antwerpen erwarb er 18 Brillanten für die Spieler. Jeder Edelstein lag in einem mit Samt ausgeschlagenen Schächtelchen, in den Deckel hatte der Politiker schon vor dem Endspiel die Worte drucken lassen: »Zur Erinnerung an Ihr brillantes Feuerwerk in Belgien ein Gedenkstein, geschliffen in diesem Lande. 18. Juni 1972, Rainer Barzel.« Nicht nur der CDU-Mann war optimistisch, selten gab es vor einem internationalen Finale einen größeren Favoriten. Der renommierte englische Journalist Brian Glanville telegrafierte seiner Zeitung einen Satz, den deutsche Zeitungen gern zitierten:

»Wenn die Deutschen am Sonntag verlieren, dann wird der internationale Fußball um fünf Jahre zurückgeworfen.«
Im Grunde stand es schon bei Anpfiff 4:1, so frisch waren noch die Eindrücke vom Testspiel gegen die UdSSR am 26. Mai in München. Trotzdem klammerte sich Trainer Alexander Ponomarjow an die Hoffnung, dass jedes Spiel anders läuft: »München und Brüssel, das sind zwei ganz verschiedene Fälle. In München haben wir ein Freundschaftsspiel gemacht, jetzt ›

2:0 HERBERT WIMMER (weißes Trikot) erhöht in der 52. Minute aus spitzem Winkel, sein erstes Länderspieltor. Torwart Rudakow sieht schlecht aus

EM 1972 Belgien

PRESSESTIMMEN: »DEUTSCHE NUR MIT MASCHINENGEWEHR ZU STOPPEN«

»Die Deutschen spielen jenen Sonnen-Fußball, den das übrige Europa vergessen hat. Eine Wunderelf, vergleichbar mit Ungarn und Brasilien.«
DAILY EXPRESS, ENGLAND

»Es ist eine Freude, den Deutschen zuzuschauen. Sie spielen elegant und einfallsreich und verfügen über fast grenzenlos viele Möglichkeiten.«
THE TIMES, ENGLAND

»Diese Mannschaft ohne Fehler eröffnete einen neuen Zeitabschnitt im Fußball. Jetzt marschiert sie auf den Welt-Titel zu.«
CORRIERE DELLA SERA, ITALIEN

»Man müsste es gegen die Deutschen mit einem Maschinengewehr versuchen. Ohne ein solches kann man die Mannschaft nicht stoppen.«
GAZZETTA DELLO SPORT, ITALIEN

»Brüssel erlebte die Wiedergeburt des Offensiv-Fußballs, der Freude am Spiel.«
L'ÉQUIPE, FRANKREICH

»Die Deutschen boten ein großartiges Schauspiel totalen Fußballs und zeigten, dass sie die Besten in Europa und vielleicht der ganzen Welt sind.«
FRANCE SOIR, FRANKREICH

»Ein Spiel zwischen deutschen Artisten und russischen Automaten. Wir haben ein neues Wunderteam gesehen.«
HET LAATSTE NIEUWS, BELGIEN

BERTI VOGTS WEINT IN DER KABINE

› geht es um den Titel.« Doch es hatte sich rein gar nichts an den Kräfteverhältnissen geändert. Der deutsche Co-Trainer Jupp Derwall, den Schön zum parallel stattfindenden Halbfinale der Russen gegen Ungarn geschickt hatte, musste in der Spielersitzung vor dem Finale sogar lügen. Um keinen Leichtsinn aufkommen zu lassen, betonte Derwall die Stärken des Gegners und übertrieb gewaltig, wie er später zugab: »Ich musste die Zähne zusammenbeißen, denn unsere Mannschaft sollte ja nicht vorher erfahren, wie ich die Russen tatsächlich einschätzte. Ich habe mich gefragt, wie die gegen unsere Abwehr überhaupt ein Tor schießen sollen!« Schön brach seinen Vortrag an der Taktiktafel schließlich mit den Worten ab: »Ach macht doch, was ihr wollt!« In den drei Tagen bis zum Finale ließ er seinen Spielern die lange Leine, viel anstellen konnten sie ohnehin nicht in ihrem abgelegenen Hotel »Holiday Inn« in Flughafen-Nähe. Also wurde wieder das obligatorische Tischtennisturnier ausgetragen, Gerd Müller gewann wie immer. Später sah man ihn mit Hannes Löhr auf dem Tennisplatz, wo auch Sepp Maier sein zweites Zuhause fand. Horst-Dieter Höttges stürzte sich in den Pool, und die cleveren Vermarkter ihrer selbst, Günter Netzer und Uli Hoeneß, gaben der Weltpresse Interviews auf Englisch. Ob Hoeneß zugab, dass er der Schwachpunkt gegen Belgien gewesen war? Die Presse spekulierte damit, dass er Jürgen Grabowski weichen müsste. Auch Horst Köppel machte sich nach einer Andeutung Schöns Hoffnung. Aber wenn der Bundestrainer eine Elf nicht ändern musste, tat er es auch nicht. Rund 40 000 Anhänger unterstützten die Mannschaft in Brüssel. Der DFB eröffnete im Hotel-Foyer ein Ticketbüro, denn durch das Ausscheiden der Belgier war das Finale längst nicht ausverkauft. Die Karten kosteten zwischen 14 und 60 Mark, der Flug von Frankfurt in die belgische Hauptstadt 210 Mark. Vielen war es das wert, es winkte ja der erste Titel seit Bern 1954 und die allererste Europameisterschaft.
Um kurz vor 16 Uhr liefen jene elf Spieler im Stadion Roi Baudouin auf, die in München gegen die UdSSR und im Halbfinale gespielt hatten. Sie hatten noch ein seltsames Erlebnis zu verdauen: Berti Vogts, der es wegen Verletzung nicht in den 16er-Kader schaffte, fing in der Kabine aus Enttäuschung über sein Fehlen und Sorge um seine Karriere nach einer Knieoperation plötzlich an zu weinen. Schön schob ihn in den Duschraum: »Berti, du kannst jetzt nicht vor einem Finale der Europameisterschaft mit Tränen ›

Linksverteidiger Paul Breitner nutzt immer wieder seinen Freiraum und stürmt mit. In der Abwehr wird er kaum gefordert. Hinten links: sein Freund Uli Hoeneß

Finale
DEUTSCHLAND – SOWJETUNION 3:0 (1:0)
18. Juni 1972, 16 Uhr Ortszeit, Stadion Roi Baudouin, Brüssel
DEUTSCHLAND: Maier – Höttges, Beckenbauer, Schwarzenbeck, Breitner – Wimmer, Netzer, Hoeneß – Heynckes, Müller, E. Kremers.
SOWJETUNION: Rudakow – Tschurtsilawa, Dzodzuaschwili, Istomin – Kaplitschnij – Kolotow, Troschkin, Konkow (46. Dolmatow) – Baidatschnij, Banischewski (63. Konsinkewitsch), Onischenko.
TORE: 1:0 Müller (28.), 2:0 Wimmer (52.), 3:0 Müller (57.).
GELB: Kaplitschnij.
SCHIEDSRICHTER: Marschall (Österreich).
ZUSCHAUER: 43 066.

RADIO-REPORTAGE

Immer einen Schritt schneller und eleganter: Günter Netzer (M.), Gerd Müller beobachtet den erfolgreichen Zweikampf

NETZER MIT KNIPSKARTE! WIMMER WIE FIGARO!

Auszüge aus dem Kommentar von Oskar Klose und Kurt Brumme. Die Reporter lassen sich vom Kombinations-Fußball mitreißen und zu Lobgesängen stimulieren

KLOSE: »Netzer wird wieder hart genommen. Aber diesmal pfeift Schiedsrichter Marschall das Foul von Onischenko am deutschen Spielmacher, und der gibt den Ball sofort zu Schwarzenbeck, nein, zu Beckenbauer natürlich! Denn wie könnte es anders sein, die Partie heißt ja Netzer, Beckenbauer und zurück. Die beiden spielen so, als ob sie eine Knipskarte hätten, die sie immer gegenseitig vorzeigen und sich dabei abhaken beziehungsweise ablochen lassen. So ist das deutsche Spiel auf diese beiden Spieler abgestellt.«

BR-Sportreporter Oskar Klose († 1976)

WDR-Sportreporter Kurt Brumme († 2005)

BRUMME: »Breitner auf Kremers, Kremers lässt weiterlaufen. Manchmal fast ein blindes sich Verstehen im deutschen Spiel, und ich glaube, darin liegt überhaupt die Tüchtigkeit der deutschen Mannschaft und der Erfolg. Dass vor allen Dingen zwei solche Weltstars, denn das sind sie ohne Übertreibung, nämlich Beckenbauer und Netzer, sich wirklich nicht nur auf dem Spielfeld fußballerisch verstehen und nicht aufeinander neidisch sind, denn das hat man ja oft genug erlebt, was dann dabei herauskommt, sondern dass sie echte Freunde sind, und das eben spiegelt sich in der ganzen Mannschaft wider. Man spürt miteinander, füreinander – und so läuft das deutsche Spiel immer wieder fast selbstverständlich durch die eigenen Reihen.«

KLOSE: »Beckenbauer gibt gleich nach links heraus zu Wimmer. Wimmer erinnert mich an Wimmer hier, Wimmer da, also praktisch an die Arie des Figaro. Figaro hier, Figaro da. Er ist auf allen Posten zu sehen: rechts, links, vorn und hinten. Ein immenses Fleißpensum, was dieser Mann in diesem Spiel verrichtet. Franz Beckenbauer stürmt, jetzt zehn Meter vor dem Strafraum, hat sich durchgesetzt. Jetzt spielt er ab zu Müller, und jetzt gibt es einen Drehschuss gegen die Latte, von Netzer geschossen, und noch eine Chance von Heynckes und abgewehrt und Toooor! Es steht 1:0 für die deutsche Mannschaft. Und da war nichts mehr dran zu halten an diesem Ball. Es gab plötzlich eine solche fürchterliche Enge, einen solchen Trubel von deutschen Spielern, die da herumsprangen und schossen und harmonierten und den Ball nicht aus den Augen ließen.«

EM 1972 Belgien

DEUTSCHE STÜRMEN DAS SPIELFELD

Im Schwitzkasten: Ein Polizist führt einen Randalierer ab

So ruhmreich das Auftreten der deutschen Mannschaft war, so beschämend war das ihrer Anhänger. Viele sangen die verbotene erste Strophe der Nationalhymne, skandierten in Zeiten des Kalten Krieges: »Nieder mit dem Russen-Pack.« Fünf Minuten vor Abpfiff des Endspiels drangen Hunderte bis zum Spielfeldrand vor. Sepp Maier musste mehrmals Fans vom Spielfeld treiben, Schiedsrichter Marschall dachte an Abbruch, wie er später zugab. Diese unwürdigen Szenen thematisierte auch Radioreporter Oskar Klose: »Torwart Maier, der von den Russen nicht so sehr gefährdet wurde wie jetzt von den deutschen Anhängern, läuft in seinem Strafraum herum und säubert ihn von Schlachtenbummlern. Von diesen Typen, die einfach immer lästig werden, ganz gleich welcher Nation sie angehören … Kommt der Schlusspfiff, und jetzt müssen wir mal sehen, was passiert: Die deutschen Spieler spurten wie die Wilden vom Feld herunter. So schnell waren sie nie im ganzen Spiel. Wie schnell die sein können, das ist ja unglaublich. Die müssen ja noch Kraft haben, die jagen … in die Absperrung hinein, um aus der Reichweite zu kommen, als etwa 1000 Anhänger nun dort unten einen wilden Wall und einen undurchsichtigen Knäuel bilden von Menschen.«

KEINE FRAUEN, KEIN TANZ, KEINE REDEN

› in den Augen in der Kabine sitzen. Das ist nicht gerade eine Stimulanz für die anderen!«
Es blieben die einzigen deutschen Tränen an diesem Tag. In seiner 320-seitigen Biografie fasste der Bundestrainer die Partie in zwei Sätzen zusammen, als wäre es ein Testspiel gegen Gibraltar gewesen: »Dieses Endspiel lief wie geschmiert. Müller schoss zwei Tore, Wimmer eines.« Damit verschwieg er nichts Wesentliches.

Das einseitigste EM-Finale aller Zeiten war ein Glanzstück deutscher Fußball-Geschichte. Die Russen waren nur auf Schadensbegrenzung aus. Vor der Kulisse des Atomiums, das anlässlich der Weltausstellung 1958 errichtet worden war, stürmten sogar die deutschen Außenverteidiger. Die erste Chance hatte Paul Breitner. Nach 28 Minuten fiel das von aller Welt erwartete Müller-Tor, obwohl es zwei andere hatten schießen wollen: Nach einer Traumkombination, die bei Beckenbauer begann, traf Netzer die Latte und Jupp Heynckes im Nachschuss Torwart Rudakow. Müller staubte ab. 1:0, sein 50. Länderspieltor, die gefühlte Entscheidung im Spiel. In der 52. Minute kombinierten sich die Gladbacher Netzer, Heynckes und Wimmer durchs Mittelfeld. Wimmer, der mit seiner Laufbereitschaft alle anderen in den Schatten stellte, kam im Strafraum aus halblinker Position zum Schuss. Bei Radioreporter Oskar Klose klang das so: »Jetzt kurbeln sie das Spiel wieder an, jetzt kreiseln sie, zu Heynckes gespielt und der zu Wimmer, und der schießt, und der Ball ist im Tor. Der Wimmer erzielt ein Tor! Das gibt es ja

DAS SCHÖNSTE DEUTSCHE EM-ENDSPIELTOR
So entstand das 3:0 von Gerd Müller in der 57. Minute. Vier deutsche Spieler waren beteiligt. Alles begann am eigenen Strafraum

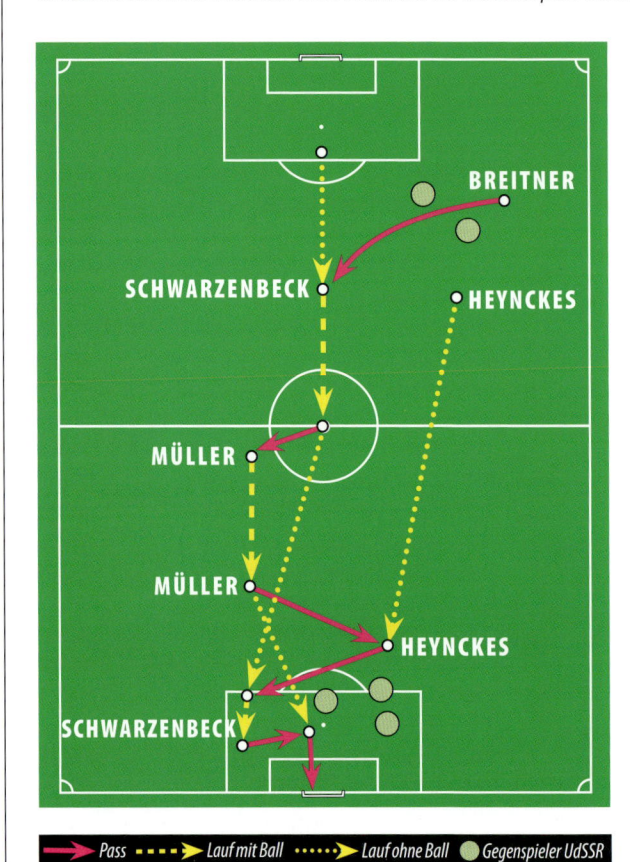

3:0 **GERD MÜLLER** *(o. Mitte) verlädt Torwart Rudakow. Links: Schwarzenbeck. Die Entstehung (Grafik): Breitner passt über 25 m hoch zu Schwarzenbeck. Der Vorstopper, am eigenen Strafraum gestartet, nimmt den Ball im Lauf mit, legt ihn im Mittelkreis nach rechts auf Müller ab. Müller treibt den Ball 15 Meter in die Hälfte der UdSSR, passt nach links zu Heynckes, der den durchgelaufenen Schwarzenbeck per Direktpass bedient. Schwarzenbeck kann schießen, setzt aber Müller in der Mitte ein – Tor. Die Russen sind während des gesamten Spielzugs nur Statisten.*

→ Pass ---→ Lauf mit Ball ······→ Lauf ohne Ball ● Gegenspieler UdSSR

KOLUMNE

ERWIN KREMERS überspurtet auf der linken Angriffsseite seinen Gegenspieler Dzodzvaschwili (l.). Über dessen Stärken und Schwächen erfuhr er vor Anpfiff nichts, der Glaube an die eigene Stärke war riesig

HATTE RIESENKRACH MIT DEM DFB

Erwin Kremers über seine Krankmeldung für die B-Elf, sein Leben als einziger Schalker und den schönsten Fußballsommer seiner Karriere

gar nicht! Das gibt es gar nicht! Und wie der sich freut, wie der sich freut jetzt.« Es war Wimmers erstes Länderspieltor.

Selbst Anneliese Schön, die stets bangende Frau des Bundestrainers, hatte nun keine Angst mehr. Sie führte zu dem Zeitpunkt in Wiesbaden ihren Hund aus, als eine Nachbarin ihr den Spielstand zurief. Sie eilte nach Hause und schaltete den Fernseher an.

Nur Franz Beckenbauer hatte noch etwas zu meckern: Nach einer Nachlässigkeit faltete er Hans-Georg Schwarzenbeck zusammen, was den Vorstopper veranlasste, sich möglichst schnell zu verdrücken. Er nahm einen Pass von Breitner auf und initiierte über die Stationen Müller und Heynckes das schönste deutsche Tor in einem EM-Finale (siehe Grafik). Müller vollendete das Werk zum 3:0-Endstand (57.).

UdSSR-Trainer Ponomarjow bilanzierte schwer beeindruckt: »Wir müssen von den Deutschen lernen und nochmals lernen. Sie haben Spielzüge, die in keinem Lehrbuch stehen.« Das unterstrich auch die belgische Zeitung »La Libre«: Das Spiel der UdSSR sei »methodisch, trocken, langsam, vor allem tödlich langweilig wie die russische Steppe«. Geoffrey Green von der »Times« kommentierte gar: »Wenn ich die Russen so spielen sehe, dann glaube ich, vor dem Bullauge einer Waschmaschine zu sitzen. Das ist eine emsige und sicherlich recht nützliche Umwälzerei, aber leider nicht lustig und schon gar nicht attraktiv.«

Den Europameistern wurde am frühen Abend ein bescheidenes Abendessen serviert – ohne Frauen, Tanz und feierliche Reden. So nutzte Rainer Barzel die Bühne und brachte seine Brillanten an den Mann. Es ist das einzige Andenken, das die Spieler an den 18. Juni 1972 haben. Von der Uefa gab es nicht mal eine Medaille.

Dass ich an der EM teilnehmen würde, war nicht unbedingt zu erwarten. In der Qualifikation hatte ich keine Sekunde gespielt, und dann gab es da im März 1972 noch einen Riesenkrach mit dem DFB. Es hieß zunächst, mein Zwillingsbruder Helmut und ich seien für das A-Länderspiel in Ungarn nominiert worden. So war es uns angekündigt worden, doch plötzlich sollten wir in der B-Auswahl spielen. Da sind wir nicht hin, aus Protest. Offiziell waren wir verletzt. Ich kann es nicht abhaben, wenn etwas versprochen und dann nicht gehalten wird. Der Trainer der B-Auswahl, Jupp Derwall, war stinksauer, und irgendein DFB-Funktionär sagte sinngemäß, Deutschland sei schon fast 100 Jahre ohne die Kremers' ausgekommen, und so werde es auch die nächsten 100 Jahre sein. Deshalb konnte ich es kaum glauben, als mich Helmut Schön anrief und zum Testländerspiel Ende Mai gegen die Russen einlud.

Nun war ich dabei – als einziger Schalker. Wir spielten zwar eine Supersaison, wurden Zweiter und holten den Pokal, aber wegen des Bundesliga-Skandals von 1970/71 – da waren wir Zwillinge noch in Offenbach – durfte kein Schalker mitspielen. Sie standen alle vor Gericht, der DFB hatte sie vor dem Urteil für Länderspiele gesperrt. Ich kam auch ohne Unterstützung aus meinem Verein gut klar, als Ex-Gladbacher kannte ich zum Beispiel den Günter Netzer sehr gut. Mit Günter habe ich unglaublich gern zusammengespielt. Auch die Bayern haben mich bestens aufgenommen, der Franz, der Sepp, der Paul oder der Uli – das waren alles Super-Jungs. Ich kam in eine toll eingespielte Mannschaft und machte mir keinen Kopf, ob wir jetzt Europameister werden können oder nicht.

Dann kam das Finale, vor dem wir wieder eine dieser legendären Besprechungen hatten. Legendär deshalb, weil Schön, wenn er am Ende angelangt war, immer rhetorisch fragte: »Ja, Männer, wir sind doch wer – oder?« Über meine Gegenspieler erfuhr ich nichts, und es war auch nicht so wichtig. Wir hatten ein gesundes Selbstvertrauen, so spielten wir auch.

Schon früh merkte ich, dass wir wohl gewinnen werden. Meine Nervosität legte sich schnell. Wir hatten ja eine Mannschaft, in der lauter Spieler standen, die richtig gut mit dem Ball umgehen konnten. Mit meiner Leistung war ich zufrieden.

Das einzig Unangenehme waren die deutschen Fans, die zu Hunderten an den Spielfeldrand drängten. Wenn sich so viele Menschen versammeln, habe ich immer ein ungutes Gefühl. Zum Glück spielte ich Linksaußen, also auf der Seite, wo es zu den Kabinen und zur Absperrung für die Siegerehrung ging. In den letzten zwei Minuten bewegte ich mich fast gar nicht mehr und wollte keinen Ball haben, bloß um bei Abpfiff schnell da wegzukommen.

Der Sommer 1972 mit dem DFB-Pokalsieg gegen Kaiserslautern (5:0) zwei Wochen später war sicher mein Karriere-Höhepunkt.

Familienbande: Erwin Kremers (r.) mit Ehefrau Susanne und Zwillingsbruder Helmut in seinem Wohnzimmer

ENTSCHEIDUNG IN ROM *Es läuft die 89. Minute, als Toni Schumacher auf die Knie fällt und die Hände faltet. Gerade hat Horst Hrubesch im Finale gegen Belgien den 2:1-Siegtreffer geköpft. Schumacher wird bereits in seinem siebten Länderspiel Europameister, Deutschland an diesem 22. Juni 1980 zum zweiten Mal Champion auf dem Kontinent*

·· **ITALIEN** ··

EM 1980

11. Juni – 22. Juni   *Teilnehmer (8): Belgien, Deutschland, England, Griechenland, Holland, Italien, Spanien, Tschechoslowakei*

Erfolgsgeschichte beginnt nach der Schmach von Córdoba ++ Jüngstes deutsches EM-Team aller Zeiten ++ Spieler haben vor dem Eröffnungsspiel im Schnitt nur 11,5 Länderspiele absolviert ++ Mit Rainer Bonhof fällt der letzte Europameister von 1972 verletzt aus ++ Karl-Heinz Rummenigge erzielt das erste Tor im Turnier – es ist auch sein letztes ++ Klaus Allofs wird in nur einem Spiel EM-Torschützenkönig ++ Bernd Schuster erinnert alle an Günter Netzer ++ Bundestrainer Jupp Derwall muss jeden Tag mit aufgebrachten Fans am Telefon diskutieren ++ Neuling Horst Hrubesch trifft den Papst und dann erstmals für Deutschland – der EM-Triumph ist perfekt ++

DIE EUROPAMEISTER 1980

Hintere Reihe von links: Hansi Müller, Karlheinz Förster, Mirko Votava, Ulli Stielike, Felix Magath. Mittlere Reihe: Bundestrainer Jupp Derwall, Lothar Matthäus, Bernd Schuster, Horst Hrubesch, Herbert Zimmermann, Hans-Peter Briegel, Karl-Heinz Rummenigge, Bernd Cullmann, Manfred Kaltz, Caspar Memering, Co-Trainer Erich Ribbeck. Vorn: Bernd Förster, Kalle Del'Haye, Eike Immel, Toni Schumacher, Walter Junghans, Klaus Allofs, Bernard Dietz.

Das Foto wurde am 5. Juni 1980 aufgenommen. Für die EM-Endrunde in Italien qualifizierte sich die deutsche Mannschaft mit vier Siegen und zwei Unentschieden als Erster der Gruppe 7

74

DAS TOR ZUM TITEL *In der 89. Minute überspringt Horst Hrubesch (2. v. l.) Gegenspieler Luc Millecamps und köpft in seiner unnachahmlichen Art das 2:1 gegen Belgien – sein zweites Tor im Endspiel, diesmal nach Eckball von Karl-Heinz Rummenigge. Bernd Schuster (3. v. l.) duckt sich angesichts der Urgewalt von Hrubesch weg, Belgiens Torwart Jean-Marie Pfaff irrt orientierungslos durch seinen Strafraum*

RUDELBILDUNG *Manfred Kaltz (l. oben), Bernd Schuster (r.), Karlheinz Förster (l. Mitte), Ulli Stielike (Nr. 15), Hansi Müller und Torwart Toni Schumacher (u.) feiern im eigenen Tor das 2:1 gegen Belgien. Deutschland ist zum zweiten Mal Europameister*

EM 1980 Italien

ERFOLGS-STORY BEGINNT NACH DER SCHMACH VON CÓRDOBA

Der Tiefpunkt bei der WM 1978 in Argentinien wurde zum Wendepunkt. Ein neuer Trainer kam. Er baute Talente ohne große Erfahrung ein und gewann. Zwei Jahre und einen Tag nach dem 2:3 gegen Österreich war Deutschland Europameister

Córdoba. Mit dieser Stadt, einer Industrie-Metropole in Argentinien, verbindet jeder deutsche Fußball-Fan, der älter als 40 Jahre ist, ein absolutes Horror-Szenario. In Córdoba bestritt die deutsche Nationalelf vier WM-Spiele, hier feierte sie ihren dritthöchsten WM-Sieg aller Zeiten, das 6:0 gegen Mexiko 1978. Aber hier erlebte sie auch eine ihrer schmachvollsten Niederlagen, das Waterloo des deutschen Fußballs gewissermaßen.

Es fiel wie die Schlacht des Franzosen-Kaisers Napoleon Bonaparte 1815 in die zweite Hälfte des Juni und beendete gleichsam eine Ära: Der amtierende Weltmeister verlor am 21. Juni 1978 im letzten Spiel der WM-Finalrunden-Gruppe A gegen den kleinen Nachbarn Österreich 2:3, ließ sich von Hans Krankl düpieren, was den legendären österreichischen Reporter Edi Finger zu seinem berühmtesten Ausruf animierte (»I wer' narrisch«), und schied aus.

Der deutsche Fußball stürzte von seinem Denkmal, man war nun weder Welt- noch Europameister, und im Frühjahr 1978 hatte es erstmals seit fünf Jahren auch keinen Europapokal-Sieger aus der Bundesliga gegeben.

Es war ein Tiefpunkt. Tiefpunkte sind jedoch immer auch Wendepunkte, und so beginnt die Geschichte der Europameister von 1980 zwei Jahre zuvor auf einem fremden Kontinent.

Dass die Argentinien-Reise so unerfreulich endete, erleichterte Jupp Derwall den Einstieg. Hätte der frühere Assistent von Helmut Schön einen Weltmeister übernommen, hätte er ohne Wenn und Aber auch Europameister werden müssen. So musste der neue Bundestrainer (erst mal) nur die Qualifikation für die EM in Italien schaffen: gegen die zweitklassigen Gegner aus Wales, Malta und der Türkei. Jupp Derwall konnte sich monatelang auf seine Arbeit vorbereiten, denn es war geklärt, dass Helmut Schön nach der WM in Argentinien aufhören und den Stab an seinen langjährigen treuen Gehilfen übergeben würde.

Nach dem sensiblen, konfliktscheuen Schön kam nun ein jovialer, leutseliger Rheinländer ans Ruder, der mit den Spielern sein Bier trank und mit den Journalisten an der Hotelbar genauso gern. Derwall war ein Kumpel-Typ, ›

EM 1980 Italien

DFB-TEAM VERLIERT
GEGEN STUTTGART

6. EM-ENDRUNDE

Gruppe 1

11. 6.	Rom	Tschechoslowakei – Deutschland				0:1
11. 6.	Neapel	Griechenland – Holland				0:1
14. 6.	Neapel	Deutschland – Holland				3:2
14. 6.	Rom	Tschechoslowakei – Griechenland				3:1
17. 6.	Mailand	Tschechoslowakei – Holland				1:1
17. 6.	Turin	Deutschland – Griechenland				0:0

	Spiele	S	U	N	Tore	Punkte
1. Deutschland	3	2	1	0	4:2	5:1
2. Tschechoslow.	3	1	1	1	4:3	3:3
3. Holland	3	1	1	1	4:4	3:3
4. Griechenland	3	0	1	2	1:4	1:5

Gruppe 2

12. 6.	Turin	Belgien – England	1:1
12. 6.	Mailand	Spanien – Italien	0:0
15. 6.	Mailand	Spanien – Belgien	1:2
15. 6.	Turin	Italien – England	1:0
18. 6.	Neapel	Spanien – England	1:2
18. 6.	Rom	Italien – Belgien	0:0

	Spiele	S	U	N	Tore	Punkte
1. Belgien	3	1	2	0	3:2	4:2
2. Italien	3	1	2	0	1:0	4:2
3. England	3	1	1	1	3:3	3:3
4. Spanien	3	0	1	2	2:4	1:5

Spiel um Platz 3

21. 6.	Neapel	Tschechoslow. – Italien	10:9 n. E.

Finale

22. 6.	Rom	Deutschland – Belgien	2:1

› und er war der Richtige zur rechten Zeit. Es waren triste Tage, und nichts symbolisierte sie besser als der Nebel, in dem im November 1978 im Frankfurter Waldstadion das torlose Abschiedsspiel von Helmut Schön versank.
Es war das einzige Länderspiel in der DFB-Geschichte, das abgebrochen wurde. Von jener Elf gegen Ungarn fuhren knapp zwei Jahre später nur fünf Spieler mit zur EM. Wobei es nach den ersten Qualifikationsspielen im Frühjahr 1979 nicht danach aussah, dass überhaupt ein Deutscher nach Italien reisen würde.
Die Derwall-Ära in Pflichtspielen startete mit zwei torlosen Unentschieden – auf Malta, was unverzeihlich war, und in der Türkei, was kaum besser war. Es gab Entschuldigungen, Derwall beklagte den böigen Wind und den unmöglichen Platz: »Das ist so, als wenn Picasso seine Gemälde auf Tapete malen müsste.«
Eine besondere Rolle spielte der harte Winter 1978/79. Nie fielen in der Bundesliga mehr Spiele aus, und so liefen auf maltesischem Sandboden Spieler auf, die seit acht Wochen nur trainiert hatten. Im Schnee. Vor dem Abflug hatte der DFB extra einen Test gegen den VfB Stuttgart angesetzt, der Bundesligist schlug die Nationalmannschaft mit 3:1.
Im Februar 1979 erkannte niemand den kommenden Europameister in der Mannschaft mit dem Adler-Dress. Aber diese Mannschaft verbesserte sich schrittweise, wobei nicht nur der Trainer dafür verantwortlich war, dass der Umbruch so krass ausfiel. Berti Vogts und Bernd Hölzenbein, zwei Weltmeister von 1974, waren zurückgetreten – und das war gut so. Sie hatten ihren Zenit überschritten. Letztlich standen nur noch sieben Profis von Argentinien im EM-Aufgebot, das eine Ansammlung von jungen Männern war, die fast alle noch nichts gewonnen hatten. Das sorgte für Skepsis in der Öffentlichkeit, aber für ein gutes Klima im Team. Manche sagen, es soll nie besser gewesen sein als 1980. Obwohl oder gerade weil es an Leitwölfen fehlte. Auf den Schlüsselpositionen herrschte lange Unklarheit: Nach Sepp Maiers Autounfall im Juli 1979, der seine Karriere beendete, testete Derwall drei Torhüter, und erst der dritte, Toni Schumacher vom 1. FC Köln, machte das ›

1 Toni Schumacher

Im Mai 1979 debütierte der Kölner gegen Island, Jupp Derwall suchte noch einen Ersatztorhüter hinter Norbert Nigbur und Dieter Burdenski. Für die EM fielen beide aus, Schumacher wurde im vorletzten Testspiel zur Nummer 1 befördert und blieb es. Nach seinem siebten Länderspiel durfte er sich bereits Europameister nennen, es begann eine neue Torwart-Ära. Der überehrgeizige Schumacher schlug zuweilen über die Stränge, sein brutales Foul im WM-Halbfinale 1982 am Franzosen Patrick Battiston und sein branchenkritisches Buch über Dopingpraktiken 1987 waren Zäsuren seiner Karriere. Zu der zählen aber auch zwei WM-Finals (1982 und 1986) und 76 Länderspiele.

2 Hans-Peter Briegel

Der Bauernsohn absolvierte eine der erstaunlichsten Karrieren der DFB-Geschichte. In der Jugend erwarb er sich Meriten als Zehnkämpfer, zum Fußball kam er erst mit 17 Jahren – beim SV Rodenbach. Zwei Jahre später landete er in Kaiserslautern, wo sie ihn wegen seiner mangelnden Technik als Anti-Fußballer verspotteten. Mit Fleiß, Ehrgeiz und überragender Athletik machte die »Walz aus der Pfalz« dennoch ihren Weg. Meist über die linke Seite, in Abwehr und Mittelfeld. Briegel wurde nach dem Wechsel zu Hellas Verona 1985 auf Anhieb Meister und Italiens Fußballer des Jahres. Mit Abpfiff des verlorenen WM-Finals 1986 trat er nach 72 Länderspielen zurück.

DER POKAL IST IN DEUTSCHLAND Hansi Müller, Kapitän Bernard Dietz, Bundestrainer Jupp Derwall und Hans-Peter Briegel (v. l.) präsentieren auf dem Rollfeld des Frankfurter Flughafens ihre Trophäe. Über ihnen stehen Passagiere

3 Bernd Cullmann

Seine beste Zeit lag hinter Bernd Cullmann, als er mit nach Italien flog. Jupp Derwall aber wollte auf den Routinier des 1. FC Köln nicht verzichten und plante mit ihm als Libero. Gegen die Tschechoslowakei enttäuschte der Weltmeister von 1974 (drei Einsätze in der Vorrunde, dann Bankdrücker) und flog aus der ersten Elf. Cullmanns Comeback gegen die Griechen war taktischer Natur, weil Derwall seine gelb-belasteten Spieler schonen wollte. Im Finale war der kopfballstarke Defensiv-Spezialist dank seiner Routine erste Option, als Briegel verletzt ausfiel, da Cullmann auch im Mittelfeld einsetzbar war. Das Endspiel war sein letztes von 40 Länderspielen.

4 Karlheinz Förster

Im letzten Testspiel vor der Weltmeisterschaft 1978 debütierte der Stuttgarter Vorstopper, der in der berühmten Waldhof-Schule in Mannheim groß wurde, in der Nationalelf. Nach dem Trainerwechsel Schön/Derwall wurde der knallharte »Treter mit dem Engelsgesicht« zu einer unverzichtbaren Größe. Tore verhindern war sein Geschäft, geschossen hat er nur zwei in 81 Länderspielen. Das erste trug er zum 5:1-Sieg in der EM-Qualifikation gegen Wales bei. Auch Förster trat nach dem WM-Finale 1986 gegen Argentinien zurück, verließ den VfB und die Bundesliga und beendete 1990 seine Profikarriere in Frankreich bei Olympique Marseille.

EM 1980 Italien

BUNDESLIGA PRODUZIERT
TALENTE WIE AM FLIESSBAND

ERSTE ENDRUNDE MIT ACHT TEAMS – DDR SCHEITERTE KNAPP

Klaus Fischer (r.) erzielte beim 8:0 gegen Malta zwei Tore. Für die EM fiel er mit Beinbruch aus

Die EM 1980 war die erste Endrunde in Turnierform. Im Juni 1977 fasste die Uefa den Beschluss, das Teilnehmerfeld auf acht Mannschaften zu erweitern – und dem Gastgeber damit auch die Qualifikation zu ersparen. Italien, bereits 1968 Gastgeber, erhielt Ende Oktober des Jahres den Zuschlag. Für die Qualifikation meldeten 31 Nationen, die in sieben Gruppen um die sieben Startplätze neben Italien kämpften. Deutschland qualifizierte sich als Erster der Gruppe 7 gegen die Türkei (0:0, 2:0), Malta (0:0, 8:0), und Wales (2:0, 5:1). Die DDR, Olympiasieger von 1976, scheiterte in einer Gruppe mit Vize-Weltmeister Holland (0:3, 2:3), dem Olympia-Zweiten Polen (1:1, 2:1), der Schweiz (5:2, 2:0) und Island (3:1, 3:0). Ein Sieg im letzten Spiel gegen Holland hätte gereicht, die DDR unterlag aber in Leipzig nach 2:0-Führung noch mit 2:3.

› Rennen. Er flog mit der Erfahrung von drei Länderspielen nach Italien. Auch ein neuer Libero wurde gesucht. Manfred »Manni« Kaltz vom HSV, der diese Position bei der WM bekleidet hatte, wurde wieder auf die rechte Außenverteidigerseite verschoben. Ulli Stielike blieb eine unsichere Option, da er bei Real Madrid spielte und es keine Verpflichtung zur Freigabe gab. Sein Trainer Boskov verweigerte Stielikes Teilnahme an einigen Qualifikationsspielen, schrieb Derwall aber: »Ich gebe allerdings die Zusage, dass Stielike zur EM-Endrunde in Italien freigestellt wird.« Derwalls trockener Kommentar: »Den Brief hebe ich mir auf!« So lange suchte der Bundestrainer mit wechselndem Erfolg nach Ersatz, weder der Düsseldorfer Gerd Zewe noch der Kölner Bernd Cullmann überzeugten nachhaltig. Bezeichnend: In den sechs Qualifikationsspielen setzte Derwall 31 verschiedene Akteure ein. Nach dem vorentscheidenden 2:0 gegen die Türkei in Gelsenkirchen gab es wieder Pfiffe, der »Kicker« analysierte: »Weder bei Eckbällen noch bei Freistößen oder Einwürfen war auch nur einmal eine überraschende Idee zu spüren.« Derwalls stellte unwidersprochen fest: »Wir sind die Favoritenrolle für die EM losgeworden.« Immerhin war seine Mannschaft ungeschlagen durch die Qualifikation gekommen, hatte nur beim überzeugenden 5:1 gegen Wales ein Tor kassiert. Es war seltsam: Das neue Deutschland eilte nicht von Sieg zu Sieg, aber unter Jupp Derwall hatte die Mannschaft das Verlieren verlernt. Niemand ahnte, dass 1978 die längste Serie ohne Niederlage in der DFB-Historie begann: Das 19. Spiel des Bundestrainers war das 2:1 im EM-Finale gegen Belgien, schließlich wurden es sogar 23 Spiele ohne Niederlage. Erst am 1. Januar 1981 verlor die Nationalelf wieder (1:2 gegen Argentinien) – rund zweieinhalb Jahre nach der Schmach von Córdoba, dem 2:3 gegen Österreich.

Im Frühjahr 1980 änderte sich auch spielerisch endlich einiges zum Guten. Aus der Not, die durch den Beinbruch von Schalkes Mittelstürmer Klaus Fischer (sechs Tore in der Qualifikation) noch größer zu werden schien, machte Deutschland eine Jugend. Die international führende Bundesliga produzierte Talente wie am Fließband, einige von ihnen machte Derwall zu seinen Fixsternen: Vorstopper Karlheinz Förster (21), Hans-Peter Briegel (24), das Kraftpaket im linken Mittelfeld, die Spielmacher Bernd Schuster (20) ›

Nach dem 1:0 gegen die CSSR studieren Lothar Matthäus und Mitspieler am Pool in Rom die Berichte in der BILD

5 Bernard Dietz

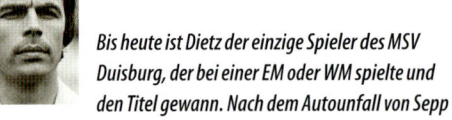

Bis heute ist Dietz der einzige Spieler des MSV Duisburg, der bei einer EM oder WM spielte und den Titel gewann. Nach dem Autounfall von Sepp Maier im Juli 1979 und dessen Karriereende ging die Spielführerbinde nach alter Tradition an denjenigen Fußballer über, der die meisten Länderspiele hatte. Dietz hatte die Nationalelf vertretungsweise erstmals am 20. Dezember 1978 auf das Feld geführt, am 1. April 1981 war er zum 19. und letzten Mal Kapitän, wurde dann von Derwall degradiert. Bei den Bayern-Stars erwarb er sich durch sein berühmtestes Spiel 1977 Respekt, als ihm beim 6:3 für den MSV vier Tore gelangen. Für Deutschland traf er in 53 Einsätzen nie.

6 Bernd Schuster

Die Parallelen zu Günter Netzer sind offensichtlich. Auch der blonde Augsburger hatte nur einen großen Auftritt in der Nationalelf: Italien 1980 war sein absoluter Höhepunkt. Zwei Einsätze machten ihn zum Weltstar, direkt nach der Europameisterschaft wechselte er zum FC Barcelona. Für 3,8 Millionen D-Mark. Seine Karriere endete 1997 in Mexiko bei Unam Pumas. Noch im gleichen Jahr übernahm Schuster Fortuna Köln als Trainer, 1998 seinen Ex-Klub 1. FC Köln für ein Jahr. Später zog es ihn wieder nach Spanien, sogar die Königlichen von Real Madrid betreute er für eine Saison (2007/08). Seine Trainer-Karriere verlief weitaus glanzloser als seine Spieler-Laufbahn.

ERLÖSUNG *In der 57. Minute köpft Karl-Heinz Rummenigge das 1:0 gegen die Tschechoslowakei, Torwart Jaroslav Netolicka kommt zu spät. Es bleibt der einzige Höhepunkt in einem tristen EM-Eröffnungsspiel*

7 Bernd Förster

Bernd Förster stand stets im Schatten seines zwei Jahre jüngeren Bruders Karlheinz, obwohl er 1974 mit 18 Jahren bereits einen Vertrag beim FC Bayern unterschrieb. In München kam er allerdings nie über eine Reservistenrolle hinaus (acht Einsätze in zwei Jahren) und wurde 1976 nach Saarbrücken abgeschoben. 1978 folgte er seinem Bruder zum VfB Stuttgart und wurde noch in der ersten Saison Nationalspieler. Für den Außenverteidiger sprachen seine Kompromisslosigkeit und Zuverlässigkeit, nur der Ball war nicht sein Freund. Trotz bescheidenen Talents brachte es Förster auf 33 Länderspiele und stand neben Bruder Karlheinz 1982 sogar im WM-Finale gegen Italien.

8 Karl-Heinz Rummenigge

1980, in seinem sechsten Jahr bei Bayern München, war Karl-Heinz Rummenigge endlich Meister und Torschützenkönig geworden. So lasteten auf ihm riesige Erwartungen in Italien, denen er nur zum Teil gerecht wurde. In vier Spielen glückte ihm lediglich ein Tor, immerhin das goldene 1:0 gegen die Tschechoslowakei. Rummenigge stand noch in zwei Endspielen – 1982 gegen Italien (1:3) und 1986 gegen Argentinien (2:3). Der EM-Titel blieb sein Höhepunkt im Deutschland-Trikot. Rummenigge erzielte nach Gerd Müller (365) die meisten Bundesliga-Tore für die Bayern (162 in 310 Einsätzen von 1974 bis 1984). 1989 beendete er seine Laufbahn bei Servette Genf.

EM 1980 Italien

VON MEISTER BAYERN NUR ZWEI SPIELER DABEI

SO SCHLIEFEN DIE DEUTSCHEN

Pause am Swimmingpool (v. l.): Hansi Müller, Herbert Zimmermann und Lothar Matthäus

Die Nationalmannschaft hatte ihr Hauptquartier im Hotel Holiday Inn in Rom. Weil Rainer Bonhof am Tag vor der Abreise mit Achillessehnenverletzung ausgefallen war und den Flug nach Italien nicht mit antrat, bekam Kapitän Bernard Dietz ein Einzelzimmer.

Die Zimmerverteilung:
Allofs/Stielike
Cullmann/Schuster
Karlheinz und Bernd Förster
Matthäus/Del'Haye
Immel/Votava
Rummenigge/Müller
Briegel/Zimmermann
Kaltz/Magath
Hrubesch/Memering
Schumacher/Junghans
Einzelzimmer: Dietz

Der Tagesablauf:
9 bis 9.30 Uhr: Wecken
9.30 bis 10 Uhr: Frühstück
10 bis 10.30 Uhr: Besprechung
10.30 Uhr: Abfahrt zum Training auf das Gelände der »Banca di Roma«
12 Uhr: Rückkehr ins Hotel
Bis 12.45 Uhr: Mittagessen
Bis 14.30 Uhr: Mittagsruhe, danach Pflege, Autogrammpost und Freizeit. Im Hotel gab es einen Pool, eine Tischtennis-Platte und ein Tischfußball-Spiel. Auch Stadt-Rundfahrten wurden gemacht, einige Spieler besuchten den Vatikan und wohnten einer Papst-Audienz bei.

› und Hansi Müller (22) sowie die Stürmer Klaus Allofs (23) und Karl-Heinz Rummenigge (24) waren international noch unerfahren, aber Derwall vertraute ihnen. Und Spätstarter Hrubesch (29), der erst im Mai zum Fischer-Vertreter erkoren wurde, nicht minder. Geführt wurde die Mannschaft vom Senior, Kapitän Bernard »Enatz« Dietz (32), einem der Argentinien-Versager, und Libero Ulli Stielike. Der Real-Profi war vom DFB in Gnaden wieder aufgenommen worden, eigentlich durften Legionäre nicht das Deutschland-Trikot tragen. Auch für den 25-jährigen Stielike war es sein erstes Turnier.

Der größte Unterschied zu allen anderen erfolgreichen Turnieren vorher und nachher: Es gab keine Block-Bildung. Der Kader, den Derwall nach dem Abschiedsspiel für Sepp Maier in München am 3. Juni beiläufig verbal nominierte (»Alle 22, die heute hier dabei waren, fahren mit«) bestand aus Spielern von elf Vereinen. Die Finalelf gegen Belgien bildeten schließlich Profis aus acht Klubs.

Von Meister Bayern München waren nur Rummenigge und Ersatztorwart Walter Junghans dabei. Der HSV stellte mit Köln die größte Fraktion (vier Spieler), aber gesetzt war nur Manfred Kaltz, neben Kapitän Dietz der letzte verbliebene Spieler aus dem EM-Kader von 1976. Bernd Cullmann hatte große Erfahrung und war nach dem verletzungsbedingten Ausfall von Rainer Bonhof (er blieb auf der Meldeliste, weil der Termin für Nachmeldungen verstrichen war) der letzte Weltmeister von 1974 im Kader, aber ein Wackel-Kandidat. Die Förster-Brüder Karlheinz und Bernd sowie Hansi Müller bildeten zwar ein Stuttgarter Triumvirat, waren aber Leisetreter. Und der 19-jährige Gladbacher Lothar Matthäus durfte nach seiner ersten Bundesliga-Saison gar ohne ein Länderspiel mitfahren, Mitspieler Kalle Del'Haye hatte gerade eines. ›

1. Spiel Vorrunde
TSCHECHOSLOWAKEI – DEUTSCHLAND 0:1 (0:0)
11. Juni 1980, 17.45 Uhr Ortszeit, Olympiastadion, Rom

Schiedsrichter: Michelotti (Italien).
Tor: 0:1 Rummenigge (57.).
Einwechslungen: Magath für B. Förster (60.) – Masny für Gajdusek (66.).
Gelbe Karten: Dietz, Allofs.
Zuschauer: 10 500.

9 Horst Hrubesch

Der Mittelstürmer arbeitete bis zu seinem Wechsel zu Rot-Weiss Essen 1975 als Dachdecker, erst mit 24 Jahren unterschrieb Hrubesch seinen ersten Profivertrag. Und im Alter von 29 Jahren wurde er endlich Nationalspieler. Er war eben ein Spätstarter. Beim HSV (1978 bis 1983) erlangte er als einer der besten Kopfballspieler aller Zeiten Weltruhm, profitierte besonders von den Spitzentrainern Branko Zebec und Ernst Happel und dem Umfeld der Ende der 70er- und Anfang der 80er-Jahre neben Bayern München besten deutschen Mannschaft. In der Nationalmannschaft kam Hrubesch bis 1982 21-mal zum Einsatz (sechs Tore), trat 1982 als Vize-Weltmeister ab.

10 Hansi Müller

Der Stuttgarter gehörte zu den wenigen Gewinnern der WM 1978. Viermal kam der damals erst 20-jährige Mittelfeldspieler in Argentinien zum Einsatz. Jupp Derwall baute auf den Spielmacher mit dem harten Linksschuss: In Italien stand Müller in allen Spielen in der Startformation, wurde nur gegen Holland ausgewechselt. Gegen die CSSR bereitete er das Tor von Rummenigge zum 1:0 vor. Müller war einer der ersten Spieler, die es in den 80er-Jahren nach Italien zog. Er wechselte nach der WM 1982 zu Inter Mailand, 1984 zu Calcio Como. Verletzungen verhinderten es, dass der Frauen-Schwarm zu mehr als 42 (5 Tore) Länderspielen kam.

GENERATIONENTREFF Bernd Schuster (l.) läuft wieder einmal Willy van de Kerkhof davon. Der Deutsche ist 20 Jahre alt, prägt bei seinem ersten Turnier das Spiel der deutschen Nationalelf. Der Holländer ist 28 Jahre alt, Vize-Weltmeister 1974 und 1978 und bereits über seinen Zenit hinaus

11 Klaus Allofs

Trotz seines Glanztages von Neapel, als er durch ein Spiel EM-Torschützenkönig wurde, war der Linksfuß stets umstritten. Zur WM 1982 nahm ihn Derwall nicht mit, da er nicht einmal in Köln Stammspieler war. Bei der EM 1984 und WM 1986 (zwei wichtige Tore) gehörte er wieder zum Aufgebot. Bei der Europameisterschaft 1988 sollte Allofs die DFB-Elf als Kapitän ins Turnier führen, verletzte sich aber und wurde nicht nominiert. Seine DFB-Bilanz: 56 Länderspiele, 17 Tore. Allofs erzielte in der Bundesliga in 424 Spielen 177 Tore, steht gemeinsam mit Dieter Müller auf Platz sieben der ewigen Torschützenliste. Heute ist er Sportdirektor in Wolfsburg.

12 Caspar Memering

Der Hamburger schaffte den Sprung in den EM-Kader auf den letzten Drücker. Mit der Erfahrung von zwei Einsätzen in Testländerspielen flog Memering nach Italien, wo er nur im bedeutungslosen dritten Spiel gegen die Griechen zum Zug kam. Ansonsten saß er auf der Tribüne, die Konkurrenz war zu stark. Memering spielte danach nie mehr für Deutschland. Seine beste Zeit als Profi erlebte der beim HSV von 1971 bis 1982: Er wurde 1976 Pokalsieger, 1977 Europacupsieger der Pokalsieger und Deutscher Meister 1979 und 1982. In 303 Bundesliga-Spielen für den HSV erzielte er 37 Tore, nach der Auslandsstation in Bordeaux beendete er 1986 bei Schalke 04 seine Laufbahn.

EM 1980 Italien

ZEHN SPIELER TIPPEN
AUF DEN EM-TITEL

PRESSESTIMMEN: »DEUTSCHE HABEN DAS TURNIER AUS DEM MORAST GEHOLT«

»Wir sind wieder da. Die ganze Welt bewundert unsere Elf.«
BILD, DEUTSCHLAND

»Nur Argentinien hat derzeit eine bessere Mannschaft als die Deutschen.«
DE VOLKSKRANT, HOLLAND

»Die Deutschen sind wieder einmal die Fußballkönige Europas. Das Finale war das beste Spiel dieser Europameisterschaft, die auch in der Schlussrunde durch die klügere Taktik entschieden wurde.«
THE TIMES, ENGLAND

»Eine Meisterschau der Deutschen. Sie haben richtigen Fußball gezeigt und das ganze Turnier mit einer Vorstellung von höchster Qualität aus dem Morast der Mittelmäßigkeit gerettet.«
DAILY MIRROR, ENGLAND

»Die Deutschen haben es ein zweites Mal geschafft, Europameister zu werden. Jetzt werden wohl alle wohl oder übel begriffen haben, warum wir Italiener nicht ins Finale gekommen sind. Eine großartige deutsche Mannschaft.«
CORRIERE DELLA SERA, ITALIEN

»Wieder einmal hat man gesehen, wie gesund der deutsche Fußball ist. Deutschland ist eine Fußball-Nation.«
LA DERNIERE HEURE, BELGIEN

»Schuster ist der wirkungsvollste, initiativreichste Mann im Mittelfeld gewesen. Die Abwehr war gutstehend und schlagsicher.«
DEUTSCHES SPORTECHO, DDR

› Im Schnitt kam dieser Kader vor der EM auf eine Erfahrung von 11,5 Länderspielen pro Spieler. Nur bei der WM-Premiere 1934 war eine jüngere deutsche Mannschaft zu einem Turnier gefahren. Der Altersschnitt 1980 betrug 24,38 Jahre. Der »Kicker« schrieb in seiner Vorschau: »Da muss jugendliche Begeisterung die fehlende Routine ausgleichen.« Daran mangelte es nie, wie Briegel später sagte: »Für uns war es einfach eine Riesenehre, für Deutschland zu spielen.« All das führte dazu, dass es keine strenge Hierarchie und keine Grüppchenbildung gab. Briegel beteuert: »Wir waren eine echte Einheit. Anders als zwei Jahre später bei der WM in Spanien. Bei der EM war jeder gierig auf den Erfolg.« Am Morgen des Eröffnungsspiels gegen die Tschechoslowakei, der finalen Begegnung der EM 1976, fiel nach Rainer Bonhof auch noch der Kölner Herbert Zimmermann mit Ischiasbeschwerden aus. Er musste sich gleich wieder hinlegen und bestritt kein Spiel bei diesem Turnier. Derwall blieben noch 20 Spieler, aber das schweißte den verbliebenen Rest zusammen. Als die im selben römischen Hotel logierenden deutschen Reporter eine Umfrage starteten, kam heraus: Alle Spieler erwarteten die Final-Teilnahme und immerhin zehn den Titel. Auch zwei der acht Trainer der EM-Teilnehmer tippten auf Deutschland. DFB-Präsident Hermann Neuberger sprach nicht von Titeln, sondern vom Image: »Nach der blamablen WM ist es unsere verdammte Pflicht, in der EM unseren Ruf wieder aufzupolieren.« Nur Derwall hatte Zweifel, die er öffentlich erst nachher eingestand: »Ich war stark verunsichert und wusste tatsächlich nicht, wo die Mannschaft stand.« Vielleicht trug auch die schlechte Stimmung im Gastgeberland Italien dazu bei, dass die jüngste Turniermannschaft triumphierte. Italien 1980 ging als die EM der leeren Stadien in die Annalen ein, ein Wettskandal hatte die Stimmung getrübt, der Zuschauer-Schnitt pro Spiel betrug nur 24 051. Nicht ›

2. Spiel Vorrunde
DEUTSCHLAND – HOLLAND 3:2 (1:0)
14. Juni 1980, 17.45 Uhr Ortszeit, Stadio San Paolo, Neapel

Schiedsrichter: Wurtz (Frankreich).
Tore: 1:0 Allofs (20.), 2:0 Allofs (60.), 3:0 Allofs (65.), 3:1 Rep (79., Foulelfmeter), 3:2 W. van der Kerkhof (85.).
Einwechslungen: Magath für Müller (65.), Matthäus für Dietz (73.) – Nanninga für Hovenkamp (46.), Thijssen für Kist (69.).
Gelbe Karten: Schuster – Stevens.
Zuschauer: 29 889.

Aufstellung Deutschland: Schumacher – Kaltz, Stielike, K. Förster, Dietz – Briegel, Schuster, H. Müller – Rummenigge, Hrubesch, Allofs.
Aufstellung Holland: Schrijvers – R. van de Kerkhof, Stevens, Hovenkamp, Krol – Haan, Wijnstekers, Van de Korput – Rep, Kist, W. van de Kerkhof.

13 Rainer Bonhof

Der einzige noch in der Nationalmannschaft aktive Spieler aus der Europameister-Mannschaft von 1972 kam erneut nicht zum Einsatz. Diesmal war Bonhof nicht einmal dabei: Er flog am Abreisetag des Nationalteams zwar nach Italien, allerdings auf die Insel Ischia, um seine Achillessehnen-Verletzung auszukurieren. Offiziell blieb der Mittelfeldspieler auf der Meldeliste, Europameister 1980 mag er sich aber nicht nennen. Auch 1996 bei seiner dritten EM spielte Bonhof nicht, gewann aber wieder den Titel – als Co-Trainer von Berti Vogts. Stammspieler (nach der Vorrunde) war Bonhof beim WM-Sieg 1974 und dem Debakel 1978 in Argentinien.

14 Felix Magath

Beim HSV war er unumstritten und später Kapitän. In der Nationalelf aber fehlte Magath oft die Akzeptanz, er stand im Schatten von Schuster, Müller und Breitner. Nach der enttäuschenden EM mit nur zwei Einsätzen drohte Magath mit Rücktritt, den er erst nach der WM 1982 (vier Einsätze, im Finale Bankdrücker wie 1980) vollzog. Teamchef Franz Beckenbauer holte Magath zurück, bei der WM 1986 war er endlich anerkannter Spielmacher. Das Finale gegen Argentinien (2:3) war sein letztes von 43 Länderspielen (drei Tore). Als Spieler wurde Magath dreimal Meister und zweimal Europacupsieger, als Trainer dreimal Meister.

KLARE ANSAGE Toni Schumacher (M.) im Disput mit den Holländern Arie Haan (l.) und Johnny Rep. In seinem fünften Länderspiel führt der Kölner mehrmals verbale Auseinandersetzungen. Die Holländer versuchen, mit Härte die deutsche Spielkunst zu bekämpfen – vergeblich

15 Ulli Stielike

Das Riesentalent aus Ketsch bei Mannheim sammelte in jungen Jahren Titel wie andere Briefmarken: Drei Meisterschaften, den DFB-Pokal und den Uefa-Cup hatte Stielike als 22-Jähriger bereits mit Gladbach gewonnen. 1977 verpflichtete Real Madrid den laufstarken Mittelfeldspieler, wo Stielike seine Titelsammlung mit weiteren drei Meisterschaften bis 1980 ausbaute. Das tat er allerdings anfangs auf Kosten seiner Karriere in der Nationalelf, der DFB duldete zur der Zeit keine Legionäre im Auswahlteam. So verpasste Stielike die WM 1978. Nach dem Turnier wurde der Bann aufgehoben, bis 1984 war er Stamm-Libero. Stielike spielte 42-mal für Deutschland (drei Tore).

16 Herbert Zimmermann

Der Kölner, der es zwischen 1972 und 1974 in ganz jungen Jahren auf zwei Bundesliga-Spiele für Bayern gebracht hatte, war in Italien Tourist. Was er womöglich auch ohne seine Rückenverletzung gewesen wäre, die einen Einsatz unmöglich machte. »Zimbo« glaubte, dass Jupp Derwall ihn schon aus Dankbarkeit für sein Tor in der Qualifikation gegen die Türkei mitgenommen hatte. Beim wichtigen 2:0-Sieg im Dezember 1979 erzielte Zimmermann den Endstand in der 89. Minute. Seine Laufbahn in der Nationalmannschaft (14 Länderspiele, zwei Tore) klang in Italien still aus. Aktiver war seine Rolle beim Double des 1. FC Köln 1978, für den er bis 1983 spielte.

EM 1980 Italien

FANS RUFEN DERWALL AUF DEM HOTELZIMMER AN

PRÄMIEN: AUCH DIE SPIELERFRAUEN WURDEN BELOHNT

10 000 Mark extra vom HSV für seinen Einsatz gegen Griechenland: Caspar Memering (r.)

Für Jupp Derwall war die frühzeitige Klärung der Prämienfrage »auch ein Grund unseres Erfolges. Ich kann mich nicht erinnern, auch nur einmal das Wort ›Geld‹ gehört zu haben in unserem Kreis.« Die Spieler handelten mit dem DFB eine Summe von 25 000 Mark pro Mann für den Titelgewinn aus, sogar ihre Frauen bekamen noch etwas: einen Juwelier-Gutschein in Höhe von 2500 Mark. Einige Europameister profitierten zudem von der Großzügigkeit ihrer Klubs. So überließ der HSV seinen Angestellten die komplette Abstellungs-Gebühr von 10 000 Mark pro Spieler und Spiel. Manfred Kaltz kassierte zusätzlich 40 000 Mark, Horst Hrubesch 30 000, Felix Magath 20 000 und Caspar Memering für seinen Einsatz gegen Griechenland noch 10 000 Mark.

› einmal die Partien der Italiener, die als Gruppenzweiter nach der Vorrunde ausschieden, waren ausverkauft.

Nur 10 500 Menschen verloren sich im Olympia-Stadion von Rom, als Deutschland und die CSSR am 11. Juni 1980 aufliefen. Über 68 000 Plätze blieben leer. Es war ein zäher und ereignisarmer Auftakt, der durch einen Kopfball von Bundesliga-Torschützenkönig Rummenigge entschieden wurde (55. Minute). Danach fragte die »Welt«: »Wo blieb der versprochene Angriffsfußball?« Die »Süddeutsche Zeitung« sah »ein Trauerspiel vor dürftiger Kulisse«. Und bei Jupp Derwall klingelte wieder das Telefon. Er musste nach eigenen Angaben jeden Tag rund 50 Fans besänftigen, die die Rezeption auf sein Zimmer durchstellte. Eine TV-Zeitschrift hatte einfach seine Telefonnummer veröffentlicht, und der joviale Derwall stellte sich. »Man muss doch reden mit den Leuten.«

Vor dem zweiten Gruppenspiel gegen Holland forderte »BILD« gewohnt plakativ: »Drei müssen fliegen, damit wir siegen!« Derwall folgte dem nicht ganz: Cullmann und Bernd Förster wichen, der gegen die Tschechoslowaken enttäuschende Klaus Allofs durfte bleiben – und dankte für das Vertrauen mit drei Toren zum 3:2-Erfolg. Die Europameister-Elf fand sich an diesem Abend des 14. Juni 1980 in Neapel. Derwall hatte mit der Hereinnahme von Schuster, dem »blonden Engel«, und Hrubesch sowie der Versetzung von Stielike aus dem Mittelfeld auf den Libero-Posten die richtige Wahl getroffen.

Im bedeutungslosen dritten Spiel gegen die Griechen (0:0), als Deutschland bereits für das Endspiel qualifiziert war, durften die Reservisten ran, auch um die verwarnten Spieler Dietz, Schuster und Allofs vor einer Sperre fürs Finale zu bewahren. Das Spiel gegen den EM-Debütanten war so schlecht, dass die Berliner »Fußball Woche« auf einen Bericht verzichtete und eine weiße Fläche auf der vorgesehenen Seite ließ. Die Begründung der Redaktion: »Auch wir haben uns die Einstellung ›

3. Spiel Vorrunde
DEUTSCHLAND – GRIECHENLAND 0:0
17. Juni 1980, 20.30 Uhr Ortszeit, Stadio delle Alpi, Turin

Schiedsrichter: McGinlay (Schottland).
Tore: –.
Einwechslungen: Votava für B. Förster (46.), Del'Haye für Rummenigge (66.) – Koudas für Nikoloudis (65.), Kostikos für Mavros (79.).
Gelbe Karten: Gounaris.
Zuschauer: 13 901.

Aufstellung Deutschland: Schumacher – Stielike, K. Förster – Kaltz, B. Förster – Briegel, H. Müller – Cullmann, Memering – Rummenigge, Hrubesch
Aufstellung Griechenland: Poupakis – Ravousis, Gounaris – Xanthopoulos, Nikolaou – Nikoloudis – Galakos, Livathinos – Kouis, Ardizoglou – Mavros

17 *Kalle Del'Haye*

Im Sommer 1980 war »der blonde Blitz« auf dem Höhepunkt seiner Karriere. Nach einer starken Saison in Gladbach hatten ihn die Bayern verpflichtet, vorher wurde er noch Nationalspieler. Sein Einsatz gegen Griechenland war sein zweiter und letzter für Deutschland, denn Del'Haye entwickelte sich zum Flop, rechtfertigte nie seine Ablöse von 1,265 Millionen D-Mark. In fünf Jahren kam er für Bayern nur auf 74 Bundesliga-Spiele und sieben Tore. Selten hat sich ein Fußballer so verwechselt wie Del'Haye, der bis 1973 einen belgischen Pass hatte und in Gladbach (1974 bis 1980) aufblühte. Dem Leichtgewicht (60 kg) fehlte es an Robustheit für eine große Karriere.

18 *Lothar Matthäus*

Nach seiner ersten Bundesliga-Saison, 28 Spielen und vier Toren für Borussia Mönchengladbach kam der Franke schon zu Europameister-Ehren. Der 19-Jährige fiel allerdings mehr durch allerlei Albernheiten auf als durch seine Dynamik im Mittelfeld. Gern stocherten er und Del'Haye beim Essen gegenseitig mit einem Messer zwischen den gespreizten Fingern herum. Auf dem Platz richtete Matthäus in seinem ersten Länderspiel gleich Schaden an, verursachte gegen Holland den allerdings unberechtigten Elfmeter zum 1:3. Keiner ahnte in Italien, dass Matthäus es einmal zum Rekordnationalspieler (150 Einsätze), Weltstar und Weltmeister (1990) bringen würde.

IM MITTELPUNKT *Jupp Derwall steht deutschen Journalisten auf dem Trainingsplatz Rede und Antwort, abends trinkt er mit dem einen oder anderen auch ein Bier. Derwall ist ein Mann des Volkes*

19 Mirko Votava

Während des Prager Frühlings 1968, des Aufstands der Tschechen gegen die Sowjetunion, flüchtete seine Familie nach Deutschland. Dort lernte Mirko Votava, der eigentlich Miroslav hieß, das Fußballspielen beim VfL Witten. 1973 wechselte er zu Borussia Dortmund, 1978 wurde er deutscher Staatsbürger, 1979 Nationalspieler. Der schussgewaltige Mittelfeldrenner brachte es bis 1981 auf fünf Länderspiele, in Italien erhielt er nur beim Spiel gegen die Griechen eine Chance. Votava spielte noch 1996 mit 40 Jahren in der Bundesliga (für Werder Bremen) und ist seitdem der älteste Torschütze in der Bundesliga aller Zeiten. 1998 ließ er beim VfB Oldenburg seine Karriere ausklingen.

20 Manfred Kaltz

Schon bei der EM 1976 gehörte er zum deutschen Aufgebot, kam allerdings nicht zum Einsatz. Der introvertierte Pfälzer in Diensten des HSV scheiterte zwar als Beckenbauer-Nachfolger auf dem Liberoposten, verkörperte aber als rechter Verteidiger Weltklasse. Sein Markenzeichen: die Bananenflanke. In Italien versäumte Kaltz keine Minute und verteidigte seinen Stammplatz noch zwei Jahre. Nach der WM 1982 überwarf er sich mit Derwall, schied nach 69 Länderspielen (acht Tore) Anfang 1983 aus. Mit dem HSV gewann Kaltz alle sieben Titel, die der Klub in seiner Zeit zwischen 1971 und 1989 gewann: je zweimal den Europacup und DFB-Pokal und drei Meisterschaften.

EM 1980 Italien

KOPFBALL-UNGEHEUER
SCHLÄGT ZWEIMAL ZU

LÄNGSTE DFB-SERIE: 23 SPIELE OHNE NIEDERLAGE

Jupp Derwall bei seinem Bundestrainer-Debüt 1978

Die Derwall-Ära (bis EM-Aus 1984) begann mit einer Rekordserie: Deutschland blieb vom 11. Oktober 1978 in Prag (4:3), Derwalls Debüt, 23 Spiele ungeschlagen. Das ist bis heute die längste Serie in der Geschichte der Nationalelf. Sie riss am Neujahrstag 1981 bei der »Mini-WM«, einem Turnier mit den bisherigen Weltmeistern zum Jubiläum des uruguayischen Verbandes, gegen Argentinien (1:2). Der Finalsieg 1980 gegen Belgien war übrigens Spiel Nummer 19.

Serien ohne Niederlage:
22 Spiele: 4. Juni 1996 – 22. Februar 1998, Trainer Berti Vogts.
18 Spiele: 14. August 2013 – 13. Juli 2014, Trainer Joachim Löw.
16 Spiele: 15. Nov. 1936 – 24. April 1938, Trainer Sepp Herberger.
16 Spiele: 25. April 1990 – 1. Mai 1991, Teamchef Franz Beckenbauer (bis 8. Juli 1990) und Vogts.
13 Spiele: 27. April 1975 – 17. Nov. 1976 (das im Elfmeterschießen verlorene EM-Finale 1976 wird laut Regelwerk als Remis gewertet. Es war das 11. Spiel ohne Niederlage), Trainer Helmut Schön.
12 Spiele: 27. April 1977 – 8. März 1978, Trainer Schön.
12 Spiele: 21. Juni 1995 – 29. Mai 1996, Trainer Vogts.
11 Spiele: 30. Juni 1971 – 15. November 1972, Trainer Schön.
10 Spiele: 9. November 1952 – 17. Juni 1954, Trainer Herberger.
10 Spiele: 17. Dezember 1967 – 14. Dez. 1968, Trainer Schön.
10 Spiele: 28. März 2009 – 18. November 2009, Trainer Löw.

› der Nationalmannschaft zu eigen gemacht und uns für die Endspiel-Ausgabe geschont.« Derwall war über die Kritiken empört und zeterte auf der Presse-Konferenz: »Menschenskinder, ich glaube, ich bin hier auf einer Beerdigung. Meine Herren, wir stehen im Europameisterschafts-Endspiel. Wer hätte uns das vor einem Jahr nach unseren 0:0-Spielen gegen Malta und die Türkei schon zugetraut?« Keiner!

Am 22. Juni 1980, genau zwei Jahre und einen Tag nach der Schmach von Córdoba, lagen sich alle in den Armen. An jenem drückend heißen Sonntag besiegte die Nationalelf in Rom Belgien mit 2:1. Beide Tore erzielte Fischer-Vertreter Horst Hrubesch. Das »Kopfball-Ungeheuer«, wie der Hamburger Sturmführer ehrfürchtig genannt wurde, hatte in der Qualifikation nicht ein Spiel bestritten. Seine Treffer, ein Aufsetzer (10.) und ein Kopfball (89.), waren in seinem fünften Länderspiel seine ersten beiden für Deutschland. Derwall kündigte hernach Großes an: »Die Mannschaft hat erst zu etwa 60 bis 70 Prozent ihr Leistungsvermögen abgerufen. Da steckt noch viel mehr drin für die Zukunft.« Ein Titel aber nicht mehr, 1982 unterlag seine Auswahl Italien im WM-Finale 1:3.

Paul Breitner, Europameister von 1972, hatte es gleich geahnt: »Nichts gegen die Sieger von Rom, sie sind immer noch die Besten, die wir haben. Aber, mit Verlaub gesagt: Ein Cullmann, ein Dietz, ein Zehnkämpfer Briegel, ein Allofs in seiner Italien-Form hätten 1972 vorm Fernseher ihren Stammplatz gehabt.«

Dem widersprach Bernd Schuster heftig: »Wir hatten die perfekte Mischung von Arbeitern und Beißern wie Hans-Peter Briegel, Karlheinz Förster oder Ulli Stielike und Technikern wie Hansi Müller.«

Als das Nationalteam am 23. Juni um 14 Uhr wieder in Frankfurt landete, wartete keiner auf die Europameister. Zwei Stunden später hob Schuster wieder ab: Er flog in den Urlaub nach Mallorca.

Finale
DEUTSCHLAND – BELGIEN 2:1 (1:0)
22. Juni 1980, 20.30 Uhr Ortszeit, Olympiastadion, Rom

Schiedsrichter: Rainea (Rumänien).
Tore: 1:0 Hrubesch (10.), 1:1 Vandereycken (75. Foulelfmeter), 2:1 Hrubesch (89.).
Einwechslungen: Cullmann für Briegel (55.).
Gelbe Karten: K. Förster – Millecamps, Vandereycken, Van Der Elst.
Zuschauer: 47 860.

Aufstellung Deutschland: SCHUMACHER; STIELIKE, K. FÖRSTER, KALTZ, DIETZ, H. MÜLLER, SCHÜSTER, BRIEGEL, RUMMENIGGE, HRUBESCH, ALLOFS.

Aufstellung Belgien: PFAFF; MILLECAMPS, MEEUWS, RENQUIN, GERETS, VAN MOER, VANDEREYCKEN, MOMMENS, COOLS, CEULEMANS, VAN DER ELST.

21 Walter Junghans

Der Junghans wird in München zum »Althans«, witzelte Sepp Maier 1977 über seinen neuen Rivalen. Nach Maiers Unfall im Sommer 1979 und dem Ende seiner Karriere kam es anders: Der gebürtige Hamburger wurde in seiner ersten Bundesliga-Saison 1979/80 gleich Meister und durfte ohne Länderspiel-Erfahrung mit zur Europameisterschaft. Der Torwart schaffte es danach nicht mehr in den DFB-Kreis, ging als Europameister ohne ein einziges Länderspiel in seiner Kariere ein und verlor mangels Stabilität auch seinen Platz im Bayern-Tor 1982 an den Belgier Jean-Marie Pfaff. 1982 wechselte Junghans zu Schalke 04, kam insgesamt auf 205 Bundesliga-Spiele.

22 Eike Immel

Nach Italien flog der Dortmunder, der 1978 mit 17 Jahren in der Bundesliga debütiert hatte, als Nummer 3 im deutschen Tor. Bis 1986 blieb Immel Ersatzmann, kam weder bei der WM 1982 noch 1986 zu einer Spielminute und wurde von Franz Beckenbauer erst nach Toni Schumachers Rauswurf ins Tor gestellt. So kam Immel bei der EM 1988 zu seiner ersten aktiven Turnierteilnahme, die mit der 1:2-Niederlage gegen Holland im Halbfinale endete. Aus Wut darüber, dass in der Folge Bodo Illgner eine Chance erhielt, trat Immel nach 19 Länderspielen zurück. Das bereute er später. Immel ist mit 534 Bundesliga-Spielen Siebter der ewigen Bestenliste.

EM-KADER 1980

Endspiel-Held Horst Hrubesch saß im Auftaktspiel 90 Minuten draußen, fehlte dann keine Minute mehr.
In vier Partien gab es nur drei verschiedene Torschützen – und die trafen jeweils in nur einem Spiel

NR.	NAME	GEBOREN	CSSR 1:0	HOLLAND 3:2	GRIECHENLAND 0:0	BELGIEN 2:1	VEREIN
TOR							
22	Eike Immel	27.11.1960	Tribüne	Tribüne	Bank	Tribüne	Borussia Dortmund
21	Walter Junghans	26.10.1958	Bank	Bank	Tribüne	Bank	Bayern München
1	Toni Schumacher	06.03.1954	90 Min.	90 Min.	90 Min.	90 Min.	1. FC Köln
ABWEHR							
2	Hans-Peter Briegel	11.10.1955	90 Min.	90 Min.	90 Min.	54 Min.	1. FC Kaiserslautern
3	Bernd Cullmann	01.11.1949	90 Min.	Bank	90 Min.	36 Min.	1. FC Köln
5	Bernard Dietz	22.03.1948	90 Min.	72 Min.	Tribüne	90 Min.	MSV Duisburg
4	Karlheinz Förster	25.07.1958	90 Min.	90 Min.	90 Min.	90 Min.	VfB Stuttgart
20	Manfred Kaltz	06.01.1953	90 Min.	90 Min.	90 Min.	90 Min.	Hamburger SV
16	Herbert Zimmermann	01.07.1954	Tribüne	Tribüne	Tribüne	Tribüne	1. FC Köln
MITTELFELD							
13	Rainer Bonhof	29.03.1952	–	–	–	–	FC Valencia
7	Bernd Förster	03.05.1956	59 Min.	Tribüne	45 Min.	Tribüne	VfB Stuttgart
14	Felix Magath	26.07.1953	31 Min.	26 Min.	Bank	Bank	Hamburger SV
18	Lothar Matthäus	21.03.1961	Tribüne	18 Min.	Bank	Tribüne	Borussia Mönchengladbach
12	Caspar Memering	01.06.1953	Tribüne	Tribüne	90 Min.	Tribüne	Hamburger SV
10	Hansi Müller	27.07.1957	90 Min.	64 Min.	90 Min.	90 Min.	VfB Stuttgart
6	Bernd Schuster	22.12.1959	Bank	90 Min.	Tribüne	90 Min.	1. FC Köln
15	Ulli Stielike	15.11.1954	90 Min.	90 Min.	90 Min.	90 Min.	Real Madrid
19	Mirko Votava	25.04.1956	Bank	Tribüne	45 Min.	Bank	Borussia Dortmund
ANGRIFF							
11	Klaus Allofs	05.12.1956	90 Min.	90 Min. /3 Tore	Tribüne	90 Min.	Fortuna Düsseldorf
17	Kalle Del'Haye	18.08.1955	Tribüne	Bank	25 Min.	Bank	Borussia Mönchengladbach
9	Horst Hrubesch	17.04.1951	Bank	90 Min.	90 Min.	90 Min. /2 Tore	Hamburger SV
8	Karl-Heinz Rummenigge	25.09.1955	90 Min. /1 Tor	90 Min.	65 Min.	90 Min.	Bayern München

Erich Ribbeck

1968 übernahm er im Alter von 31 Jahren Eintracht Frankfurt als jüngster Bundesliga-Trainer. 1973 wechselte Ribbeck, der selbst als Torwart und Verteidiger gespielt hatte, nach Kaiserslautern und wurde nach der WM 1978 Derwalls Assistent. Die Spieler lobten den Umgang mit »Sir Erich«, wie er wegen seines dezenten Auftretens genannt wurde. Nach Derwalls Abgang 1984 hoffte Ribbeck vergeblich auf eine Beförderung zum Bundestrainer. Enttäuscht verließ er den DFB, gewann mit Leverkusen den Uefa-Cup (1988). Sein Comeback wurde zum Desaster, mit ihm als Bundestrainer (1998 – 2000) flog Deutschland bei der EM 2000 in der Vorrunde raus.

Heinrich Heß

Der Professor aus dem Saarland kümmerte sich von 1974 bis 1996 als Teamarzt um die Nationalspieler. Zum DFB war Heß bereits 1969 gekommen, betreute zunächst die B-Nationalmannschaft, Junioren-Nationalteams und die Olympia-Mannschaft von 1972. Vermittelt hatte ihn Jupp Derwall, der wie Heß in Dudweiler wohnte. In Italien konnte Heß nur Rückenpatient Herbert Zimmermann nicht helfen, Schumacher, Kaltz und Hrubesch machte er fürs Finale wieder fit. Heß erlebte die WM-Triumphe 1974 und 1990 hautnah mit, 1997 ging er in den Ruhestand. Der DFB verlieh dem weltweit anerkannten Sportmediziner zum Abschied die Goldene Ehrennadel.

HÄUPTLING ONDULIERTE SILBERLOCKE Jupp Derwall war von 1978 bis 1984 verantwortlich für die Nationalmannschaft. Seine Bilanz: 67 Spiele, 44 Siege, 12 Unentschieden, 11 Niederlagen; Europameister 1980, Vize-Weltmeister 1982. Derwall wurde am 10. März 1927 geboren, er starb am 26. Juni 2007

EM 1980 Italien

DAS PRINZIP DER *LANGEN LEINE* KLAPPTE BIS 1981

Jupp Derwall Er trank mit seinen Spielern an der Bar, ließ ihnen Freiraum und setzte auf Eigenverantwortung. So gewann er als einziger Bundestrainer das erste große Turnier in seiner Amtszeit. Aber mit der ersten Niederlage kamen Zweifel an seinem Stil

Der Gegenwind war heftig. Nicht nur auf Malta, wo am 25. Februar 1979 die erste ernsthafte Bewährungsprobe für den neuen Bundestrainer Jupp Derwall mit einer Riesenenttäuschung endete. Bei orkanartigen Böen auf dem betonharten Bolzplatz des Gzira-Stadions von La Valetta kam die deutsche Nationalelf zum Auftakt der EM-Qualifikation nicht über ein torloses Remis hinaus. Auch fünf Wochen später in der Türkei, in Derwalls zweitem Pflichtspiel, fiel kein Tor. Es gab erste Rücktrittsforderungen. Der einstige Nürnberger Meistertrainer und umtriebige Zeitungskolumnist Max Merkel ätzte im »BILD«: »Wer gegen Malteser und Türken kein Tor schießt, kann seine Fußballschuhe verkaufen!« Derwall sei ein »Spieler-Streichler«, dessen »weiche Welle und Verbrüderungskurs« lediglich für ein Kurzzeitprogramm reichten. Eine klassische Fehleinschätzung: Die Regentschaft von »Häuptling ondulierte Silberlocke«, wie Merkel Derwall wegen dessen grauer Haare spöttisch titulierte, endete erst 1984. Mehr noch: Als erster Bundestrainer gewann Derwall mit der EM 1980 gleich sein erstes großes Turnier. Derwall war seinen Spielern gegenüber weder harter Hund noch Schleifer, vielmehr wie sein Vorgänger Helmut Schön, unter dem er seit 1970 treu gedient hatte, ein väterlich-freundschaftlicher Partner. Unter Sepp Herberger hatte es geheißen: »Elf Freude sollt ihr sein!« Derwalls Philosophie lautete: »Elf Söhne will ich haben!« Man müsse »Demokratie und Autorität in einen Topf werfen«, erklärte Derwall. Statt seine Profis zu maßregeln und permanent zu kontrollieren, favorisierte er

> **Elf Söhne will ich haben! Man muss Demokratie und Autorität in einen Topf werfen.**

das Führungsprinzip der langen Leine, der Eigenverantwortung und emanzipatorischen Selbstverwirklichung. Hermetisch abgeschottete Trainingslager gehörten der Vergangenheit an. Und statt in vergleichsweise spartanischen Sportschulen wie unter Schön 1974 in Malente oder 1978 in Ascochinga (Argentinien) logierte der DFB-Tross unter Derwall in luxuriösen Hotelherbergen. Abends setzte sich der Bundestrainer zu seinen Spielern an die Bar und trank ein Glas Bier. »Wer mehr Freiheit erhält«, dozierte Pädagoge Derwall, »der trägt auch mehr Verantwortung. Wir haben es in der Nationalelf doch mit erwachsenen Menschen zu tun.«
Auf der Erfolgswelle konnte sich Derwall lange so geben, wie es seinem Naturell als Rheinländer entsprach: leutselig und kumpelhaft. Reporter Jürgen Leinemann vom »Spiegel« attestierte ihm ein »geradezu selbstmörderisches Harmoniebedürfnis«. Er wolle es allen recht machen, möchte von allen – egal ob von Spielern oder Funktionären, vom Publikum und den Medien – geliebt und gelobt werden. Unentwegt sei er bemüht, Freundlichkeit zu verbreiten und Optimismus zu verströmen und unbewusste Verträge auf Gegenseitigkeit zu schließen. Motto: »Ich bin nett zu euch, damit ihr nett zu mir seid.«
Als Derwall zu Beginn des Jahres 1981 bei der »Copa de Oro« in Uruguay gegen Argentinien (1:2) und Brasilien (1:4) erstmals als Bundestrainer verlor, erfuhr er mit unerwarteter Härte, was diesen Job so schwer macht: Der schwache Auftritt seiner Mannschaft rief ein Heer von Hobby- und Profi-Besserwissern auf den Plan. Die Heftigkeit der Kritik überraschte und kränkte Derwall: »Von den Journalisten hätte ich mir doch ein bisschen mehr Partnerschaft erwartet. Das war eigentlich meine größte Enttäuschung nach der sogenannten Pleite von Uruguay, als sich die Partnerschaft als verlogene Sache he-

> **Von den Journalisten hätte ich mir doch ein bisschen mehr Partnerschaft erwartet.**

rausstellte«, kommentierte er später. Immer häufiger wurde ihm sein Stil als Führungsschwäche vorgehalten, zumal einige Spieler die Derwallsche Großzügigkeit zeitweilig hemmungslos missbrauchten und ihren Trainer schmählich im Stich ließen. Ihren negativen Höhepunkt erreichte diese Entwicklung vor und bei der WM 1982.

Schon das vorbereitende Trainingslager am Schluchsee im Schwarzwald (Pressespott: »Schlucksee«) geriet mit Saufgelagen und nächtlichen Pokerrunden um fünfstellige DM-Beträge zur Farce. Derwalls halbherziger Versuch, seine Stars zu zügeln, kam viel zu spät. Nach der blamablen 1:2-Niederlage gegen Algerien zum Turnierauftakt schlug er vor, »künftig auf das eine oder andere Gläschen Wein oder Bier zu verzichten«. Zwar zog seine Mannschaft mit Glück, Unverfrorenheit und vereinzelt aufblitzender Klasse wie beim 8:7 n. E. im Halbfinale gegen Frankreich ins Finale ein (1:3 gegen Italien), produzierte auf dem Weg dorthin aber einen enormen Imageschaden. Die »Schande von Gijón«, jener skandalöse »Nichtangriffspakt« mit Österreich (1:0, Tor: Hrubesch), und Wasserbomben-Attacken auf Fans manifestierten das Bild vom »hässlichen Deutschen«.
Derwalls Öffentlichkeitsarbeit war desolat. Anders als manche der Spieler (Paul Breitner: »Die dummen Leute finden immer etwas, worüber sie sich aufregen können«) hüllte sich der Trainer zumeist in betretenes Schweigen. Als neben den Leistungen auch die Ergebnisse nicht mehr stimmten und das Nationalteam bei der EM 1984 in der Vorrunde scheiterte, endete seine Amtszeit als Bundestrainer.

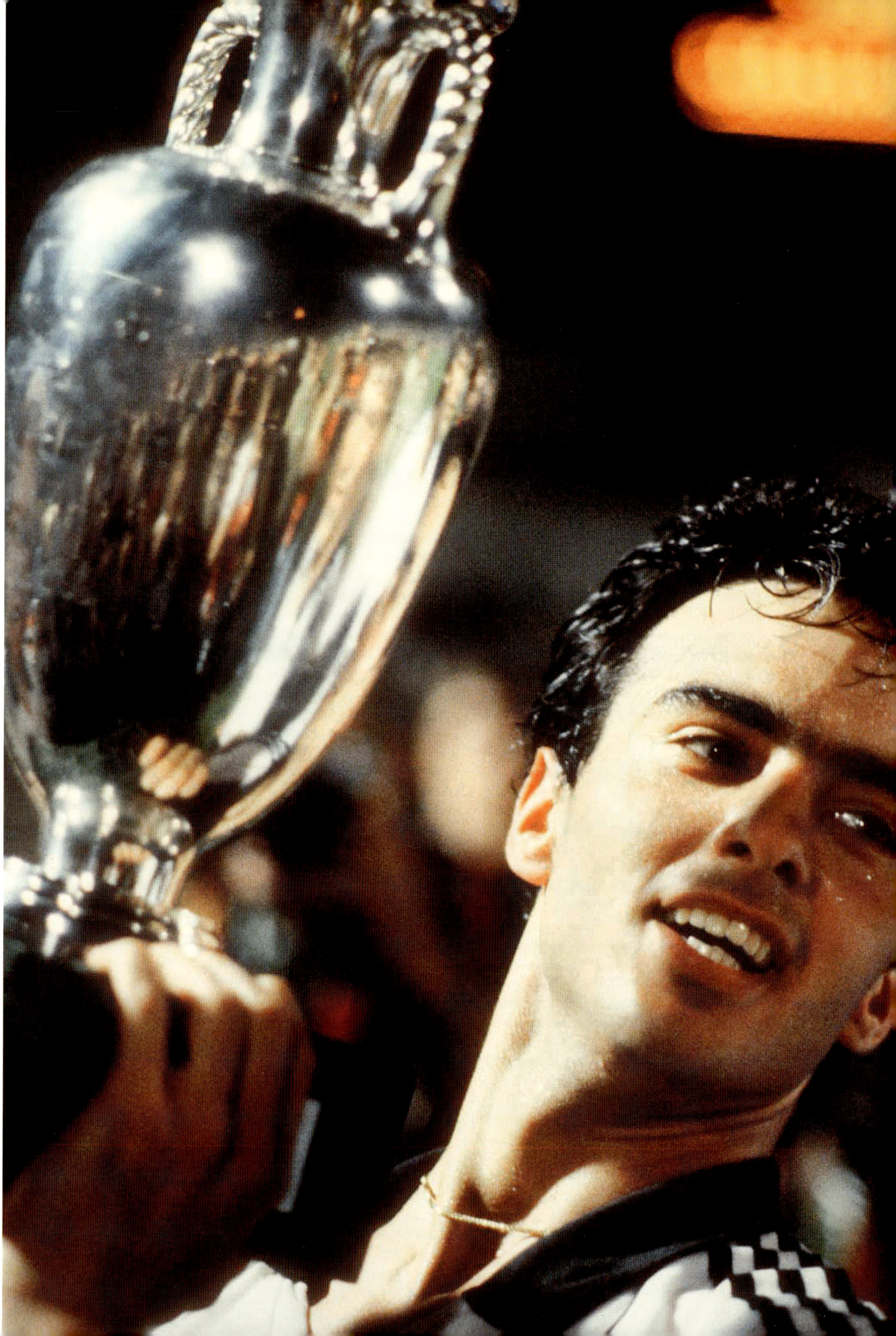

EM 1980 Italien

DER SCHÖNE HANSI *Müller war der Schwarm der Frauen, trug zu Spielerzeiten und auch noch danach diesen Beinamen. Vor allem war er aber ein technisch hoch versierter Fußballer mit exzellentem Fernschuss. Ein EM-Titel bleibt ewig, sagt Müller*

»WIR WOLLTEN DEN ADLER MIT ERFOLG TRAGEN«

Hansi Müller Der Spielmacher über das Einmalige an dieser Mannschaft, das gute Klima, Rummenigges Koffer-Problem und die wilden Messerspiele des blutjungen Lothar Matthäus. Der EM-Titel war sein absoluter Karriere-Höhepunkt

Herr Müller, Sie waren erst 22 Jahre alt und schon Europameister. Was bedeutet Ihnen der Titel heute?

Hansi Müller: Wenn man so etwas gewinnt, ist das für die Ewigkeit. Am Anfang ist man sich dessen nicht so bewusst. Klar, man freut sich, aber nach ein paar Tagen Urlaub geht's schon weiter. Dann kommt schon wieder die neue Saison. Die wahre Bedeutung kannst du erst reflektieren, wenn du älter bist. Einem Sami Khedira wird auch erst viel später bewusst werden, dass er 2014 Weltmeister und Champions-League-Sieger geworden ist, was erst zehn Spielern innerhalb eines Jahres gelungen ist. Ich werde heute noch bei Promi-Spielen als Europameister angekündigt, und natürlich macht mich das stolz.

Welchen Stellenwert nimmt der Triumph von Rom in Ihrer Karriere ein?

Es war mein größter Erfolg als Fußballer. Wir hatten ja nicht wirklich damit gerechnet, das Turnier zu gewinnen. Auf dem hohen Ross saßen wir nicht.

Warum war zwei Jahre nach dem WM-Aus in Argentinien denn alles so viel besser?

Zunächst mal darf man eines nicht vergessen: Wir haben in Argentinien nur ein Spiel verloren, das letzte gegen Österreich. Hätten wir 3:3 statt 2:3 gespielt, wären wir noch ins Spiel um Platz drei eingezogen.

Aber das hätte die ganzen Probleme ja nur notdürftig übertüncht. Es heißt, in Argentinien habe es vor allem am Teamgeist gefehlt. Wie haben Sie das erlebt als junger Spieler?

Als Newcomer habe ich das alles natürlich sehr intensiv beobachtet. Ich dachte, ich fahre da als 20. Mann hin und schaue mir das mal an. Einen Tag vor dem Eröff- ›

Der Bundestrainer und sein Spielmacher: Jupp Derwall (l.) sei alles gewesen, nur kein Diktator, sagt Müller

OBENAUF *Hansi Müller ist erster Gratulant von Torschütze Horst Hrubesch (Nr. 9) und Vorlagengeber Bernd Schuster (Nr. 6) nach dem frühen 1:0 gegen Belgien. 80 Spielminuten später holt Müller seinen ersten und größten Titel*

› nungsspiel sagte mir Bundestrainer Helmut Schön: „Du spielst morgen!" Ich blieb auch beim 6:0 gegen Mexiko im Team und schoss ein Tor. Dann kam das grottenschlechte 0:0 gegen Tunesien, und es brachen Gräben auf. Wir hatten drei Gruppen: die Weltmeister von 1974 um Berti Vogts, die mittlere Gruppe um Bernard Dietz oder Kalle Rummenigge, die schon ein paar Tage dabei waren, und die ganz Jungen wie Rüdiger Abramczik und mich. Nach diesem Spiel haben sich die Weltmeister bei Helmut Schön dafür eingesetzt, dass wir Jüngeren wieder raussollten. So kam es. Wenn wir eine bessere Einheit gewesen wären, wäre in Argentinien mehr drin gewesen.

Das war der große Unterschied zu 1980. Es gibt Spieler, die von der besten Stimmung aller Zeiten in der Nationalelf schwärmten.

Das lag auch an Jupp Derwall und seiner berühmten langen Leine. Er war alles, nur kein Diktator. Und dass wir unter ihm noch kein Spiel verloren hatten, wir stellten ja damals den DFB-Rekord von 23 Spielen ohne Niederlage auf. Ganz wichtig war natürlich, dass es 1980 keine Grüppchen gab. Wir hatten tolle Typen drin wie Toni Schumacher, Eike Immel, Horst Hrubesch oder Hans-Peter Briegel, mit denen man viel lachen konnte. Ich weiß noch, dass wir bei den endlosen Schreibstunden, wenn wir Bälle oder Autogrammkarten signieren mussten, uns im Witzemachen überboten haben. Wenn ich von der Nationalelf nach Hause kam, haben mich meine Freunde immer gefragt: Und, hast du wieder ein paar Witze mitgebracht?

Mit Lachen allein wird niemand Europameister.

Sicher nicht, wir hatten ein hohes spielerisches Potenzial mit echten Spielerpersönlichkeiten wie Stielike, Dietz und Rummenigge – und

» *Die wahre Bedeutung kannst du erst reflektieren, wenn du älter bist. Einem Sami Khedira wird auch erst viel später bewusst werden, dass er 2014 Weltmeister und Champions-League-Sieger geworden ist, was erst zehn Spielern innerhalb eines Jahres gelungen ist. Ich werde heute noch bei Promi-Spielen als Europameister angekündigt, und natürlich macht mich das stolz.* «

HANSI MÜLLER ÜBER DIE NACHHALTIGKEIT EINES TITELGEWINNS

EM 1980 Italien

jeder war bereit, sein Ego zurückzustellen. Es gab ein dreiviertel Jahr nach der EM ein Länderspiel gegen Österreich in Hamburg, da haben wir im Mittelfeld mit Schuster, Magath, Breitner und mir gespielt. Alles Spielmacher, Anführer in ihren Klubs. Und kein Sechser, wie man heute sagen würde. Damit das funktionierte, musste man eben auch ein paar Dinge machen, die nicht so dem eigenen Naturell entsprechen: Löcher zumachen, hinterhergehen, nach hinten arbeiten. Das war schon in Italien der Fall. Es gab kein großes Konkurrenzdenken, kein Gegeneinander. Für die meisten von uns war es das erste Turnier, wir wollten den Adler mit Erfolg tragen.

Zu den Besonderheiten des Turniers gehört, dass Sie kein Trainingslager absolvieren mussten und gleich nach Saisonende nach Italien flogen. Hat jemand den Geist von Malente vermisst?

Ach, um Gottes willen. Der Österreicher sagt zum Trainingslager nicht umsonst Kasernierung. Das trifft es gut. In Ascochinga 1978 waren wir quasi weggeschlossen.

Ascochinga heißt übersetzt: toter Hund ...

... ja, da bekamst du einen Rappel. Das war in Rom ganz anders. Es ist trotzdem keiner ausgebüxt wie 1982 in Spanien.

Das stimmt so nicht ganz: Kaltz und Hrubesch wollten ein paar Tage vor dem Finale türmen, sind aber nicht weit gekommen. Kaltz vertrat sich beim Sprung aus dem Fenster den Fuß.

Das ist mir wirklich neu. Nach dem Finale, als unser Hotel voll mit Offiziellen, Journalisten und Fans war, haben wir uns mit sechs, sieben Mann abgesetzt. Und da hat sich der Manni bei einem Sprung von einem Mäuerchen auch den Knöchel verstaucht ...

So ein Zufall ... Gut, Themawechsel: Kein Spiel war in Italien ausverkauft, nicht mal das Finale. Wie haben Sie das empfunden? Demotivierend oder befreiend?

Als Spieler willst du einfach nur gewinnen, wenn du auf dem Platz stehst. Ganz egal, wie viele Leute zuschauen. Leere Stadien kämen heute nicht mehr vor.

Das erste Spiel gegen Titelverteidiger CSSR ...

... haben wir gewonnen, aber wir haben uns wirklich schwergetan. Der Kalle Rummenigge hat das 1:0 geköpft – nach Vorlage eines schwarzhaarigen jungen Mannes.

Ihnen! Es war ein Tor der Zimmerpartner Müller und Rummenigge. Wie war das Zusammenleben mit Rummenigge, der am Jahresende Europas Fußballer des Jahres wurde?

Dazu will ich nur diese Anekdote beitragen. Seine Frau Martina hat Kalle vor Reisen immer schön den Koffer gepackt, alles ordentlich gefaltet. Wenn wir abreisen mussten, hat er mich gebeten, den Koffer zu packen. Er tat sich da ein bisschen schwer. Und ich habe ihm den Gefallen getan. Das war eben unser Teamspirit *(lacht)*.

Im zweiten Spiel kam es zum Klassiker gegen Holland. 1974 hatte Deutschland das WM-Finale 2:1 gewonnen, 1978 hatte man sich 2:2 getrennt. War viel von Revanche und Rivalität zu spüren?

Das kam mehr von außen. Von den Spielern hat es nur noch wenige betroffen, jedenfalls auf unserer Seite gab es keine Überlebenden von 1974. Es war unabhängig davon dieselbe Situation wie vor dem ersten Spiel: Wir wollten gewinnen, egal, wer da kommt.

Es gab an diesem Tag mehrere Matchwinner ...

Allerdings. Jeder erinnert sich im- ›

Manfred Kaltz (l.) bei einem seiner unwiderstehlichen Flankenläufe. Der Belgier Raymond Mommens kann nur schwer folgen. Kaltz verletzte sich vor und nach dem Finale bei unerlaubten Privatausflügen

BIOGRAFIE

Hansi Müller

Geboren am 27. Juli 1957 in Stuttgart.
1977 bis 1982:
143 Bundesliga-Spiele und 54 Tore für den VfB Stuttgart.
1982 bis 1984:
47 Serie-A-Spiele und 9 Tore für Inter Mailand (Italien).
1984 bis 1985:
14 Serie-A-Spiele und 1 Tor für Calcio Como (Italien).
1985 bis 1990:
123 Bundesliga-Spiele und 35 Tore für Wacker Innsbruck/FC Swarovski Tirol (Österreich).
1978 bis 1983:
42 Länderspiele und 5 Tore.
1980: *Europameister, bester Nachwuchsspieler Europas.*
1982: *Vizeweltmeister.*
1987: *Uefa-Cup-Halbfinale mit dem FC Swarovski Tirol.*
1989: *Österreichischer Meister, österreichischer Pokalsieger mit dem FC Swarovski Tirol.*
1990: *Österreichischer Meister mit dem FC Swarovski Tirol.*
2006: *WM-Botschafter.*
1999 bis 2001: *Vorstandsmitglied beim VfB Stuttgart.*
2011 bis 2015: *Aufsichtsrat beim VfB Stuttgart.*

TOLLER TYP Toni Schumacher konzentriert sich vor dem Elfmeter im EM-Finale auf seine Weise. Vergeblich: Er kassiert den Ausgleich zum 1:1, bewahrt Deutschland später aber vor einem Rückstand. Seine Leistung umschreibt Hansi Müller mit einem Wort: Weltklasse.

» *Wir hatten tolle Typen drin wie Toni Schumacher, Eike Immel, Horst Hrubesch oder Hans-Peter Briegel, mit denen man viel lachen konnte. Ich weiß noch, dass wir bei den endlosen Schreibstunden, wenn wir Bälle oder Autogrammkarten signieren mussten, uns im Witzemachen überboten haben.* «

HANSI MÜLLER ÜBER DIE ZWISCHENMENSCHLICHE ATMOSPHÄRE IN DER MANNSCHAFT

EM 1980 Italien

› mer zuerst an die drei Tore von Klaus Allofs, der ein absoluter Goalgetter war und natürlich von unserer offensiven Spielweise profitiert hat. Aber auch der Stern von Bernd Schuster, der ganz unbekümmert aufgespielt hat, ging an diesem Tag auf. Und wenn der Toni nicht so Weltklasse gehalten hätte, wer weiß?

Dann war da noch das verrückte Debüt von Lothar Matthäus ...
Der kommt rein und verursacht einen Elfmeter. Im ersten von 150 Länderspielen, kaum zu glauben. Hin und wieder mussten wir über sein Verhalten schmunzeln, der Lothar war blutjung und musste sich erst in unsere Gemeinschaft einfinden.

Erzählen Sie, bitte!
Wir saßen mittags an Vierertischen, nur die beiden Gladbacher Matthäus und Kalle Del'Haye hatten einen Zweiertisch. Da haben sie dann wilde Messerspiele gemacht: die eine Hand auf den Tisch gelegt, die Finger gespreizt und dann mit dem Messer in die Zwischenräume gestochen. Das war verrückt. Verletzt hat sich keiner, die beiden hatten darin offenbar Übung.

Del'Haye kam nur im bedeutungslosen Griechenland-Spiel zum Einsatz, ebenso wie andere Reservisten. Derwall schonte die von einer Gelb-Sperre bedrohten Spieler, Sie waren aber dabei. Musste es so ein schlechtes Spiel werden?
Es stand ja kurz vorher fest, dass wir sicher im Finale sind. Das hast du im Kopf, wenn du einläufst. Ich spielte zudem mit einer leichten Oberschenkelzerrung. Da geht doch jeder einem Zweikampf lieber aus dem Weg. Ein gutes Spiel machen, das will man schon. Aber es ist im Unterbewusstsein drin, dass du schon am Ziel bist. Wir waren mit den Beinen in Turin, aber mit dem Kopf schon in Rom.

Wo die Belgier warteten. Was ist Ihre eindrucksvollste Erinnerung an den Endspieltag?
Das kann ich so gar nicht sagen. Auch da hat der Toni jedenfalls wieder Weltklasse gehalten, die Belgier waren saustark. Dabei spielte er mit Handicap und brauchte noch in der Pause eine schmerzstillende Spritze für seine verletzte Hand. Deshalb sind wir nach Abpfiff wohl auch alle zu ihm gelaufen und haben da gefeiert. Der Toni ist ein absolutes Vorbild in puncto Biss und Leidenschaft gewesen. Später lief ich Arm in Arm mit Klaus Allofs über die Tartanbahn, das Bild hab ich noch vor Augen. An die Feierlichkeiten habe ich keine großen Erinnerungen.

Welches persönliche Fazit haben Sie nach der EM gezogen?
Ich muss ehrlich sagen, dass ich nicht so zufrieden mit mir war. Ich habe etwa 70 Prozent meines Leistungsvermögens abgerufen. Im Endspiel etwa hätte ich ein Tor machen müssen, ja müssen. Aber international wurde das anders gesehen. Vor allem in Italien, wohin ich schon 1980 wechseln wollte, aber erst 1982 ging – zu Inter Mailand. Da hat mich eine Zeitschrift zum besten jungen Spieler Europas gewählt, das Kriterium war: jünger als 23. Die Italiener kennen mich heute noch, weil ich mich als Mensch und als Sportler immer sehr wohlgefühlt habe und noch Kontakte pflege. Als ich neulich in Mailand aus dem Flugzeug stieg, sprachen mich zwei Männer an und sagten: »Du bist doch Hansi Müller.« Wie gesagt, so ein Titel bleibt ewig. ⬢

Zimmerpartner: Hansi Müller (l.) und Karl-Heinz Rummenigge taktieren vor einem Freistoß im EM-Finale. Rechts: Klaus Allofs. Müller ging Rummenigge oft zur Hand

JÜNGSTE DEUTSCHE EM-MANNSCHAFT ALLER ZEITEN

Bei seinem EM-Debüt gegen Holland 19 Jahre und 84 Tage alt: Lothar Matthäus

Die deutsche Mannschaft war nicht nur die jüngste unter den acht teilnehmenden Nationen in Italien, sie war mit 24,38 Jahren im Schnitt auch die jüngste in der DFB-Historie bei EM-Turnieren. Mit Rainer Bonhof, der verletzt ausfiel und nicht mitreiste, wäre der Schnitt auf 25,07 Jahre gestiegen. Bei WM-Endrunden war nur der Altersdurchschnitt des Kaders von 1934 noch niedriger (24,16).

Das Durchschnittsalter der DFB-Kader im Schnitt:

1972: *26,06 Jahre*
1976: *27,04 Jahre*
1980: *24,38 Jahre*
1984: *26,91 Jahre*
1988: *26,12 Jahre*
1992: *27,13 Jahre*
1996: *28,41 Jahre*
2000: *28,94 Jahre*
2004: *27,46 Jahre*
2008: *27,22 Jahre*
2012: *24,39 Jahre*

REIZFIGUREN IN DER BRANCHE
Das Ehepaar Schuster. 1979 heiratete Bernd die sechs Jahre ältere Gaby, da war er 20 Jahre alt. Sie wurde seine Managerin. 2011 ließen sie sich scheiden

EM 1980 Italien

IMMER ÄRGER MIT DEM BLONDEN ENGEL

Bernd Schuster Auf dem Rasen war er ein Genie, daneben ein Querulant und oft falsch beraten. Darum spielte er nur 21-mal für Deutschland. Mit dem Gewinn der EM hatte er das Beste schon hinter sich

Auf der Haupttribüne des Stadions San Paolo in Neapel kamen sie aus dem Staunen gar nicht mehr heraus. So einen Burschen hatten Gianni Rivera und Sandro Mazzola, Legenden des italienischen Fußballs und 1970 Vizeweltmeister, schon lange nicht mehr gesehen. Und nun, als er so mitreißend aufspielte, bedauerten sie, dass sie nicht mehr da unten auf dem Fußballplatz standen.

»Ich wäre in diesem Moment gern noch einmal zehn Jahre jünger gewesen«, sagte Mazzola. »So wie er spielt, kann er den ganzen Fußball revolutionieren. Es gibt in Südamerika den jungen Maradona, in Europa jetzt den jungen Schuster«, urteilte Rivera. Italiens Nationaltrainer Enzo Bearzot schwärmte: »Einen Jungen wie diesen würde ich sofort in meine Mannschaft nehmen. Er ist die Offenbarung des Turniers. Obwohl er noch so jung ist, hat Schuster Stil und Ausdruck.«

Und für Argentiniens Weltmeistertrainer César Luis Menotti, Beobachter der EM, war Schuster schlicht »eines der größten Talente, die ich je gesehen habe«. Bernd Schuster, 20 Jahr, blondes Haar, wurde plötzlich ein Weltstar an diesem 14. Juni 1980. In seinem achten Länderspiel. Es war der Tag, an dem Deutschland Holland 3:2 schlug.

Gewiss, Klaus Allofs hatte drei Tore geschossen, doch was der Mittelfeldspieler aus Köln bot, stellte alles in den Schatten. Wie Schuster so mit wehendem Haar durchs Mittelfeld marschierte, erinnerte unwillkürlich an Günter Netzer. So schrieb die römische Zeitung »Paese Sera«: »Mit Schuster, einem neuen Netzer, ist Deutschland nun auch WM-Favorit 1982.« Schuster schoss mit rechts, und er schoss mit links und hatte immer den Blick für den Nebenmann. Zwei Tore bereitete er vor, und hätten ihn die Holländer nicht so hart rangenommen, wären es vielleicht noch mehr geworden. »Willy van de Kerkhof, überhaupt die Holländer alle, waren nicht hart, wie es okay wäre, sondern unfair«, nuschelte er nach seinem großen Auftritt undiplomatisch in die Mikrofone.

Auch die italienischen Journalisten hatten Fragen, und weil sie Schuster nicht verstanden und er sie nicht, bestürmten sie ihre deutschen Kollegen. Wo kommt er her? Und vor allem: Wo geht er hin? Wäre es nach ihnen gegangen, sie hätten Schuster gleich in Italien behalten. Und hätte jemand einen fertigen Vertragsentwurf dabeigehabt, Schuster hätte vielleicht sogar irgendwo unterschrieben.

Denn auch das war Bernd Schuster: ein unreifer Junge mit Hang, in Fettnäpfchen zu treten. 1978 ›

Erinnerungen an Günter Netzer: Bernd Schuster treibt den Ball mit langen Schritten und wehenden Haaren durchs Mittelfeld

TOR DES JAHRES IN DEUTSCHLAND, DANN WIEDER EIN EKLAT

1993 zurück in der Bundesliga: Schuster im Leverkusener Trikot

Bernd Schuster war der erste Ausländer, der bei drei großen Klubs in Spanien spielte: von 1980 bis 1988 beim FC Barcelona, dann zwei Jahre bei Real Madrid und drei bei Atlético Madrid. Mit 33 Jahren kehrte er 1993 in die Bundesliga zurück, zu Bayer Leverkusen. Anfangs fühlten sich viele an den jungen Schuster erinnert. Noch immer lief er erhobenen Hauptes durchs Mittelfeld, schlug zentimetergenaue Pässe und schoss spektakuläre Tore. Bei der Wahl zum Tor des Jahres 1994 war Schuster mit drei Treffern vertreten. Sie belegten die ersten drei Plätze, einmalig in der Geschichte. So schön es begann, so schrecklich endete es: im Skandal. Bayer-Trainer Erich Ribbeck strich den formschwachen Schuster im Herbst 1995 vor dem Punktspiel gegen den HSV aus dem Kader, Trotzkopf Schuster kam trotzdem und setzte sich demonstrativ auf die Bank. Von Manager Calmund forderte er Schmerzensgeld, es blieb bei der Drohung. Schließlich kam Schuster mit Anwalt zum Training, sein Recht darauf hatte er eingeklagt. Im März 1996 endete das unwürdige Schauspiel mit einer Abfindung über 2,8 Millionen Mark.

ER BIETET BREITNER DIE STIRN UND VERLIERT

› hatte er gleich drei Verträge gezeichnet: beim Zweitligisten seiner Heimatstadt, dem FC Augsburg, bei Borussia Mönchengladbach und beim 1. FC Köln. Das Arbeitsgericht erkannte schließlich den Vertrag mit dem FC Köln an. Augsburg erhielt 200 000 Mark Ablöse, Gladbach eine Entschädigung, Köln den Wunderknaben, den schon in Kindertagen sein Ehrgeiz auszeichnete.

»Egal, ob es regnete oder schneite, ob es kalt war oder heiß, unser Neuer war immer zur Stelle. Er tat mehr als die anderen«, erinnerte sich sein Trainer beim FC Augsburg, Heiner Schuhmann. Aber schon da hatte der junge Mann, der eine Lehre als Isolierspengler machte, seine Allüren. Schuhmann schwört Stein und Bein, man wäre mit Schuster 1978 Deutscher Jugendmeister geworden, »wenn sich der Kindskopf nicht so undiszipliniert vor dem Spiel an den Autobahnsee in die Sonne gelegt hätte. Er holte sich einen Sonnenbrand, so haben wir gegen Duisburg 1:2 verloren.«

Ein Mann, der sich selbst im Weg steht. So war es nur allzu oft. Alle außer Schuster waren der Meinung, dass das vor allem an seiner Frau Gaby lag, die er schon mit 20 Jahren heiratete. Das Foto-Modell prägte das Image der Spielerfrauen für Jahrzehnte. Heiner Schuhmann sagte 1981, was viele nur dachten: »Unmöglich, dass das mit dieser Frau und dem Bernd auf die Dauer gut gehen kann.« Es ging aber gut.

Bernd Schuster war der sechs Jahre älteren Blondine schier hörig, und wer an ihn heranwollte, musste erst an Gaby vorbei. Das schaffte nicht einmal Schusters Vater, der seinen Sohn 1981 in Barcelona besuchen wollte, um sich auszusprechen. Telefonisch ging es nicht. Schuster, seit 1980 beim FC Barcelona unter Vertrag, hatte der Familie auf Betreiben seiner Frau keine Nummer mitgeteilt. Gaby Schuster ließ den Herrn Papa nicht herein, er reiste unverrichteter Dinge zurück nach Deutschland. Gaby Schuster beriet ihren Bernd auch in beruflichen Angelegenheiten. Sie führte Verhandlungen in einem Stil, mit Juristen und Anwälten im Schlepptau, der selbst einem gewieften Manager wie Reiner Calmund (Bayer Leverkusen) höchsten Respekt abnötigte. »Frau Schuster hat uns Kopfschmerzen bereitet, wie es heute kein Spielerberater schafft.«

Sosehr seine profilierungssüchtige Gattin die Branche entsetzte, so sehr verzückte sie ihr Mann. Doch niemand ahnte im Sommer 1980, dass Schuster mit dem Gewinn der Europameisterschaft das Beste schon hinter sich hatte. Sein erstes war auch sein letztes Turnier. Und da bestritt er nur zwei von vier Spielen. Zum Auftakt gegen die CSSR ließ ihn Jupp Derwall spüren, dass er mehr Ehrgeiz erwartete: »Er liegt zurzeit irgendwie daneben. Auch im Training könnte er mehr tun, anstatt sich mit der Reservistenrolle zufriedenzugeben.« Gegen Holland tat Schuster dann mehr als genug, um sich für das Finale zu qualifizieren, nach dem die belgische Zeitung »La Dernière Heure« schrieb: »Nach unserer Auffassung verdient Bernd Schuster ohne Zweifel den Titel Monsieur Europa.«

Seine Karriere ist die eines Unvollendeten, weil das Wichtigste zu kurz kam. Nur 21-mal spielte er für Deutschland, aberwitzig wenig bei seinen Fähigkeiten. Als Paul Breitner im Frühjahr 1981 in die Nationalelf zurückkehrte, änderte sich das Klima. Breitner reklamierte auch ohne Spielführerbinde die Chefrolle, was vielen missfiel. Doch Schuster war noch selbstbewusster und probte den Aufstand. »Der Paule ist ein gerissener Hund. Noch gibt er seine Befehle über Derwall weiter. Ich würde mich nicht wundern, wenn er eines Tages dem Derwall die Aufstellung unter der Türritze durchschiebt«, tönte er im Juni 1981 gegenüber dem »Spiegel«.

Das war wenige Tage nach seinem ersten Rauswurf aus der National-

DIE WELT VERZAUBERT *Schuster (l.) bestreitet gegen Holland sein bestes Länderspiel, hat nur mit seinen Distanzschüssen kein Glück, auch wenn Hollands Kapitän Ruud Krol vor ihm in die Knie geht. Rechts: Horst Hrubesch*

BIOGRAFIE

BERND SCHUSTER

Geboren am 22. Dezember 1959 in Augsburg.
1978 bis 1980:
61 Bundesliga-Spiele und 10 Tore für den 1. FC Köln.
1980 bis 1988: 170 Primera-División-Spiele, 63 Tore für FC Barcelona. Spanischer Meister 1985, Pokalsieger 1981, 1983, 1988, Europapokal der Pokalsieger 1982.
1988 bis 1990: 62 Primera-División-Spiele und 13 Tore für Real Madrid. Spanischer Meister 1989, 1990, Pokalsieger 1989.
1990 bis 1993:
85 Primera-División-Spiele und 11 Tore für Atlético Madrid. Spanischer Pokalsieger 1991, 1992.
1993 bis 1996:
59 Bundesliga-Spiele und 8 Tore für Bayer Leverkusen.
1996 bis 1997:
9 Primera-División-Spiele für UNAM Pumas (Mexiko).
1979 bis 1984:
21 Länderspiele, 4 Tore.
1980: Europameister.
1997/98: Trainer Fortuna Köln.
1998/99: Trainer 1. FC Köln.
2001 bis 2003:
Trainer Deportivo Xerez.
2003/04:
Trainer Schachtjor Donezk.
2004/05: Trainer UD Levante.
2005 bis 2007 Trainer FC Getafe.
2007 bis 2008 Trainer Real Madrid. Spanischer Meister 2008.
2010/11:
Trainer Besiktas Istanbul.
2013/14: Trainer FC Málaga.

mannschaft, den Derwall in seiner Biografie als »meinen Fehler« bezeichnete. Schuster war als einziger Nationalspieler nach dem 1:2 gegen Brasilien in Stuttgart der privaten Einladung von Hansi Müller nicht gefolgt und im Hotel geblieben. Der Grund war nachvollziehbar, er musste die Frühmaschine nach Barcelona bekommen. Doch den kannte keiner. Wie so oft gab es ein Kommunikations-Problem zwischen Trainer und Star. Schuster sagte nicht direkt ab, sondern über Mittelsmänner. Derwall erfuhr es erst nach der Feier, und als er Schuster nachts auf dem Hotelzimmer anrief, lud er ihn für das nächste Spiel aus. »Es sollte nur ein Spiel Sperre sein, eine Verwarnung, die darauf hinauslief, dass Bernd sein Gesicht wahren und professionell reagieren kann.«
Schuster aber schlug wild um sich und machte seine Rückkehr unmöglich. »Lieber in Spanien König als in Deutschland Kuli« oder »Wenn Breitner es nicht schafft – körperlich pfeift er ja aus dem letzten Loch –, dann bin ich da, wenn Not am Mann ist«, ließ er wissen. Später sagte er noch, er wolle mit Breitner nicht mehr zusammenspielen. So verpasste Schuster die WM in Spanien. Erst im November 1982 kam es zur Versöhnung mit Derwall und zum Comeback, auch weil Breitner zurückgetreten war. Am 29. Februar 1984 trug er in Brüssel letztmals das DFB-Trikot, im Alter von 24 Jahren. Die EM im Sommer verpasste er wieder, nun war es Pech. Im Mai brach er sich den Mittelfußknochen.
Die Teilnahme an der WM 1986 verbaute er sich wieder selbst. Zunächst sprach Schuster Teamchef Franz Beckenbauer die Eignung für diesen Job ab, die Fronten waren verhärtet. Als Beckenbauer in größter Personalnot im Frühjahr 1986 auf ihn zuging und mit Anrufen bombardierte (»Bernd, ich brauche dich!«), erklärte Schuster seine Bereitschaft. Aber Ehefrau Gaby forderte – ein einmaliger Vorgang – eine Million Mark netto für die Teilnahme ihres Mannes in Mexiko. Die Nation war schockiert, Karlheinz Förster seufzte: »Unglaublich, unglaublich«, und Dieter Hoeneß sagte: »Ich hätte, um bei der WM zu spielen, sogar noch eine Million Mark mitgebracht!«
Nun war das Kapitel beendet, niemand rief mehr nach Bernd Schuster. Nach seiner Karriere bedauerte er des Öfteren: »Ich hätte gern mal eine WM gespielt.« Warum es nie dazu kam, wissen er und Gaby, die längst nicht mehr seine Frau ist, am besten. ●

EUROPAS BESTER SPIELER 1980 UND 1981 *Karl-Heinz Rummenigge (r.) überläuft den Belgier Luc Millecamps. Über den EM-Titel freute er sich nicht ausgiebig, Rummenigge war mit seiner Leistung unzufrieden und wähnte sich im Schatten seiner Stürmerkollegen Hrubesch und Allofs*

EM 1980 Italien

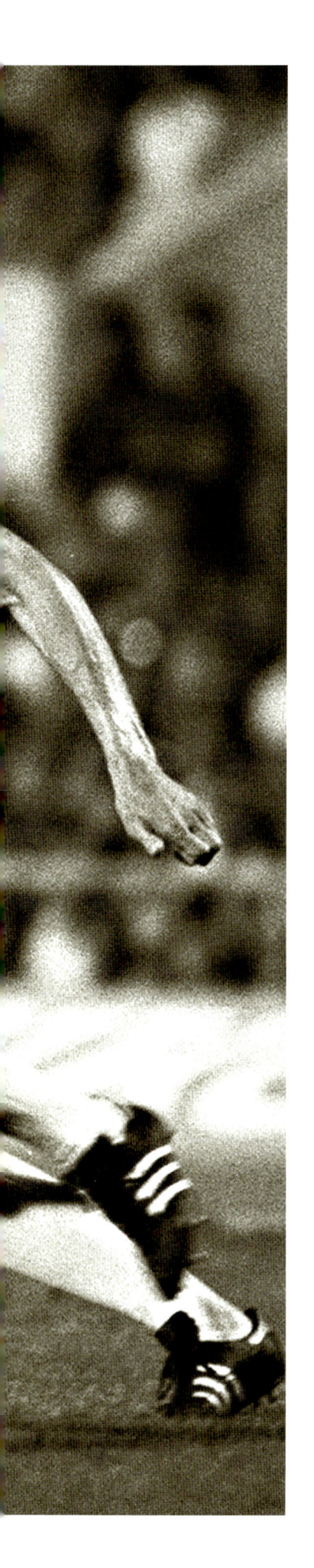

BIS ZUM LETZTEN SPIEL WAR RUMMELFLIEGE IMMER NERVÖS

Karl-Heinz Rummenigge Udo Lattek verpasste ihm den Spitznamen, weil sein Mund immer offen stand. Er litt vor jedem Spiel. Einmal musste er sogar zwei Cognac zur Beruhigung trinken. Die EM war sein schönstes Turnier

Als die deutsche Mannschaft in Italien landete, wurden nur wenige Spieler von den einheimischen Reportern erkannt. Einen aber kannten sie alle: Karl-Heinz Rummenigge. Seit knapp zwei Wochen durfte er sich Torschützenkönig und endlich auch Deutscher Meister nennen. Seine 26 Bundesliga-Tore, die er nur noch einmal übertraf (1980/81, 29 Tore), sprachen sich im Land des EM-Gastgebers schnell herum. 1978 hatte Rummenigge in Argentinien zu den wenigen Gewinnern einer verkorksten Weltmeisterschaft gezählt, unter dem neuen Bundestrainer Jupp Derwall wurde er schnell Stammspieler. Er war erst 24 Jahre alt, hatte im Juni 1980 aber schon 31 Länderspiele in den Beinen. Nur Bernard Dietz, Manni Kaltz und Bernd Cullmann hatten öfter das Nationaltrikot getragen. Sein Spiel, und das war es, was die Reporter am besten wussten, war spektakulär. Wenn Rummenigge antrat, konnte ihn kaum ein Gegenspieler bremsen. Er war schnell und dribbelstark und hatte im sechsten Karriere-Jahr beim FC Bayern, zu dem er als 18-Jähriger nach dem WM-Sommer 1974 gestoßen war, endlich seine Abschlussschwäche abgelegt. Kurzum: Er war der große Hoffnungsträger im deutschen Team. Und so stürzten sich die Journalisten am Tag vor dem Turnierstart auf ihn. Ob ihn die großen Erwartungen nicht belasteten, wollte einer wissen. Rummenigge, den alle »Kalle« riefen, ließ ihn abblitzen: »Nein, ich bin ein cooler Typ geworden.« Dann kam ein Team eines britischen Fernsehsenders und stellte die gleiche Frage. Ob es an der fremden Sprache lag, weiß keiner. Jedenfalls sagte Rummenigge nun: »Dass alle von mir nun erwarten, ich würde der Super-Star dieser EM, das belastet mich schon. Es ist eine schwere Hypothek für mich.« Typisch Karl-Heinz-Rummenigge. Mitnichten war er ein cooler Typ, ›

Kaltgetränk am Pool an heißen italienischen Tagen: Rummenigge taucht auf

EM 1980 Italien

20 PFENNIG GEBÜHR AN NACHBARJUNGEN

WHAT A MAN – POPSONG ÜBER RUMMENIGGE

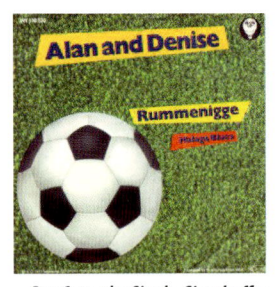

Das Cover der Single. Sie schaffte es 1983 in die deutschen Charts

Am 13. Oktober 1982 gelang Deutschland der zweite Sieg überhaupt im Wembley-Stadion, beide Tore zum 2:1 schoss Rummenigge. Der Ausruf des englischen Kommentators (»Rummenigge, what a man«) hatte kuriose Folgen: Er inspirierte das britische Pop-Duo Alan & Denise zu einem Song, einer Hymne auf Rummenigge. In dem Lied, das es im Frühjahr 1983 in die deutschen Charts schaffte (Platz 43), besingen Alan & Denise seine liebreizenden Knie (sexy knees), seine Kraft Tag und Nacht (He's so strong. Rummenigge. Rummenigge. All night long), seine Figur (He's so tall) und Frisur (He's so blond), seine Torgefährlichkeit (First he traps the ball. And then? Karl-Heinz Rummenigge puts it in) und bekennen sich als Fans des Deutschen (What a player, what a sport. He's the cutest thing in shorts; er ist das süßeste Ding in kurzen Hosen). Es gab auch eine deutsche Version mit Cleo Kretschmer und Wolfgang Fierek mit ähnlichem, zuweilen zweideutigem Text. Die gefiel Rummenigge übrigens nicht.

› vieles an ihm weckte Erinnerungen an Fritz Walter. Nervös vor jedem Spiel, auch bei Freundschaftsspielen, klammerte er sich abergläubisch an Rituale. Die Nacht vor dem Spiel verbrachte Rummenigge im Doppelbett immer auf der rechten Seite, am Spieltag ging es stets um Punkt 9.30 Uhr unter die Dusche. Zum Frühstück gab es immer nur Salami-Brötchen und Tee mit Zitrone. In der Kabine zog er den linken Schuh zuerst an, dann den rechten. Dann zog er beide wieder aus, er wollte sichergehen, »dass sie auch richtig sitzen«. Mit Badelatschen schlurfte er aufs stille Örtchen, wo man viele feinnervige Künstler vor ihrem großen Auftritt finden kann.

In seiner Anfangszeit bei den Bayern hielt sich Rummenigge dort auch schon mal nach den Spielen länger als nötig auf, um den zu erwartenden Strafpredigten von Trainer Udo Lattek oder Manager Robert Schwan zu entgehen. Nachdem er die Schuhe wieder angezogen hatte, achtete er beim Einlaufen auf die Position. Hatten sie in der Vorwoche gewonnen, als er als Dritter eingelaufen war, blieb diese Reihenfolge. Nach einer Niederlage oder einem schlechten Spiel wechselte er seinen Platz. Das machte er so lange, bis er eines Tages Kapitän wurde, da musste er vorweg laufen. Journalisten hatten an Rummenigge an Spieltagen keine Freude, er konnte seine Nervosität nicht verbergen und gab nur knappe Antworten. Am Morgen des EM-Endspiels war es anders. Er saß mit einem Reporter des »Kicker« am Swimmingpool zusammen und gab seiner Freude darüber Ausdruck, dass es nicht gegen die Italiener ging. »Was glaubste, wie die mich im Endspiel, noch dazu vor ihrem eigenen Publikum, umgehaut hätten!« Er beklagte, dass ihm Paul Breitner fehle, der ihn in

Wenn Rummenigge antrat, konnte ihn kaum ein Gegenspieler halten. Hier hat der Grieche Ioannis Gounaris das Nachsehen

München so meisterhaft in Szene setzte, und dass es mit seinem Freund Hansi Müller nicht annähernd so gut klappe im Nationalteam. »Aber ein bisschen bin ich auch selbst schuld, ich bewege mich für meine Mitspieler vielleicht viel zu verwirrend. Manchmal weiß ich ja selbst nicht, wohin ich in der nächsten Sekunde renne!« Rummenigge verabschiedete sich mit den Worten: »Ich will diesen Titel so sehr. Drück mir die Daumen!«

Als er den Pokal am späten Abend des 22. Juni 1980 in Händen hielt, sah man es Rummenigge nicht wirklich an. »Ich kann mich nicht so freuen wie nach der Meister-

EIN BILD FÜR DIE GALERIE *Rummenigge und Hansi Müller zeigen in der Nacht nach dem Finale den Pokal. Mit Müller verstand sich Rummenigge neben dem Platz viel besser als auf ihm*

BIOGRAFIE

KARL-HEINZ RUMMENIGGE

Geboren am 25. September 1955 in Lippstadt.
1974 *bis* **1984**:
310 Bundesliga-Spiele und 162 Tore für Bayern München.
1975: *Sieger Europapokal der Landesmeister.*
1976: *Sieger Europapokal der Landesmeister, Weltpokalsieger.*
1980: *Deutscher Meister.*
1980: *Bundesliga-Torschützenkönig.*
1981: *Deutscher Meister, Europas Fußballer des Jahres.*
1981: *Bundesliga-Torschützenkönig.*
1982: *DFB-Pokalsieger.*
1984: *DFB-Pokalsieger.*
1984: *Bundesliga-Torschützenkönig.*
1984 *bis* **1987**: *64 Serie-A-Spiele und 24 Tore für Inter Mailand.*
1987 *bis* **1989**:
60 Erstliga-Spiele und 34 Tore für Servette Genf.
1989: *Torschützenkönig in der Schweiz.*
1976 *bis* **1986**: *95 Länderspiele und 45 Tore für Deutschland.*
1980: *Europameister.*
1982: *Vize-Weltmeister.*
1986: *Vize-Weltmeister.*
1991 *bis* **2002**:
Vize-Präsident Bayern München.
seit 2002: *Vorstandsvorsitzender Bayern München.*

schaft mit den Bayern. Ich bin schon zufrieden, aber es hätte irgendwie besser laufen können für mich«, klagte er.
Drei Stürmer waren zur EM gefahren, nur einer war gesetzt: Karl-Heinz Rummenigge. Drei Stürmer entschieden die Spiele, einer erzielte drei Tore (Klaus Allofs), einer zwei (Horst Hrubesch) und Rummenigge nur eines: den Kopfballtreffer zum 1:0-Sieg gegen die Tschechoslowakei. »Ein Stürmer ist doch dazu da, um Tore zu machen. Das ist doch seine einzige Aufgabe«, seufzte er in sein Champagner-Glas.
Horst Hrubesch, der Finalheld, stand neben ihm und flüsterte dem Bayern in aufgeräumter Stimmung ins Ohr: »Eins sage ich dir, Rummenigge: Du bist auch nur ein armes Licht trotz deiner großen Schnauze.« Das saß. Wenn alle so fröhlich wie Rummenigge gewesen wären, wären auf der Feier die Lichter schnell verloschen.
Der junge Karl-Heinz Rummenigge schwankte oft zwischen Selbstzweifeln und Selbstkritik, weil er harte Lehrmeister hatte und auch von sich selbst stets viel erwartete. Selbstzufriedenheit hat man ihm nie vorgeworfen, aber das sind die besten Voraussetzungen für eine Welt-Karriere. Fehlenden Kampfgeist auch nicht.
Schon als Vierjähriger setzte er im heimischen Lippstadt seinen Kopf durch. Die größeren Jungs, darunter sein Bruder Wolfgang, wollten ihn nicht mitspielen lassen beim Fußball. Sie knüpften harte Bedingungen an seine Teilnahme: Mit Schippe und Besen musste er vorher den Hof säubern, auch vom Hundedreck. Rummenigge putzte klaglos. Als das nicht genug war, verlangten sie 20 Pfennig pro Einsatz, die Mutter steckte sie ihm zu. Aber schon bald rissen sich alle darum, in welcher Mannschaft »Klein Kalle« spielen dürfe. Bei Borussia Lippstadt übersprang er zwei Jugendklassen, spielte als Neunjähriger in der C-Jugend und schoss trotzdem 96 Tore. Mit 17 ›

105

EM 1980 Italien

MODELL BREITNIGGE HAT AUSGEDIENT

RUMMENIGGE: SEIT 13 JAHREN BAYERNS MÄCHTIGSTER MANN

Funktionär Rummenigge: Seit Februar 2002 ist er Vorstandsvorsitzender der Bayern AG

Im Herbst 1991 stand der FC Bayern nach der Entlassung von Trainer Jupp Heynckes im unteren Mittelfeld. Manager Uli Hoeneß dachte frustriert an Rücktritt, da stellte ihm Präsident Fritz Scherer zwei Weggefährten als Berater zur Seite: Franz Beckenbauer und Karl-Heinz Rummenigge. Sie wurden am 25. November 1991 mit der erforderlichen Dreiviertel-Mehrheit zu Vizepräsidenten des Vereins gewählt. So begann Rummenigges Funktionärs-Karriere. Günter Netzer spottete zwar, »die beiden könnten Bayern auf dem Fußballplatz mehr helfen«, aber es ging sportlich und finanziell bergauf. Während Beckenbauer 1994 zum Präsidenten aufrückte, blieb Rummenigge noch acht Jahre Vizepräsident. Mit AG-Gründung am 14. Februar 2002 wurde er zum Vorstandsvorsitzenden berufen. Rummenigge ist seitdem mächtigster Mann beim FC Bayern. Seit 21. Januar 2008 steht er zudem der an diesem Tag gegründeten Vereinigung ECA (European Club Association) vor, zudem rückt er 2016 ins Exekutiv-Komitee der Uefa auf.

› Jahren kickte er in der ersten Mannschaft. DFB-Späher entdeckten ihn trotzdem nicht, es reichte nur bis zur Westfalen-Auswahl. Bis eines Tages die Bayern anfragten. Mutter Rummenigge war dagegen, der Vater dafür. Also fuhren sie nach München. Auf der Fahrt zu den Vertragsverhandlungen wollte »Kalle« umdrehen, sie fuhren weiter. Später wollte er vor dem ersten Training nicht aus dem Auto aussteigen. Es war pure Angst: Die neuen Mitspieler des 18-Jährigen hießen Franz Beckenbauer, Sepp Maier und Gerd Müller und waren gerade Weltmeister geworden. Als er Müller ein Tor auflegte, kam der zu ihm gelaufen und fuhr ihm durchs blondgelockte Haar. »Gut, Junge!« Als Rummenigge ihn weiter siezte, pflaumte der »Bomber der Nation« ihn an. »Das heißt du, verstehst?«
Der Junge aus Ost-Westfalen kam 1974 in eine völlig fremde Welt, manchmal blieb der Mund vor Staunen offen. So war das auch bei der Erfindung seines zweiten Spitznamens »Rummelfliege«, der »Rotbäckchen« (wegen seiner immer roten Wangen) ablöste. Bayern-Trainer Udo Lattek hatte Rummenigge als Opfer ausgesucht und witzelte, in seinem Mund könnten ja die Fliegen nisten. Karl-Heinz Rummenigge verzieh das Udo Lattek erst Jahre später.
Aber der Trainer ließ ihn spielen in der Bayern-Mannschaft, die 1974/75 nach dem WM-Titel in die Krise geriet und nur Zehnter in der Bundesliga wurde. In 21 Spielen erzielte Rummenigge fünf Tore, nur Uli Hoeneß (8) und Müller (23) waren erfolgreicher. Uli Hoeneß hatte ihn ermutigt: »Wir brauchen einen Rechtsaußen. Nutz die Chance, sie kommt nie wieder.« Manchmal mussten die Trainer etwas nachhelfen. Wie vor dem Europacup-Finale der Landesmeister 1976 gegen St-Étienne. Weil Rummenigge die Nervosität wieder einmal auf große Entfernung anzusehen war, verordnete ihm ein Masseur Hochprozentiges. Rummenigge erzählte es später so: »Diese Hektik, die innere Unruhe, hat sich bei mir einfach nicht legen wollen. Kurz vor dem Spiel hat mich dann unser Medizinmann Richard Müller in der Kabine beiseite genommen und mir einen Cognac eingeflößt. Ich habe ihn ganz entgeistert angeschaut. ›Macht nichts‹, hat er nur gesagt, ›nimm noch einen.‹ Auf zweieinhalb Gläser bin ich gekommen. Als Augenblicke später Schwan und Dettmar Cramer reinkamen, war ich ruhig. Zu ruhig vielleicht. Ein falsches Wort hätte ja meine Fahne verraten. Im Rahmen meiner Möglichkeiten habe ich dann ganz ordentlich gespielt.« Der FC Bayern siegte 1:0.
Fünf Monate später debütierte Rummenigge in der Nationalelf, für die er bis 1986 95-mal spielte und 45 Tore erzielte. 1978 erlebte er seine erste WM, schaffte es vom Tribünenhocker bei der Eröffnung zum Stammspieler, der die meisten Tore schoss (3). Bei der EM in Italien, Rummenigge mag das selbst am meisten verwundert haben, wählten ihn die Journalisten zum besten Spieler des Turniers. In den Monaten nach der EM entwickelte er sich zum Weltklasse-Stürmer, wurde 1980 und 1981 zweimal in Folge »Europas Fußballer des Jahres«.
1982 wollte er Weltmeister werden. Rummenigge schoss die Derwall-Elf mit neun Toren in der Qualifikation fast allein zur WM nach Spanien, avancierte dort wieder zum besten Torschützen (fünf Treffer). Aber da er sich schon im ersten Spiel verletzt hatte, erreichte er nie seine Bestform. In der Halbzeit des Endspiels gegen Italien (1:3) forderte Libero Ulli Stielike

LETZTES TOR FÜR DEUTSCHLAND *Im WM-Finale 1986 gegen Argentinien grätscht Rummenigge (Nr. 11) den Ball zum 1:2-Anschluss über die Linie. Es läuft die 74. Minute. Deutschland verliert schließlich 2:3. Rummenigge beendet nach 95 Partien und 45 Toren seine Karriere in der Nationalelf*

vehement seine Auswechslung (»Jeder sieht doch, dass du nicht fit bist«), aber Rummenigge war, gestützt vom 1981 zurückgekehrten Paul Breitner, ein Alpha-Tier. Er ging erst, als das Spiel gelaufen war (70. Minute).

Seit dem 29. April 1981 wehte eben ein anderer Wind in der Nationalelf, Rummenigge war Kapitän für den aussortierten Bernard Dietz und sein Kapitän im Verein, Paul Breitner, heimlicher Chef. Das Modell »Breitnigge«, wie der Boulevard ihr erfolgreiches Zusammenspiel 1979/80 getauft hatte, erlitt Schiffbruch. Nie wurde ein zweiter Platz weniger wertgeschätzt als 1982.

Bei der EM 1984 scheiterte Deutschland in der Vorrunde, Rummenigge enttäuschte wie alle anderen maßlos. Jetzt wagte er sich endlich ins Ausland. Mit seiner Ablösesumme entschuldete er den FC Bayern auf einen Schlag, Inter Mailand zahlte 11,2 Millionen D-Mark für seine Dienste. In Italien reifte Rummenigge zum weltgewandten Mann, wenn er auch immer nervös blieb. So lange, bis der Schiedsrichter anpfiff. So war es auch am 29. Juni 1986 vor seinem zweiten WM-Finale, als ihn Ersatztorwart Eike Immel im Bus aufmuntern musste: »Ich weiß, du schießt heute ein Tor!«

So kam es, der 1:2-Anschlusstreffer war sein erstes Tor in Mexiko, aber er genügte nicht. Argentinien mit dem überragenden Diego Maradona gewann das Endspiel mit 3:2. Rummenigge trat ab und mit ihm die letzten Helden von Rom 1980, die nie Weltmeister wurden: Karlheinz Förster, Hans-Peter Briegel und Felix Magath.

1980 in Italien war es im Rückblick am schönsten. Rummenigge schrieb in seinem EM-Buch: »Wir waren eine große Gemeinschaft. Keiner schrie den anderen an, alle lachten miteinander. Vielleicht ist damit auch der Schlüssel zu unserem Erfolg gefunden, der, sosehr das auch belächelt werden mag, auch ein Triumph der Kameradschaft war.« ⬢

BEISTAND GESUCHT UND GEFUNDEN *Drei Hamburger auf dem Petersplatz (v. l.): Horst Hrubesch, Felix Magath und Caspar Memering*

MIT DEM SEGEN DES PAPSTES UND DER RUHE EINES ANGLERS

Horst Hrubesch   Der Mittelstürmer fühlte sich vom Bundestrainer nicht richtig gewürdigt, Kraft gab ihm erst eine komische Begebenheit auf dem Petersplatz

EM 1980 Italien

ler noch drei gebrauchte Exemplare. Das günstigste kostete sagenhafte 99,99 Euro.
Fachleute wussten das Werk zu würdigen, selbst der Spiegel fand lobende Worte: »... auf 124 Seiten breiten Hrubesch und Schicker geballtes Fachwissen aus, von den Grundlagen zum Dorsch über Angeltechniken und Fangplätze bis hin zur Küchenkunde ... Wer nach dieser Lektüre nicht gleich seine Rute zusammenpackt und an die nächste Küste fährt, der kann kein richtiger Angler sein.«
Hrubesch frönte jeden freien Sonntag seinem Hobby, fuhr raus aus Hamburg an den Mözener See und fand beim Angeln Abstand zum Fußball. Nach EM und Empfang in seinem Wohnort Kükels, einem Dorf mit 400 Einwohnern bei Hamburg, packte er seine Sachen und verschwand nach Dänemark zum Dorschangeln. »Jetzt brauche ich Ruhe, Ruhe und nochmals Ruhe. Ich möchte so bleiben, wie ich bin: ein bescheidener Mensch, der durch den Fußball viel mehr erreicht hat, als er jemals geglaubt hat«, ließ er noch wissen und tauchte ab.
Sein Ziel hat er erreicht. Mit Horst Hrubesch verbindet auch heute niemand Skandale oder Hochmut. Der Herr der Lüfte, das Kopfball-Ungeheuer, blieb allzeit bodenständig. Und so war es nicht weiter verwunderlich, dass man Hrubesch seine finale Heldenrolle in Rom besonders gönnte. Ausgerechnet im EM-Finale erzielte er seine ersten Länderspiel-Tore. Noch im März 1980 hatte Hrubesch kein Länderspiel absolviert, wurde nach drei Einsätzen in der B-Elf (kein Tor) nur von Jupp Derwall berufen, weil sich Klaus Fischer, sein großer Schalker Konkurrent auf dem Mittelstürmerposten, das Bein gebrochen hatte. Der gelernte Dachdecker war das, was man einen Spätzünder nennt: Erst mit 24 begann Hrubesch seine Profikarriere, Rot-Weiss Essen zog ihn für 18 000 D-Mark Ablöse vom westfälischen Bezirksligisten SC Westtünnen (5. Liga) direkt hoch in die Bundesliga. Das war 1975. In Essen traf Hrubesch Werner Lorant wieder, der als RWE-Profi nebenbei die Amateure aus Westtünnen trainierte und an Hrubeschs enormer Sprungkraft seinen Anteil hatte: Er ließ den 1,88-Meter-Hünen aus der Sandgrube nach Bällen springen und schulte so sein Kopfballspiel, das zum besten der Welt werden sollte.
Trotz seiner in zwei Jahren erzielten phänomenalen 38 Bundesliga-Tore stieg RWE 1977 ab. Hrubesch ging mit in die 2. Liga, dabei war er zu Höherem berufen: »BILD« nannte ihn das »Kopfball-Ungeheuer« und vermaß seine Stirn. »20 cm (vom Haaransatz zu Haaransatz) ist die mächtige, gewölbte Stirn breit und 8,5 cm (von der Nasenwurzel bis zum Haaransatz) hoch. Vor diesen 170 Quadratzentimetern geröteter Haut zittert die Bundesliga«, hieß es 1976. Das Blatt setzte noch einen drauf: »Es ist, als wenn King Kong einfällt.« Auch Kollegen festigten das Image vom Fußballer, der nur einen Kopf hat: »Der konnte kaum geradeaus laufen, aber Flanken hat der mit dem Kopf aus 20 Metern reingehauen«, sagte Manfred Burgsmüller zu Essener Zeiten und über- ›

Mit verklärtem Blick: Horst Hrubesch zeigt den EM-Pokal. Nach dem Turnier fährt er zum Dorschangeln nach Dänemark. Er braucht Abstand von den Tagen in Rom

Der Held ging andere Wege. Wie so oft in seinem Leben. Kurz nach der Europameisterschaft schrieb Horst Hrubesch mit Co-Autor Dieter Schicker ein Buch über sein Hobby. Titel: »Dorschangeln vom Boot und an den Küsten«. Es kam noch im gleichen Jahr auf den Markt und war schnell vergriffen. Zwei weitere Auflagen fanden ebenso reißenden Absatz, 2015 gab es bei einem Internet-Buchhänd-

109

EM 1980 Italien

HRUBESCH BETTELT BUNDESTRAINER AN

HRUBESCH NOCH ZWEIMAL EUROPAMEISTER

20 Jahre nach dem Triumph von Rom kam Horst Hrubesch zu seiner zweiten EM-Teilnahme, nun als Mitglied des Trainerstabs. Vier Wochen vor der EM 2000, mitten in der größten Krise des deutschen Fußballs unter Bundestrainer Erich Ribbeck, sprang Hrubesch kurzfristig als Co-Trainer ein. Er folgte auf Ulli Stielike, der nach

Überflieger: Die U-21-Europameister von 2009 lassen Horst Hrubesch hochleben

fachlichen Differenzen mit Ribbeck sein Amt aufgegeben hatte. Sein Einsatz wurde nicht belohnt, Deutschland scheiterte kläglich in der Vorrunde. Das Bild vom weinenden Hrubesch nach dem 0:3 gegen Portugal ging um die Welt. »Ich finde keine Worte für das, was hier ablief. Ich bin geschockt, aber ich schäme mich meiner Tränen nicht«, stammelte er. Während Ribbecks DFB-Zeit mit der EM endete, begann die von Hrubesch richtig. Als Trainer gewann er noch zwei EM-Titel: 2008 mit der U 19 und 2009 mit U 21. In seiner Mannschaft standen die Weltmeister von 2014: Manuel Neuer, Jérôme Boateng, Mesut Özil, Sami Khedira, Benedikt Höwedes und Mats Hummels. 2009 erhielt Hrubesch den erstmals vergebenen Trainerpreis des Deutschen Fußball-Bundes.

› trieb. Denn Hrubesch konnte laufen und auch gut schießen. Und Sepp Maier witzelte: »Horst Hrubesch wird der erste Fußballer sein, der einen 20-Meter-Freistoß mit dem Kopf verwandelt.«
Der »Kicker« bezeichnete ihn 1977 als »blinden Riesen«, was nicht jeder als Tippfehler erkannte. Als sich der Redakteur später entschuldigte, nahm Hrubesch es mit seinem typischen Humor: »Lieber ein blinder Riese, der trifft, als ein blonder Riese, der nicht trifft.«
Und wie er traf. Nur brachten seine 41 Zweitliga-Treffer 1977/78 die Essener nicht wieder in die Bundesliga. Horst Hrubesch selbst schon: Der HSV angelte sich den Mann, der bereits einen Vorvertrag bei Eintracht Frankfurt unterschrieben hatte. Manager Günter Netzer hatte die Unzulässigkeit des Kontraktes feststellen lassen und mit der Verpflichtung eine seiner besten Personalentscheidungen getroffen.
Mit Hrubesch (13 Tore) wurde der HSV 1979 Meister, es begann die Ära der Bananenflanken-Tore. Die krummen Hereingaben von Rechtsverteidiger Manfred Kaltz waren ein gefundenes Fressen für

Glücklicher Heimflug: Hrubesch, Felix Magath und Herbert Zimmermann (v. l.) in der Lufthansa-Maschine nach Frankfurt

das Kopfball-Ungeheuer, gegen das die wenigsten Verteidiger in der Luft eine Chance hatten.
Mit zwei Länderspielen in der Vita reiste Hrubesch hoffnungsfroh nach Italien, allerdings ohne Kredit. Bundestrainer Derwall machte keinen Hehl daraus, dass er »einen spielenden Mittelstürmer wie Klaus Allofs« bevorzuge, und nannte Hrubesch sogar noch am Tag vor dem Finale »mein Problem«. Das Verhältnis von Trainer und Mittelstürmer war nicht gerade von großem Vertrauen geprägt. Zum Auftakt gegen die Tschechen drückte Hrubesch 90 Minuten die Bank, gegen Holland kam er ins Team, die Tore schoss Allofs. Aber er riss die Lücken, in die Allofs und Rummenigge stießen. Dann kam das trostlose Griechenland-Spiel, in dem keiner überzeugen konnte. Wieder stand Hrubesch auf der Kippe. Derwall sagte ihm offen, er wisse nicht, ob er ihn im Finale aufstellen solle. Hrubeschs Konter: »Trainer, das kann ich nicht nachvollziehen. Aber die Entscheidung treffen Sie.«
Derwall traf die richtige Entscheidung, zum Leidwesen der Belgier. »Hrubesch, dieser Bulldozer, hat uns alle Illusionen geraubt«, schrieb die Zeitung »Le Soir«, und Libero Walter Meeuws fand: »Hrubesch hat uns allein geschlagen!«
Das stimmte nicht so ganz, fragt man Hrubesch dazu. Denn um seine Tore von Rom rankt sich eine komische Geschichte. Der gläubige Katholik wollte die Gelegenheit unbedingt nutzen, um den Papst zu sehen. Dreimal bat er deshalb Derwall um Sonderausgang, stets ohne Begründung.

Den ersten Ausflug am Tag nach dem Eröffnungsspiel gewährte Derwall bedenkenlos, »weil ich ihn als korrekten, gradlinigen Menschen kannte, und gab ihm die Order, nach zwei Stunden wieder im Hotel zu sein«.
Nach dem Holland-Spiel bat er Derwall wieder um Ausgang, und obwohl der Bundestrainer antwortete, man mache doch am nächsten Tag eine Stadtrundfahrt, insistierte Hrubesch: »Es muss heute sein, Trainer. Es ist wichtig für mich.« Nach dem Turnier wolle er ihm die Gründe nennen. Derwall nickte knapp und gab dem HSV-Stürmer wieder zwei Stunden Zeit für sein seltsames Anliegen. Nach dem Griechenland-Spiel wiederholte sich die Prozedur, nun war Derwall ungehalten und machte Auflagen: »Eine Stunde in Begleitung und pünktlich zurück ins Hotel.« Caspar Memering,

DER MOMENT DEUTSCHER GLÜCKSELIGKEIT
Bernd Schuster, Klaus Allofs, Horst Hrubesch und Bernd Cullmann (v. l.) nach dem Siegtreffer zum 2:1 gegen Belgien

BIOGRAFIE

HORST HRUBESCH

Geboren am 17. April 1951 in Hamm.
1975 bis 1977: 48 Bundesliga-Spiele und 38 Tore für Rot-Weiss Essen.
1977 bis 1978: 35 Zweitliga-Spiele und 42 Tore für Rot-Weiss Essen.
1978 bis 1983: 159 Bundesliga-Spiele und 96 Tore für den Hamburger SV.
1979: Deutscher Meister.
1982: Deutscher Meister.
1982: Bundesliga-Torschützenkönig.
1983: Deutscher Meister.
1983: Sieger im Europapokal der Landesmeister.
1983 bis 1985: 43 Spiele und 17 Tore in Belgiens 1. Liga mit Standard Lüttich.
1980 bis 1982: 21 Länderspiele und 6 Tore für Deutschland.
1980: Europameister.
1982: Vize-Weltmeister.
1986 bis 1987: Trainer Rot-Weiss Essen.
1988 bis 1989: Trainer VfL Wolfsburg.
1990 bis 1992: Co-Trainer und Trainer FC Tirol.
1993: Trainer Hansa Rostock.
1994 bis 1995: Trainer Dynamo Dresden.
1995 bis 1996: Trainer Austria Wien.
1997: Trainer Samsunspor.
1999 bis 2000: Trainer Deutschland U 19.
2000: Co-Trainer Deutschland.
2006 bis 2007: Trainer Deutschland U 18.
2007 bis 2008: Trainer Deutschland U 19.
2008: Europameister U 19.
2008 bis 2009: Trainer Deutschland U 20, U 21.
2009: Europameister U 21.
2009 bis 2010: Trainer Deutschland U 19.
2010 bis 2011: Trainer Deutschland U 18.
2011 bis 2012: Trainer Deutschland U 19.
2012 bis 2013: Trainer Deutschland U 18.
seit 2013: Trainer Deutschland U 21.
2014: Trainer Deutschland U 18.

Hrubeschs Mannschaftskollege aus Hamburg, begleitete ihn. Derwall lauerte in der Hotel-Lobby auf die Rückkehr, das Ganze war ihm nicht geheuer. Hrubesch kam pünktlich – und überglücklich. Und nun löste er das Rätsel, schon von Weitem rief er: »Trainer, ich habe ihn gesehen. Den Papst. Wirklich, ganz aus der Nähe.« Fünf Meter seien es gewesen. Und das hatte Folgen, erzählt man sich. Schon beim zweiten Ausflug zum Petersdom hatte er den Papst gesehen, nur nicht aus der Nähe. Da hatte Johannes Paul II. wie üblich bei seiner öffentlichen Audienz zur Segnung der Gläubigen zwei Finger gehoben und auch in Hrubeschs Richtung geblickt. Der Hamburger Journalist Gerhard Krall stand bei ihm und scherzte: »Du, Horst, ich glaube, der Papst meint, du schießt im nächsten Spiel zwei Tore.«

Das war nicht der Fall, gegen die Griechen schoss niemand Tore. Hrubesch murmelte enttäuscht: »Es kann doch nicht sein, dass der Papst auch noch lügt.«
Als Hrubesch nach dem Endspiel Reporter Krall traf, sagte der: »Siehst du, Horst. Der Papst hat doch nicht gelogen. Er hat das Finale gemeint.«
»Bei dieser EM hat einfach alles gepasst, von der Anreise bis zum Finale«, bilanzierte Hrubesch. »Mehr als in den letzten beiden Jahren konnte ich doch gar nicht erreichen.«
Aberglaube und Gottvertrauen spielten auch zwei Jahre später eine wichtige Rolle. Vor dem WM-Halbfinale 1982 gegen Frankreich fand Hrubesch ein Jesus-Bild in seinem Spind. Das gab ihm, wie er später kundtat, die mentale Kraft, den entscheidenden Elfmeter gegen Frankreich zum 8:7-Sieg

zu schießen. Da war die Welt wieder in Ordnung, die zwischenzeitlich so grau gewesen war.
Vor Wut über seine Verbannung auf die Tribüne in der Zwischenrunde wollte Hrubesch gar abreisen und unterstellte Derwall in einer Kolumne »Feigheit«.
Als Vizeweltmeister trat er 1982 ab, nach 21 Spielen und sechs Toren für Deutschland. Seine internationale Karriere bot aber noch einen Höhepunkt. Im Hamburger Super-Jahr 1983 durfte Hrubesch als Kapitän und erster Spieler in der Geschichte des HSV den begehrtesten Europapokal, den der Landesmeister, anfassen (1:0 im Finale gegen Juventus Turin) und zum bereits dritten Mal die Meisterschale noch dazu.
Sein Karriere-Fazit ist das eines zufriedenen Mannes: »Allzu viele Chancen bekommst du im Leben nicht. Ich habe meine genutzt.« ●

ALLOFS MIT EINEM SPIEL
TORSCHÜTZENKÖNIG

Deutschland – Holland 3:2 Die Partie gegen den Erzrivalen war der größte Auftritt des stillen Stürmers in der Nationalelf. Er traf dreimal. Nie zuvor und nie mehr danach war er nur annähernd so erfolgreich

EM 1980 Italien

1:0 KLAUS ALLOFS (l.) bringt Deutschland in der 20. Minute mit seinem schwächeren rechten Fuß in Führung. Da kann sich Hollands Torwart Piet Schrijvers noch so strecken. Bernard Dietz (l.) jubelt bereits, als der Ball noch vor der Linie ist

Die Anzeigetafel kündet von Allofs's größtem Tag im Nationaltrikot. Die Zeitangaben stimmen nicht mit den von der Uefa offiziell bekannt gegebenen Minuten überein

Am Abend vor dem zweiten Gruppenspiel suchte Jupp Derwall das Zimmer von Caspar Memering auf. Den Bundestrainer plagten Zweifel, in der Heimat war die Hölle los. Das 1:0 gegen die Tschechoslowaken hatte niemanden zufriedengestellt, Derwalls Aufstellung wurde hinterfragt – und alle waren sich einig: Deutschland braucht eine neue Elf.
Argentiniens Weltmeister-Trainer César Luis Menotti hatte in seiner Kolumne in »BILD« geschrieben: »Ich habe in den letzten zehn Jahren keine so schlechte deutsche Mannschaft gesehen. Mir will nicht in den Kopf, dass das die beste Mannschaft gewesen sein soll, die Deutschland zu bieten hat.«
Im Fokus der Kritik: Bernd Förster, Bernd Cullmann und Klaus Allofs. Die Medien forderten Bernd Schuster, Horst Hrubesch oder Felix Magath. Nach Caspar Memering aber schrie niemand, der HSV-Spieler hatte eine schlechte Saison absolviert und ohnehin nur zwei Länderspiele auf dem Buckel. Doch in Derwalls Gedankenspielen kam er durchaus vor. Also sagte der Bundestrainer zum defensiven Mittelfeldspieler: »Wenn der Klaus wieder schlecht spielt, bist du dran.« Am nächsten Tag schaffte es Memering, ein völlig anderer Spielertyp als Allofs, nicht einmal in den Kader. Dieser Vorfall zeigte nur allzu deutlich Derwalls Verunsicherung. Nach dem 3:2 gegen Holland gab er dann zu, dass er Allofs nur aus Mangel an Alternativen nicht auch noch geopfert hatte: »Wen hätte ich denn sonst aufstellen sollen?«
So aber konnte sich Derwall feiern lassen, denn das Festhalten am stillen Düsseldorfer machte sich bezahlt: »Endlich hat der Klaus den Unterschied zwischen Verein und Nationalmannschaft begriffen und sich richtig verhalten«, lobte der Bundestrainer. Der Linksaußen war seit Beginn der Derwall-Ära fast immer dabei gewesen, hatte aber als einziger Vertreter der Fortuna keine Lobby im Team und auch nicht ›

EM 1980 Italien

HOLLAND WILL REVANCHE FÜR 1974

LÄNDERSPIEL-DEBÜT BEI EINER ENDRUNDE: MÜLLER UND MATTHÄUS

Verursachte nach sechs Minuten Einsatzzeit einen Elfmeter: Lothar Matthäus

Dass Lothar Matthäus sein Länderspiel-Debüt ausgerechnet bei einer EM-Endrunde gab, mag verwundern. Ein Novum war es nicht: 1976 hatte Helmut Schön den Kölner Torjäger Dieter Müller (22) mit zur EM nach Jugoslawien genommen. Im Halbfinale gegen den Gastgeber schlug seine Stunde. Schön wechselte ihn beim Stand von 1:2 nach 79 Minuten ein, schon mit seinem ersten Ballkontakt köpfte Müller den Ausgleich. Nach 40 Sekunden. Es kam noch besser: In der Verlängerung erzielte er zwei weitere Tore zum 4:2-Endstand. Im Finale gegen die CSSR stand er in der Startelf und erzielte das zwischenzeitliche 2:1. Furioser hat nie eine Länderspiel-Karriere begonnen, aber im Gegensatz zu der von Rekordnationalspieler Matthäus (150 Spiele) endete sie schon nach zwei Jahren und zwölf Einsätzen.
Ihr zweites Länderspiel absolvierten bei einer EM: **Erwin Kremers** (1972 gegen Belgien), **Hannes Bongartz** (1976, CSSR), **Kalle Del'Haye** und **Mirko Votava** (1980, Griechenland), **Guido Buchwald** (1984, Portugal), **Michael Schulz** (1992, Schottland), **Bastian Schweinsteiger** (2004, Holland), **Lukas Podolski** (2004, Tschechien).

› bei den deutschen Journalisten. Klaus Allofs war sogar vom ersten Tag an umstritten in der Nationalmannschaft und gehörte zu der Spezies Spieler, die ihr wahres Können meist nur im Verein abrufen konnten. 1978/79 wurde er Torschützenkönig in der Bundesliga, mit Düsseldorf hatte er eine Woche vor EM-Beginn den DFB-Pokal gewonnen, für Deutschland in zwölf Einsätzen vier Tore erzielt, zwei davon gegen das kleine Malta. Für Allofs sprach seine Schusstechnik: Mit dem linken Fuß konnte er alles, hatte gegen die CSSR aber nichts davon gezeigt. »Totalausfall« nannte ihn die deutsche Presse, Allofs selbst gab zu: »Ich war der Schwächste unter Schwachen.« Bis zum Anpfiff gegen Holland an jenem 14. Juni 1980 gab es also keine guten Argumente, Allofs einen Stammplatz zu geben. Danach gab es drei. Der junge Mann mit dem Oberlippenbart, der noch mit seinem ebenfalls bei Fortuna spielenden Bruder Thomas bei den Eltern wohnte, schoss alle Tore zum verdienten 3:2-Sieg gegen Holland. Weil kein anderer Spieler im Turnier mehr Treffer erzielte und Allofs fortan nicht mehr traf, reichten sie für den Titel des Torschützenkönigs. Am wichtigsten jedoch war: Er schoss sein Team ins Finale. Das zweite Gruppenspiel war mehr als nur ein mit Rivalität schier überfrachtetes Nachbarschafts-Duell der WM-Finalisten von 1974. Da beide Mannschaften ihr Auftaktspiel gewonnen hatten, war es das vorweggenommene Finale um den Gruppensieg. Und nur der war von Relevanz, es gab ja kein Halbfinale und damit keine Titelchance mehr für den Gruppen-Zweiten. Auch die Holländer, immerhin amtierender Vizeweltmeister, hatten zum EM-Auftakt nicht den Anschein erweckt, für den Gewinn der Europameisterschaft infrage zu kommen. Das 1:0 gegen die Griechen war noch schlimmer anzusehen als das Eröffnungsspiel der Deutschen – und der Sieg zudem äußerst schmeichelhaft. Ein geschenkter Elfmeter verhalf der Elf von Trainer Jan Zwartkruis zu zwei Punkten, kurz vor Schluss trafen die Griechen die Latte. Der Elfmeter war das erste holländische Tor im Jahr 1980, in zwei Testspielen war man leer ausgegangen. Und so hatten auch Deutschlands Nachbarn vor dem zweiten Turnierspiel eine Personaldebatte, zumal vier Spieler angeschlagen waren. Aber Zwartkruis nahm nur eine Änderung vor und ersetzte Linksaußen René van de Kerkhof durch Johnny Rep. Experten hielten diese Mannschaft für überaltert. Mit Ruud Krol, Johnny Rep, Arie Haan und den Van-de-Kerkhof-Zwillingen waren noch fünf Spieler aus dem WM-Kader von 1974 dabei. Das Durchschnittsalter der holländischen Elf, die in Neapel auflief, betrug 28 Jahre.
Die drückende Hitze im Süden Italiens hatte im deutschen Lager ein erstes Opfer gefordert: Chefkoch Hans-Georg Damker erlitt einen Kreislaufkollaps und durfte die Reise nach Neapel nicht mitmachen. Dort litten auf der unüberdachten Bank sogar die Reservisten in ihren schwarzen Trainingsjacken, Felix Magath trug eine Sonnenbrille. ZDF-Reporter Rolf Kramer fühlte sich an Mexiko 1970 erinnert, zog Parallelen zum Viertelfinale gegen England (3:2 n. V.), das in glühender Mittagssonne stattfand, »nur dass wir jetzt eine junge Mannschaft haben«.
Noch immer hatten die Holländer ihre Revanche für das verlorene Finale von 1974 nicht bekommen, danach gab es zwei Remis und einen deutschen Sieg – den schon unter Derwall im Dezember 1978 in Düsseldorf (3:1). Das 2:2 bei der WM in Argentinien war zwar ein

2:0 KLAUS ALLOFS (M.) erhöht mit Außenristschuss in der 60. Minute. Gegenspieler Michel van de Korput (l.) sieht wieder schlecht aus

3:0 KLAUS ALLOFS *(M., kleines Foto)* lenkt den Ball mit dem Oberschenkel über die Linie (65.). Sein Tor feiert er verhalten *(großes Foto)*, Bernd Schuster, der die Vorlage gab, wesentlich euphorischer

3:1 JOHNNY REP *(r.)* verkürzt per Foulelfmeter in der 79. Minute. Toni Schumacher ahnt die richtige Ecke, der Schuss ist aber zu platziert

gefühlter Erfolg für die Holländer, denn während die Deutschen später nach der Niederlage gegen Österreich ausschieden, erreichten sie das Finale (1:3 n. V. gegen Argentinien). Aber die Genugtuung, den Gegner nach Abpfiff am Boden zu sehen, die hatten sie auch sechs Jahre nach München noch nicht verspürt.

Die Szenerie war unwirklich. Das Stadion San Paolo war mit 29 889 Zuschauern kaum zu einem Drittel gefüllt, und wenn Toni Schumacher seine Vorderleute zusammenstauchte, war das auch im Fernsehen zu verstehen. In Neapel machten die Deutschen ihr bestes Spiel bei dieser EM. Schnell wurde deutlich, dass die Umstellungen fruchteten. Vor allem Bernd Schusters Hereinnahme war ein großer Gewinn. Gegen die CSSR hatte er wegen schlechter Trainingsleistungen draußen gesessen, der Denkzettel verfehlte seine Wirkung nicht. Im rechten Mittelfeld schwang sich Schuster zum Taktgeber des Spiels auf. Seine Flankenläufe stifteten Verwirrung, seine Schüsse sorgten für Gefahr. Nach 20 Minuten hatte er mit einem Pfostenschuss Pech, aber der Abpraller landete beim Glückskind des Tages: Klaus Allofs schoss mit seinem schwachen rechten Fuß ›

EM 1980 Italien

MATTHÄUS MACHT SPIEL SPANNEND

DIE 10 WICHTIGSTEN SPIELE DER RIVALEN

In Qualifikationsspielen und einer EM- und WM-Endrunde standen sich Deutschland und Holland zehnmal gegenüber. Das erste Mal bei der WM 1974. Die Deutschen siegten viermal und verloren zweimal. Vier Partien endeten unentschieden.

07.07.1974
Holland – Deutschland
WM-Finale, München 1:2

18.06.1978
Deutschland – Holland
WM-Gruppenspiel, Córdoba 2:2

14.06.1980
Deutschland – Holland
EM-Gruppenspiel, Neapel 3:2

21.06.1988
Holland – Deutschland
EM-Halbfinale, Hamburg 2:1

19.10.1988
Deutschland – Holland
WM-Qualifikation, München 0:0

26.04.1989
Holland – Deutschland
WM-Qualifikation, Rotterdam 1:1

24.06.1990
Deutschland – Holland
WM-Achtelfinale, Mailand 2:1

18.06.1992
Holland – Deutschland
EM-Gruppenspiel, Göteborg 3:1

15.06.2004
Deutschland – Holland
EM-Gruppenspiel, Porto 1:1

13.06.2012
Holland – Deutschland
EM-Gruppenspiel, Charkiw 1:2

› überlegt ins leere Tor. Die frühe 1:0-Führung. Es war seine erste bemerkenswerte Szene. Allofs: »Ich entschloss mich blitzschnell, auf Nummer sicher zu gehen und nicht voll draufzuhalten.« Ein kühler Kopf in drückender Hitze – das sollte sich noch öfter auszahlen an diesem Abend.
Nach zwei satten Fernschüssen von René van de Kerkhof und Ruud Krol konnte sich auch der zweite Neue, Horst Hrubesch, in Szene setzen: Sein Kopfball wurde von Hugo Hovenkamp auf der Torlinie abgewehrt (32.). Schon jetzt wurde deutlich, dass Derwall seine EM-Elf gefunden hatte. Libero Ulli Stielike, aus dem Mittelfeld zurückbeordert, organisierte die Abwehr um Längen besser als der in die Jahre gekommene Bernd Cullmann gegen die Tschechoslowakei. Auch das Flügelspiel war wesentlich verbessert, links initiierte immer wieder Hans-Peter Briegel kraftvolle Vorstöße, zuweilen im Wechsel mit Bernard Dietz.
In der Halbzeit erhielten die Deutschen Salzpräparate, aber keine neuen personellen Kräfte. Aus den Kabinen kam nach der Pause nur ein neuer Spieler, und der trug ein orangefarbenes Trikot: der 31-jährige Veteran Dick Nanninga aus Kerkrade löste Hovenkamp ab. Ein Mittelstürmer für einen Außenverteidiger, die Botschaft war klar: Die Holländer gingen totales Risiko. Es wurde hart bestraft.
Sie verschärften die ohnehin schon rustikale Gangart, Schuster und Karlheinz Förster wälzten sich nach Fouls am Boden. Hansi Müller musste sich behandeln lassen und trug fortan eine Bandage am Oberschenkel, weshalb Derwall Magath zum Warmlaufen schickte. Schumacher geriet nach Ecken mit Arie Haan und Johnny Rep aneinander, und der spätere Bundesliga-Trainer Huub Stevens handelte sich die erste Gelbe Karte des Spiels ein. Danach erwischte es Schuster. Das 2:0 in der 60. Minute war wieder ein herausgespieltes Tor: Diesmal legte Müller nach glänzendem Solo für Allofs auf, der den Ball von der Strafraumgrenze mit dem linken Außenrist nicht einmal sonderlich scharf im langen Eck platzierte. Ein weiterer Beweis für seine ausgezeichnete Schusstechnik.
»Das müsste Sicherheit geben«, atmete ZDF-Reporter Kramer auf. Müller ging, Magath kam. Und noch bevor er an den Ball kam, lag dieser wieder im holländischen Tor. Schuster hatte sich rechts durchgetankt und scharf nach innen geflankt. Etwas zu hoch für den Fuß von Allofs, etwas zu niedrig für seinen Kopf, mit dem er ohnehin selten den Ball spielte. Also nahm Allofs den Oberschenkel. Und an einem Tag, an dem alles ge-

3:2 WILLY VAN DE KERKHOF (l.) trifft aus 21 Meter Distanz zum Endstand. Weite Teile der Tribünen sind leer

2. Gruppenspiel
DEUTSCHLAND – HOLLAND 3:2 (1:0)
14. Juni 1980, 17.45 Uhr Ortszeit, Stadio San Paolo, Neapel

DEUTSCHLAND: Schumacher – Kaltz, Stielike, K. Förster, Dietz (73. Matthäus) – Schuster, Briegel, H. Müller (65. Magath), Rummenigge – Hrubesch, Allofs.
HOLLAND: Schrijvers – Wijnstekers, Krol, van de Korput, Hovenkamp (46. Nanninga) – W. van de Kerkhof, Haan, Stevens, Rep – Kist (69. Thijssen), R. van de Kerkhof.
TORE: 1:0 Allofs (20.), 2:0 Allofs (60.), 3:0 Allofs (65.), 3:1 Rep (79., Foulelfmeter), 3:2 W. van de Kerkhof (85.).
GELB: Schuster – Stevens.
SCHIEDSRICHTER: Wurtz (Frankreich).
ZUSCHAUER: 29 889.

ABPFIFF *Manfred Kaltz (l.), Klaus Allofs (Nr. 11), Hansi Müller (10) und Ulli Stielike (r.) feiern sich und den ersten EM-Sieg gegen Holland*

lingt, fällt auch auf diese Weise ein Tor – 3:0 (65.).

»Das ist die Entscheidung«, versprach Kramer den deutschen Fernseh-Zuschauern. Niemand zweifelte an seinen Worten. Auch Derwall nicht, weshalb er Lothar Matthäus zu seinem Länderspiel-Debüt verhalf. Kapitän Dietz wich freiwillig.

Matthäus strotzte vor Ehrgeiz, rettete zweimal per Kopf im eigenen Strafraum und tauchte alsbald vor dem gegnerischen Tor auf, sein Schuss erntete Beifall. Aber dann machte der Debütant die Partie ungewollt noch einmal spannend. Nur sechs Minuten nach seiner Einwechslung brachte er mit langem Bein Rep zu Fall. Die Zeitlupe belegte: außerhalb des Strafraums. Schiedsrichter Robert Wurtz zeigte indes auf den Elfmeterpunkt, Rep verwandelte sicher (79.). Mehr als elf Minuten blieben noch, die Holländer machten dennoch nicht den Eindruck, an ein Fußballwunder zu glauben. Die Deutschen glaubten auch nicht daran und schalteten zu früh ab. Nervosität schlich sich ein im jungen Team, dann verkürzte Willy van de Kerkhof aus 21 Meter Distanz auf 2:3 (85.). Zu mehr waren die Holländer allerdings nicht in der Lage, Rummenigge und Matthäus vergaben nach einem Konter sogar noch das 4:2.

Um Klaus Allofs scharten sich die Reporter, er gestand: »Das war meine letzte Chance! Hätte ich dieses Mal auch wieder nichts gebracht, wäre ich wohl weggeblasen vom Fenster. Vielleicht für die ganze EM.«

Das Glück war nicht von Dauer: Im Finale sah die Welt wieder den »alten« Allofs, bei der WM 1982 schaffte er es nicht einmal mehr in den Kader. 1986 war er wieder Stammspieler. Noch heute sagt Allofs: »Da habe ich viel besser gespielt als in Italien.« Aber nicht so erfolgreich. ⬢

EHRENRUNDE *Horst Hrubesch (r.) will den Pokal gar nicht mehr loslassen. An seiner Seite nehmen Hansi Müller (l.) und Klaus Allofs die Ovationen der Zuschauer entgegen*

EM 1980 Italien

»STELL DEINE LINSE AUF DEN HRUBESCH SCHARF«

Deutschland – Belgien 2:1 Als Karl-Heinz Rummenigge in der 89. Minute zum Eckball trabte, kündigte er dem Fotografen Willi Witters das Siegtor an. Die Variante hatten sie einstudiert

Die Geschichte durfte nie herauskommen, nicht solange Jupp Derwall lebte. Was am Abend des 19. Juni 1980 im Hotel »Holiday Inn-St. Peters« im Westen Roms passierte, war nichts für Trainerohren. Auch nicht für die des Mannes mit der langen Leine.

Drei Tage vor dem Finale gegen Belgien fiel dem rechten Verteidiger der Nation, Manfred Kaltz, die Zimmerdecke auf den Kopf. Draußen lockte ein lauer Sommerabend, und rund um das Hotel gab es zahllose lohnenswerte Ziele für junge Männer. Aber Derwall hatte eine Ausgangssperre verhängt: Einfach aus dem Hotel spazieren ging nicht. Also beschloss der unternehmungslustige Kaltz, aus dem Fenster zu klettern. Sein kongenialer Hamburger Partner Horst Hrubesch, Abnehmer für die berühmten Bananen-Flanken von Kaltz, war mit im Bunde. Drei Tage vor dem ersten Endspiel ihrer Karriere mit der Nationalelf kam, was kommen musste: Manni Kaltz prellte sich beim Sprung aus dem Fenster auf die Terrasse den rechten Knöchel und jammerte. Der Ausflug war jäh beendet, nun galt es, ihn wenigstens zu vertuschen. Der kräftige Hrubesch zog Kaltz wieder ins Zimmer, wo sie den Schaden begutachteten. Der Knöchel wurde binnen Minuten blau und dick, ohne ärztliche Hilfe ging es nicht. Sie zogen Masseur Erich Deuser ins Vertrauen, was kein allzu großes Risiko war. Seine Vertrauenswürdigkeit hatte Deuser schon zur Genüge bewiesen, etwa 1972 im Fall von Sepp Maier. Auch von dessen Armverletzung vor dem Wembley-Spiel erfuhr Bundestrainer Helmut Schön nie etwas. Deuser empfahl Kaltz, sich »etwas einfallen zu lassen«, denn vom Kühlen in der Badewanne ging die Schwellung über Nacht nicht weg.

So organisierte Kaltz am nächsten Morgen im Training ein Foul an ihm selbst, ließ sich sofort von der Übungseinheit befreien und humpelte in Deusers Behandlungszimmer. Am Endspieltag war er wieder fit. Ob Kaltz vom Bundestrainer auf die Ersatzbank verbannt worden wäre, hätte dieser den wahren Grund für den blauen Knöchel erfahren, bleibt ewig Spekulation. Derwall hatte nach dem 3:2-Sieg gegen Holland beschlossen, auf die gleiche Startelf gegen Belgien zu bauen. ›

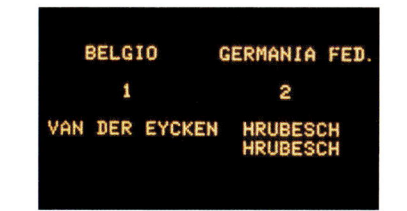

Das Endergebnis auf der Anzeigetafel im Olympiastadion in Rom. Zehn Jahre später wird dort in goldenen Lettern und Ziffern der nächste große Sieg der deutschen Nationalmannschaft verkündet – das 1:0 im WM-Finale gegen Argentinien. Andi Brehme, 1980 noch bei seinem Heimatverein Barmbek-Uhlenhorst in Hamburg aktiv, wird das Tor per Elfmeter in der 85. Minute erzielen

EM 1980 Italien

BELGIENS REGISSEUR IST KNEIPENWIRT

CSSR MIT GLEICHEN ELFMETERSCHÜTZEN WIE 1976 GEGEN DEUTSCHLAND

Antonin Panenka traf zweimal mit dem fünften Elfmeter: 1976 gegen Deutschland (o.), 1980 gegen Italien

Am Tag vor dem Finale spielten Gastgeber Italien und Titelverteidiger CSSR in Neapel Platz drei aus. Nach 120 Minuten stand es 1:1, es kam zum Elfmeterschießen. Kurios dabei: Die ersten fünf tschechoslowakischen Schützen traten in genau derselben Reihenfolge wie im Endspiel 1976 gegen Deutschland an – und wieder verwandelten Masny, Nehoda, Ondrus, Jurkemik und Panenka. 1976 hatte das zum 5:3-Sieg i. E. gereicht, diesmal mussten sie in die Verlängerung des Elfmeterschießens. Die Tschechen bewiesen Nervenstärke, auch Gögh, Gajdusek und Koszak verwandelten. Dann scheiterte der Italiener Collovati an Torwart Netolicka, Barmos erzielte den Siegtreffer zum 9:8 i. E.

› Ein Umstand, der auch die Leistung der Reservisten gegen Griechenland (0:0) erklärte. Bernd Cullmann gestand: »Da bestand kein Anreiz mehr für uns. Die Aufstellung für das Finale war doch schon vorher festgelegt.« Nicht einmal vom Gegner wollte Derwall sein Personalkonzept abhängig machen. Dabei waren alle Spieler von den Belgiern beeindruckt, die als krasser Außenseiter nun schon 15 Spiele ungeschlagen waren und mit ihrer Abseitsfalle die Gegner schier zur Verzweiflung brachten. Dafür ernteten sie nicht nur Anerkennung: Nach dem 0:0 gegen Italien im entscheidenden Gruppenspiel meckerte Trainer Enzo Bearzot: »Diese Belgier haben es nicht verdient, um die Europameisterschaft zu spielen. Das Finale zwischen Belgien und Deutschland ist eine Schande für den europäischen Fußball.«

Die Belgier bildeten eine Mannschaft der Namenlosen, ungeachtet der Erfolge belgischer Klubs: Der RSC Anderlecht hatte zweimal den Europacup der Pokalsieger gewonnen (1976, 1978), der FC Brügge stand 1978 im Landesmeister-Finale und stellte drei Spieler im EM-Kader. In dem war Mittelstürmer François van der Elst der einzige Legionär, er spielte bereits mit 25 Jahren in der amerikanischen »Operetten-Liga« bei Cosmos New York. Mit Jean-Marie Pfaff stand der kommende Torwart des FC Bayern (ab 1982) zwischen den Pfosten, die Abwehr und damit die Abseitsfalle organisierte Walter Meeuws, im Angriff ragte Jan Ceulemans heraus.

Das Spiel organisierte der 35-jährige Wilfried van Moer, ein Halbprofi mit eigener Kneipe, in der er jede Nacht bis zwei Uhr selbst bediente. Sie hieß »Wembley«. Als ein belgischer Fernsehreporter nach einem schwachen Qualifikations-Spiel der »Roten Teufel« dazu aufrief, endlich einen Spielmacher zu finden, und postulierte: »Nur mit van Moer können wir noch an Italien denken«, ließ dieser sich beim dritten Versuch von Nationaltrainer Guy Thys zu einem Comeback überreden.

Sein altes Leben verfolgte ihn auch in Italien: Den Finaleinzug feierte van Moer mit einer großen Flasche Whisky bis morgens um halb fünf, was er im Finale bitter bereuen sollte.

Es herrschten eben recht lockere Sitten bei den Belgiern, die erstmals überhaupt in einem Finale eines großen Turniers standen. Deshalb hatten sie auch keine Ahnung, was sie für eine Prämie fordern sollten. Kapitän Cools befragte keck die deutschen Reporter über die Gagen der DFB-Auswahl (25 000 Mark pro Mann), handelte dann mit seinem Verband die Summe von umgerechnet 23 400 Mark aus.

Die Favoritenrolle am 22. Juni hatten die Deutschen – und die Sympathien der Italiener auch. Derwall hatte seinen Anteil: Auf der Pressekonferenz am Vortag hatte er sie eingeladen: »Tifosi, kommt ins Stadion!«

Von einer Polizei-Eskorte begleitet, fuhren die Nationalspieler ins Olympiastadion, wie Touristen auf einer Stadtrundfahrt an Vatikan und Petersdom vorbei. Dass sie keine Urlauber waren, machte allerdings die Aufschrift auf dem Bus deutlich: »Wir fahren den Europameister!«

Das stand zwar auf allen acht Teambussen in der jeweiligen Landessprache, in diesem Fall hatte es seine Berechtigung.

Bis zum Anpfiff um 20.30 Uhr hatte sich das Stadion entgegen allen Befürchtungen zu gut zwei Dritteln gefüllt. Bundeskanzler Helmut Schmidt kam mit Innenminister Gerhart Baum und nahm neben der belgischen Königsfami-

Hansi Müller zieht mit seinem starken linken Fuß ab. Der Edeltechniker aus Stuttgart lenkte das deutsche Spiel aus der Mittelfeld-Zentrale

1:0 HORST HRUBESCH (l., kleines und großes Foto) erzielt nach exakt 9 Minuten und 38 Sekunden die Führung. Belgiens Torwart Jean-Marie Pfaff ist chancenlos gegen den Aufsetzer aus 16 Metern

lie und Italiens Staatspräsident Sandro Pertini Platz. Litten die bisherigen Spiele unter drückender Schwüle, so hatte es sich am Finaltag abgekühlt. Bei 20 Grad ließ es sich für Mitteleuropäer gut spielen. Die Regeln sahen ein Wiederholungsspiel für den folgenden Dienstag vor, dann erst hätte es Elfmeterschießen geben können. Schon in der zehnten Minute entwickelte sich die Begegnung für die deutsche Mannschaft positiv. Bernd Schuster erkämpfte sich im Mittelfeld den Ball, spielte Doppelpass mit Klaus Allofs und dann Hrubesch auf die Brust. Der Mann, der wie kein Zweiter für Kopfballtore stand, überraschte die Belgier mit gekonnter Ballannahme und Torabschluss. Er drehte sich um Libero Meeuws herum und drosch den Ball aus 16 Metern per Aufsetzer ins Netz – das 1:0.

Es war sein erstes Länderspieltor, die Spieluhr zeigte exakt 9 Minuten und 38 Sekunden. Ausgerechnet in diesem Moment gab es im ZDF eine Tonstörung. Was Reporter Dieter Kürten in sein Mikrofon schrie, hat die Heimat nie erfahren.

Kürtens Fazit nach 15 Minuten hörten alle: »Das läuft ja fein!« Als Hrubesch mit Pfaff zusammenprallte und starke Schmerzen ›

1:1 RENÉ VANDEREYCKEN (M.) verwandelt den geschenkten Foulelfmeter (75. Minute). Toni Schumacher hat sich für die falsche Ecke entschieden

EM 1980 Italien

FÖRSTER SCHLÄGT SCHIEDSRICHTER

ACHT SPIELE, ACHT SIEGE GEGEN BELGIEN IN PFLICHTSPIELEN

Im Endspiel trafen Deutschland und Belgien zum dritten Mal bei einem Turnier aufeinander. 1934 waren die Belgier in Florenz der erste deutsche WM-Gegner überhaupt, die DFB-Elf gewann 5:2. 1972 siegte Deutschland im EM-Halbfinale wie auch acht Jahre später in Rom 2:1. Bei der WM 1994 bauten die Deutschen die Siegesserie mit dem 3:2 im Achtelfinale aus. Zu den vier Turniersiegen kommen noch vier Erfolge in Qualifikationsspielen hinzu: Vor der EM 1992 hieß es sowohl in Hannover als auch in Brüssel 1:0, vor der EM 2012 gewann Deutschland in Brüssel erneut 1:0 und in Düsseldorf 3:1. Damit ist die Pflichtspielbilanz gegen den Nachbarn makellos: acht Spiele, acht Siege.

› hatte, schickte Derwall Kalle Del'Haye zum Aufwärmen. Das Leichtgewicht war ein komplett anderer Spielertyp als der HSV-Hüne, für den es keine Alternative gab. Hrubesch biss sich durch, wofür er sich später noch belohnen sollte.

Das Spiel wurde immer besser: Jan Ceulemans prüfte Schumacher, im Gegenzug fischte Pfaff einen 20-Meter-Schuss von Allofs aus dem Winkel, und bei Schusters Linksschuss fehlten nur Zentimeter. Drei Chancen in drei Minuten (33. bis 35. Minute) – das Publikum war begeistert.

Kurz nach der Halbzeit wurde der rustikale Pfälzer Hans-Peter Briegel gefoult und am Oberschenkel

Hans-Peter Briegel klärt per Kopf, dankbar beäugt von Ulli Stielike (Nr. 15) und Karlheinz Förster (4)

EM-Finale
DEUTSCHLAND – BELGIEN 2:1 (1:0)
22. Juni 1980, 20.30 Uhr Ortszeit, Stadio Olimpico, Rom

DEUTSCHLAND: Schumacher – Kaltz, Stielike, K. Förster, Dietz – Schuster, H. Müller, Briegel (55. Cullmann) – Rummenigge, Hrubesch, Allofs.
BELGIEN: Pfaff – Gerets, Meeuws, Millecamps, Renquin – Cools, Vandereycken, van Moer, Mommens – van der Elst, Ceulemans.
TORE: 1:0 Hrubesch (10.), 1:1 Vandereycken (72./FE), 2:1 Hrubesch (89.).
GELB: K. Förster – Millecamps, van der Elst, Vandereycken
SCHIEDSRICHTER: Rainea (Rumänien).
ZUSCHAUER: 47 860.

behandelt. Bange Minuten überstand die Elf in Unterzahl, dann kehrte der Mittelfeldspieler zurück. Aber nur kurz, nach 55 Minuten kam Bernd Cullmann zu seinem letzten Länderspieleinsatz und mit ihm, wenn auch nicht seinetwegen, Unordnung ins deutsche Spiel. Wie so oft in der Derwall-Ära nahm sich das Team eine Auszeit. »Man muss sagen, die Belgier werden stärker«, erkannte Kürten nach einer Stunde, als Schumacher glänzend gegen René Vandereycken rettete.

2:1 HORST HRUBESCH (r.) verwandelt in der 89. Minute die Ecke von Rummenigge. Luc Millecamps ist gar nicht erst zum Kopfball mit hochgesprungen, Bernd Schuster (M.) sieht das Wunderwerk nicht. Stielike (o.) feiert Hrubesch

Der sich anbahnende Ausgleich kam auf unberechtigte Weise zustande: Wie schon gegen Holland gab es einen Elfmeter, der keiner war. Diesmal legte Ulli Stielike seinen Gegner François van der Elst zwei Meter vor der Strafraumgrenze. Schiedsrichter Nicolae Rainea, ein Rumäne, zeigte auf den Elfmeterpunkt. »Du bist das Letzte«, brüllte ihn Karlheinz Förster an und bohrte seine Ellenbogen in die Rippen des Schiedsrichters. Das blieb ebenso ungeahndet wie Stielikes höhnischer Applaus nach Vandereyckens Ausgleich (75.).

Nun endlich wurde Karl-Heinz Rummenigge, von dem nicht viel zu sehen war, aktiver. In der 78. Minute schüttelte er mehrere Gegner ab. Michel Renquin verhinderte, dass sein Zuspiel einen Mitspieler fand. Die Szene war dennoch ein Signal: Die Deutschen rafften sich wieder auf, was die Belgier verwunderte. Van Moer sagte später: »Wir dachten, sie würden nach einer Stunde kräftemäßig abbauen, und wir könnten dann entscheidend ins Spiel kommen. Aber sie spielten weiter wie ein D-Zug!«

In der 85. Minute vergab Schuster frei vor Pfaff eine hundertprozentige Chance. Wie 1976 drohte eine Verlängerung, und wie damals gab es in letzter Minute noch eine Ecke. Allofs hatte sie herausgeholt, Rummenigge trat sie von links mit rechts. Sie brachte den Sieg, durch ein Kopfballtor von Hrubesch. Rummenigge schien zu wissen, was kam. Die Szene schilderte er einmal so: »Als ich zur Eckfahne lief, hat mir der Fotograf Willi Witters zugerufen, weil es noch keine Stadionuhr gab: ›Beeil dich, die letzte Minute läuft!‹ Ich habe den Ball hingelegt und ihm im Scherz geantwortet: ›Stell deine Linse auf den Hrubesch scharf, der macht jetzt das Kopfballtor.‹« Sie hatten sich etwas ausgedacht bei Ecken, wie Hrubesch in der Siegesnacht dutzendfach erzählte: »Beim zweiten Tor ging ein Trick voran, den wir vorher abgesprochen

123

EM 1980 Italien

hatten. Der Kalle sollte die Kugel bei der Ecke von links über den ersten Mann drüberziehen. Dahinter wollten wir ein Loch lassen, in das ich oder der Karlheinz Förster hineinstoße. Na ja, das funktionierte. Ich dachte, ich träume.«
In der 89. Minute wurde der Traum Wirklichkeit – Hrubesch köpfte den 2:1-Siegtreffer. Deutschland war zum zweiten Mal Europameister.
Klaus Allofs gestand: »In den letzten zehn Minuten habe ich gebetet: ›Wenn es doch nur zu Ende wäre.‹ Ich weiß nicht, ob wir eine Verlängerung durchgestanden hätten.«
Um 22.30 Uhr stemmte Kapitän Bernard Dietz den Silberpokal in die Höhe, dann liefen die deutschen Spieler eine Ehrenrunde, auf der Rummenigge die Deutschland-Fahne schwenkte. Erst nach dem Bankett, auf dem Bundeskanzler Schmidt eine kleine Lobrede hielt, ging es hoch her.
So hoch, dass DFB-Pressechef Dr. Gerhard die Spieler um Mäßigung bat. Stielike und Briegel waren die lautesten Sänger. Stielike erwies sich als Fan von Kinder-Sendungen und intonierte »Heidi. Deine Welt sind die Berge«. Briegel demonstrierte Heimatverbundenheit und brüllte: »Wir sind die Tramps von der Pfalz!«
Hrubesch erklärte Rummenigge an der Theke, warum er im Trikot auf dem Bankett war: Er hatte fast zwei Stunden Interviews gegeben, die Kabine dann abgeschlossen vorgefunden. »Ich also dreckverschmiert, verschwitzt und im Trikot ins Hotel. Als ich dort ankam, lief längst das Bankett, der Bundeskanzler hatte seine Rede schon gehalten. Alle hatten ihre piekfeinen Anzüge an und ich mittendrin im Trikot!«
Manni Kaltz orderte derweil Champagner. Sein Knöchel war noch immer blau und grün und ziemlich dick.

BERNARD DIETZ
im Augenblick seines größten Triumphes als Fußballer. Um 22.30 Uhr zeigt er der Welt den EM-Pokal

KOLUMNE

ICH ALS KLEINER DUISBURGER HIELT DEN POKAL

Bernard Dietz über den Höhepunkt seiner Karriere, die seltsamen Tränen von Lothar Matthäus, die Zusammenarbeit mit Derwall, den rüden Bruch und die Versöhnung

Wir haben uns alle auf Toni Schumacher gestürzt und gejubelt, als der Schiedsrichter das EM-Finale abpfiff. Dann schoss es mir plötzlich durch den Kopf: Du musst da gleich die Tribüne hoch und bekommst den Pokal, du als kleiner Spieler des MSV Duisburg. Und ganz Deutschland schaut zu!
Als ich den Pokal in der Hand hielt, dachte ich an die Endspiele, die ich verloren hatte. 1975 mit dem MSV das Pokal-Endspiel gegen Eintracht Frankfurt, 1976 das EM-Finale gegen die Tschechen. Nun aber, in Rom, war ich auf dem Höhepunkt meiner Karriere, zehn Jahre vorher hatte ich noch in der Landesliga gekickt.
Erst mit 22 Jahren war ich 1970 zum MSV gekommen, und eigentlich war ich kein Verteidiger, eher ein Spielmacher-Typ. Aber eines Tages fiel der linke Verteidiger aus, Trainer Willibert Kremer stellte mich dahin. Und da blieb ich, was mein Glück war. Nach der WM 1974 war Bedarf auf dem Posten, ich gab auf Malta mein Debüt. Es hat ein Jahr gedauert, bis ich etabliert war. Dann haben auch die Bayern-Stars gedacht: Mensch, den kannst du gebrauchen!
Nach der WM 1978 stieg ich in der Hierarchie auf. Jupp Derwall hat vor seinem ersten Spiel in Prag Sepp Maier zum Kapitän ernannt und sagte vor der Mannschaft: »Und du, Bernard, bist sein Stellvertreter!« Kurz vor Weihnachten 1978 gegen Holland wollte Derwall einen neuen Torwart testen, Dieter Burdenski. Abends im Bett fiel mir ein, was das bedeutet: Wenn der Sepp nicht spielt, bin ich ja Kapitän. Ich rief meine Frau an, sie solle meiner Mutter Bescheid geben, dass ihr Sohn Deutschland aufs Feld führen würde. So kam meine Mutter in Düsseldorf zu ihrem ersten Stadion-Besuch. Sie war genauso stolz wie ich. Weil der Sepp im Sommer 1979 nach einem Autounfall seine Karriere beenden musste, blieb ich Kapitän. Es hat so viel Spaß gemacht mit dieser jungen, guten Mannschaft. Ich habe mir in der Nationalelf meine Kraft für den Abstiegskampf mit dem MSV geholt. Wir brauchten eigentlich keinen Kapitän, wir haben alles Wichtige im kleinen Kreis besprochen, mit Kaltz, Stielike und mir. Ich habe allerdings den Beschwörungs-Kreis, den einst Fritz Walter aus Kaiserslautern mitgebracht hatte, wieder eingeführt und noch ein paar aufmunternde Worte vor jedem Spiel gesagt. Wie »einer für alle, alle für einen« – das Motto der Musketiere.
Während der EM kann ich mich an keinen kritischen Moment erinnern, wo ich mal hätte eingreifen müssen. Nur kurz vor dem Turnier, es war noch in Deutschland, habe ich den Lothar Matthäus trösten müssen. Der saß im Bus und weinte, Bernd Schuster steckte mir warum: Derwall hatte ihm gesagt, dass er mit zur EM dürfe. Nur waren es eindeutig keine Freudentränen, Lothar hatte Kummer. Er hatte nämlich seiner Freundin versprochen, mit ihr in den Urlaub zu fahren, und wusste keinen Ausweg. Ich habe ihn gefragt, was das wohl für eine Freundin wäre, die ihm das nicht gönnen würde. Mein Gott, er war 19 Jahre alt. Lothar habe ich auch zu seinem Debüt verholfen und mich gegen die Holländer auswechseln lassen. Niemand konnte ahnen, dass das Spiel noch mal so knapp werden würde. Aber der Elfer, den Lothar verursachte, war ebenso unberechtigt wie der im Finale.
Ich habe mich beim Schiri beschwert, es brachte natürlich nichts. Als der Strafstoß der Belgier drin war, hatte ich große Bedenken, ob wir in der Verlängerung gewinnen könnten, aber zum Glück brauchten wir keine mehr. Wir hatten ja Horst Hrubesch. An die Siegesfeier habe ich keine gute Erinnerung, Stielike und ich mussten zur Doping-Kontrolle – wir konnten nicht so schnell. Wie auch, wenn einem dabei noch jemand zuschaut? Jedenfalls war der Bus schon weg, wir kamen eine Stunde später mit einem Taxi hinterher, da war die Party schon in vollem Gange.
Auch mein Ende in der Nationalelf war unschön. Ich war 32 Jahre und wollte nach der Mini-WM im Januar 1981 in Uruguay aufhören. Derwall und sein Assistent Erich Ribbeck beteuerten, sie bräuchten mich noch länger. Vielleicht sogar bei der WM in Spanien 1982. Also blieb ich. Dann kam Paul Breitner zurück, und Derwall sagte mir am Vorabend seines Comebacks in Hamburg gegen die Österreicher, man wolle nun offensiver spielen, ich müsse auf die Bank. Als Kapitän. Bei zwei weiteren Spielen versprach er mir eine Einwechslung und hielt sich nicht daran. Es grollte mächtig in mir.
Nach dem Eklat um Bernd Schuster im Mai 1981, der der Party von Hansi Müller unentschuldigt fernblieb, sagte ich öffentlich, wir müssten aufpassen, dass es nicht wieder so wird wie in Argentinien 1978. Da waren wir alles, nur keine Mannschaft. Derwall nahm es mir übel und lud mich nicht mehr ein. Ich erhielt nur einen mit Schreibmaschine geschriebenen Brief, in dem er das begründete.
Lange hatten wir vertrauensvoll zusammengearbeitet, Derwall persönlich legte mir vor jedem Spiel die Kapitänsbinde um, nun ging es auseinander. Nach 53 Länderspielen. Zur WM 1982 bin ich trotzdem gefahren, mit einer Reisegruppe. Derwall und ich haben uns dort wieder die Hand gegeben. Schließlich verband uns ein wunderbares Erlebnis – das in Rom.

Das 53. und letzte Länderspiel von Dietz (l.): Am 19. Mai 1981 kommt er die zweite Halbzeit gegen Brasilien zum Einsatz, Deutschland unterliegt 1:2. Derwall will ihn nicht mehr

ABPFIFF IN LONDON *Wenige Sekunden nach dem 2:1-Siegtreffer von Oliver Bierhoff (hinten, bloßer Oberkörper) spielen sich dramatische Szenen auf dem Rasen des Wembley-Stadions ab: Die Deutschen können ihr Glück nicht fassen. Trainer Berti Vogts (links vorn), dem die Sakko-Ärmel über die Ellenbogen gerutscht sind, schreitet in Jubelpose übers Feld, die Tschechen ergehen sich in ihrem Elend. Deutschland ist am 30. Juni 1996 zum dritten Mal Europameister*

ENGLAND
EM 1996

8. Juni – 30. Juni *Teilnehmer (16): Bulgarien, Dänemark, Deutschland, England, Frankreich, Holland, Italien, Kroatien, Portugal, Rumänien, Russla*

Berti Vogts wird unverhohlen zum Rücktritt aufgefordert ++ Klinsmann gewinnt Machtkampf gegen Matthäus ++ Für Kohler ist das Turnier nach 14 Minuten beendet ++ Der stürmende Libero Sammer reißt die Mannschaft mit ++ Deutsche kämpfen Fußball ++ Möller entscheidet das Elfmeter-Drama gegen England ++ Zwei Tage vor dem Endspiel hat der Bundestrainer nur acht gesunde Feldspieler ++ Bierhoff ist bis zum Finale einer der Verlierer und wird in 27 Minuten zum Helden ++ Das erste Golden Goal der EM-Geschichte ++ Die letzten deutschen Siegertypen bis zur WM 2014 ++ Erstmals wird ein Europameister auf dem Frankfurter Römer empfangen ++

UEFA euro 96 England

...ottland, Schweiz, Spanien, Tschechien, Türkei

DIE EUROPAMEISTER 1996

Hintere Reihe von links: Dieter Eilts, René Schneider, Markus Babbel, Oliver Bierhoff, Marco Bode, Jürgen Kohler, Thomas Helmer. Mittlere Reihe: Bundestrainer Berti Vogts, Co-Trainer Rainer Bonhof, Thomas Strunz, Stefan Kuntz, Fredi Bobic, Matthias Sammer, Jürgen Klinsmann, Andy Möller, Torwarttrainer Sepp Maier, Co-Trainer Erich Rutemöller. Vorn: Thomas Häßler, Steffen Freund, Mehmet Scholl, Oliver Kahn, Andreas Köpke, Oliver Reck, Mario Basler, Christian Ziege, Stefan Reuter. Das Foto wurde am 21. Mai 1996 aufgenommen. Für die EM qualifizierte sich das Team mit acht Siegen, einem Remis und einer Niederlage als Erster der Gruppe 7.

DAS TOR ZUM TITEL *Es läuft die 95. Minute, als das Endspiel in London seine endgültige Wendung nimmt. Einwechselspieler Oliver Bierhoff (vorn), in der 73. Minute bereits Torschütze zum 1:1, schießt aus rund 14 Metern mit seinem schwächeren linken Fuß. Nicht hart und nicht platziert, wie Marco Bode (M.) und Stefan Kuntz (2. v. r.) aus nächster Nähe sehen. Aber der Schuss wird von Michal Hornak leicht abgefälscht und überrascht den indisponierten tschechischen Torwart Petr Kouba (kleines Foto). In Zeitlupe tropft der Ball über die Linie – das 2:1, das erste Golden Goal der EM-Geschichte*

131

DIE KÖNIGIN SCHAUT WEG *Als Jürgen Klinsmann kurz vor 21 Uhr Ortszeit am 30. Juni 1996 den EM-Pokal in die Höhe reißt, hat Queen Elizabeth II. keinen Blick übrig. Sie will noch eine Siegermedaille überreichen, hat in diesem Moment aber keinen Abnehmer*

EM 1996 England

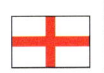

DIE LETZTEN DEUTSCHEN SIEGERTYPEN BIS ZUR WM 2014

Zwei Jahre vor der EM war die Nationalmannschaft auf dem Tiefpunkt, zwei Jahre danach wieder. Der Titel in London war ein Triumph des Willens und unbändigen Kampfgeistes. 48 Stunden vor dem Finale waren nur acht Feldspieler fit

Am 12. Juli 1994, ziemlich genau zwei Jahre vor dem EM-Finale 1996, erschien auf Seite 9 der »BILD« ein fingiertes Schreiben von Berti Vogts an DFB-Präsident Egidius Braun. Ein Rücktrittsgesuch des Bundestrainers, das die Zeitung vorgeblich im Interesse der deutschen Fußballfans aufgesetzt hatte. Es endete mit den Worten »Einem Neuaufbau der deutschen Nationalmannschaft möchte ich nicht im Wege stehen« und sollte von Vogts nur noch unterschrieben, ausgeschnitten und an den DFB abgesendet werden.

Der Brief fand prominente Unterstützer von Udo Lattek bis Günter Netzer. Aber der »Terrier«, wie sie Vogts zu Spielerzeiten (bis 1979) genannt hatten, unterzeichnete natürlich nicht. Er wollte Bundestrainer bleiben und blieb es.

Zwei Tage zuvor, am 10. Juli 1994, hatte die von ihm trainierte Nationalmannschaft das WM-Viertelfinale gegen Bulgarien kläglich mit 1:2 verloren und war ausgeschieden. Fußball-Deutschland lag am Boden, Vogts sollte alle Schuld auf sich laden. Einen Neuaufbau gab es trotzdem nach dem verstörenden Aus des Titelverteidigers, die Weltmeister von 1990 traten in Scharen ab: Bodo Illgner, Guido Buchwald, Rudi Völler, Andi Brehme, Karl-Heinz Riedle und später noch Thomas Berthold wollten nicht mehr oder wurden nicht mehr gebraucht auf dem Weg zur EM 1996.

Es war das »traurige Ende einer Mogel-Truppe«, wie SPORT BILD kommentierte, von der alle, die dabei gewesen waren, sagten, sie sei eigentlich personell besser besetzt gewesen als 1990. Franz Beckenbauers Prophezeiung von Rom, Deutschland sei nach dem Zusammenschluss von Ost und West »auf Jahre unschlagbar«, hatte sich nach dem verlorenen EM-Endspiel 1992 (0:2 gegen Dänemark) zum zweiten Mal als grandioser Irrtum erwiesen. Vogts musste ihn ausbaden. Dass er nicht zurücktrat, sollte zum Glücksfall für den deutschen Fußball werden. Am 30. Juni 1996 gewann die Nationalelf mit dem 2:1 nach Golden Goal gegen Tschechien ihren dritten EM-Titel.

Dabei hatten die Erschütterungen der WM 1994 noch mehr als ein Jahr nachgewirkt und führten Ende 1995 zum Bruch mit Lothar ›

EM 1996 England

PLEITE GEGEN BULGARIEN
DER WENDEPUNKT

10. EM-ENDRUNDE

Gruppe A

8. 6.	London	England – Schweiz	1:1
10. 6.	Birmingham	Holland – Schottland	0:0
13. 6.	Birmingham	Holland – Schweiz	2:0
15. 6.	London	England – Schottland	2:0
18. 6.	London	England – Holland	4:1
18. 6.	Birmingham	Schottland – Schweiz	1:0

	Spiele	S	U	N	Tore	Punkte
1. England	3	2	1	0	7:2	7
2. Holland	3	1	1	1	3:4	4
3. Schottland	3	1	1	1	1:2	4
4. Schweiz	3	0	1	2	1:4	1

Gruppe B

9. 6.	Leeds	Spanien – Bulgarien	1:1
10. 6.	Newcastle	Frankreich – Rumänien	1:0
13. 6.	Newcastle	Bulgarien – Rumänien	1:0
15. 6.	Leeds	Frankreich – Spanien	1:1
18. 6.	Newcastle	Frankreich – Bulgarien	3:1
18. 6.	Leeds	Spanien – Rumänien	2:1

	Spiele	S	U	N	Tore	Punkte
1. Frankreich	3	2	1	0	5:2	7
2. Spanien	3	1	2	0	4:3	5
3. Bulgarien	3	1	1	1	3:4	4
4. Rumänien	3	0	0	3	1:4	0

Gruppe C

9. 6.	Manchester	Deutschland – Tschechien	2:0
11. 6.	Liverpool	Italien – Russland	2:1
14. 6.	Liverpool	Tschechien – Italien	2:1
16. 6.	Manchester	Deutschland – Russland	3:0
19. 6.	Manchester	Italien – Deutschland	0:0
19. 6.	Liverpool	Tschechien – Russland	3:3

	Spiele	S	U	N	Tore	Punkte
1. Deutschland	3	2	1	0	5:0	7
2. Tschechien	3	1	1	1	5:6	4
3. Italien	3	1	1	1	3:3	4
4. Russland	3	0	1	2	4:8	1

Gruppe D

9. 6.	Sheffield	Dänemark – Portugal	1:1
11. 6.	Nottingham	Kroatien – Türkei	1:0
14. 6.	Nottingham	Portugal – Türkei	1:0
16. 6.	Sheffield	Kroatien – Dänemark	3:0
19. 6.	Sheffield	Dänemark – Türkei	3:0
19. 6.	Nottingham	Portugal – Kroatien	3:0

	Spiele	S	U	N	Tore	Punkte
1. Portugal	3	2	1	0	5:1	7
2. Kroatien	3	2	0	1	4:3	6
3. Dänemark	3	1	1	1	4:4	4
4. Türkei	3	0	0	3	0:5	0

Viertelfinale

22. 6.	London	England – Spanien	4:2 n. E.
22. 6.	Liverpool	Frankreich – Holland	5:4 n. E.
23. 6.	Manchester	Deutschland – Kroatien	2:1
23. 6.	Birmingham	Tschechien – Portugal	1:0

Halbfinale

26. 6.	Manchester	Tschechien – Frankreich	6:5 n. E.
26. 6.	London	England – Deutschland	6:7 n. E.

Finale

30. 6.	London	Deutschland – Tschechien	2:1 GG

› Matthäus und später zum Rauswurf. Betrieben wurde er von Jürgen Klinsmann, seinem Intimfeind. Für die Teamhygiene war es gut, Plaudertasche Matthäus polarisierte mehr, als er noch nutzte. Matthias Sammer sagte noch Jahre später: »Wir haben Lothar nicht vermisst.«

Matthäus war bis Januar 1995 noch ein Stück des Weges mitgegangen, ehe er sich bei einem Freundschaftsspiel seines FC Bayern in Bielefeld die Achillessehne im linken Fuß riss. Ohne Matthäus gab es im Juni 1995 den nächsten Tiefschlag. Nach knapp vier Jahren verlor die Nationalelf wieder ein EM-Qualifikationsspiel. Wie bei der WM war Bulgarien der Gegner, diesmal hieß in Sofia 2:3 nach 2:0-Führung. Und wieder wunderten sich alle über die Eigenwilligkeit des Berti Vogts: Es sei »eine der schönsten Stunden als Nationaltrainer«, befand er angesichts der spielerischen Leistung. »Das könnte der Wendepunkt gewesen sein.« Er wurde es tatsächlich: Deutschland verlor danach kein Qualifikationsspiel mehr, spielte nur einmal remis und wurde nach dem abschließenden 3:1 gegen Bulgarien Gruppenerster. Das Ticket nach England. »Die Art und Weise, wie die Mannschaft aufgetreten ist, ist die schönste Bestätigung für Vogts' Arbeit«, kommentierte Klinsmann. Der Bundestrainer hätte beim Scheitern nun auch ohne jeglichen äußeren Anstoß zurücktreten müssen.

In der Qualifikation hatte Vogts 25 Spieler eingesetzt und seine Stammformation weitgehend gefunden. »Diese Mannschaft trägt jetzt ganz eindeutig die Handschrift von Berti«, sagte Matthias Sammer. Sechs Weltmeister von 1990 waren noch dabei: Andreas Köpke, Jürgen Kohler, Stefan Reuter, Thomas Häßler, Andreas Möller und Jürgen Klinsmann. Und ein Versager aus dem WM-Kader von 1994. Der sachliche Köpke hatte sich als Nachfolger von Illgner im Tor etabliert, Sammer trat die Matthäus-Nachfolge als Libero an, Kohler (Vogts: »Europas bester Abwehrspieler«) war Manndecker,

---

1. Spiel Vorrunde
DEUTSCHLAND – TSCHECHIEN 2:0 (2:0)
9. Juni 1996, 17 Uhr Ortszeit, Old Trafford, Manchester

Schiedsrichter: Elleray (England).
Tore: 1:0 Ziege (26.), 2:0 Möller (32.).
Einwechslungen: Babbel für Kohler (14.), Strunz für Bobic (65.), Bierhoff für Kuntz (83.) – Berger für Frydek (46.), Drulak für Poborsky (46.).
Gelbe Karten: Babbel, Reuter, Häßler, Möller, Ziege, Kuntz – Kadlec, Bejbl, Nedved, Drulak.
Zuschauer: 37 300.

Aufstellung Deutschland: Köpke – Reuter, Sammer, Kohler, Helmer – Eilts, Möller – Häßler, Ziege – Bobic, Kuntz
Aufstellung Tschechien: Kouba – Suchoparek, Kadlec, Hornak – Nemec, Bejbl, Latal – Poborsky, Kuka – Nedved, Frydek

---

1 Andreas Köpke

Bei seinem vierten Turnier nach der WM 1990, EM 1992 und WM 1994 kam der gebürtige Kieler endlich zum Einsatz. Zwar war Köpke gerade mit Eintracht Frankfurt abgestiegen, aber Berti Vogts hielt am Nachfolger von Bodo Illgner fest. Zu Recht: Köpke spielte eine tadellose EM, hielt zwei wichtige Elfmeter gegen Italien und England und wurde zum besten Torhüter des Turniers gewählt. Während der Endrunde verursachte er einigen Wirbel, ließ sich schon im Trikot des VfB Stuttgart ablichten, verhandelte aber gleichzeitig mit dem FC Barcelona und ging letztlich nach Marseille. Mit der WM 1998 endete seine Länderspielkarriere, seit 2004 ist er Bundes-Torwarttrainer.

2 Stefan Reuter

Der Weltmeister von 1990 war auch in England eine unauffällige, aber gewohnt zuverlässige Kraft. Bei seinen vier Einsätzen stand Reuter die volle Spielzeit auf dem Rasen, brachte sich durch seine zweite Gelbe Karte im Halbfinale gegen England aber um die einmalige Chance einer Endspiel-Teilnahme. Gegen England verwandelte der Außenverteidiger, der es in 69 Länderspielen nur auf zwei Tore brachte, einen Elfmeter. Reuter trat nach der WM 1998 ab, in der Bundesliga spielte er noch mit 37 Jahren. Mit Bayern und Dortmund feierte er fünf Meisterschaften. Seit Ende 2012 ist er als Sportdirektor für den Höhenflug des FC Augsburg mit verantwortlich.

DIE FANS STEHEN IHM ZU FÜSSEN *Oliver Bierhoff am 1. Juli beim Empfang auf dem Frankfurter Römer. Sein Gesicht spiegelt sich auf dem Pokal. Erstmals werden hier Europameister geehrt. Zuvor durften nur Weltmeister auf den Balkon*

3 *Marco Bode*

Der Rekordtorschütze von Werder Bremen (101 Tore in 379 Bundesliga-Spielen; 1989 bis 2002) war erst auf den letzten Drücker auf den EM-Zug gesprungen. In der Qualifikation kam Bode nicht zum Einsatz, vor dem Turnier nur in drei Testspielen. In England verhalf ihm die Personalnot zu drei Joker-Einsätzen, im Halbfinale kam er in der 110. Minute, wollte aber keinen Elfmeter schießen. Im Finale gegen Tschechien wurde Bode zur zweiten Halbzeit eingewechselt. Bode, der die folgende WM 1998 verpasste, kam auf 40 Länderspiele. Das letzte war das WM-Finale 2002. Seit Oktober 2014 ist er Aufsichtsratsvorsitzender von Werder Bremen, seinem einzigen Profiklub.

4 *Steffen Freund*

Der kampfstarke Defensiv-Allrounder gehört zu den drei Europameistern, die in der DDR aufwuchsen. Freund kam nach der Wende von Stahl Brandenburg in die Bundesliga, heuerte bei Schalke 04 an und wechselte 1993 zu Borussia Dortmund. In der Ära Hitzfeld feierte er zwei Meisterschaften und 1997 den Champions-League-Sieg. 1995 debütierte Freund in der Nationalmannschaft und wurde in der Endphase der Qualifikation Stammkraft. In England war er das nicht mehr, auch weil er zu Beginn gesperrt fehlte. Nach vier Einsätzen verpasste er das Finale – diesmal verletzt. Nach 21 Spielen endete seine Länderspiel-Karriere 1998.

EM 1996 England

BIERHOFF WIE
HRUBESCH 1980

ZWEI LÄNDERSPIEL-PREMIEREN IN DER QUALIFIKATION

Doppel-Torschütze beim 6:1 gegen Moldawien: Andreas Möller traf zum 4:0 und 5:0

Die Uefa verdoppelte das Teilnehmerfeld auf 16 Endrunden-Mannschaften in vier Gruppen – die Konsequenz aus dem politischen Umbruch Anfang der 90er-Jahre, dem Ende der Sowjetunion, Jugoslawiens und der dadurch gestiegenen Zahl an Mitgliedsverbänden. Zum Zeitpunkt der Europameisterschaft gehörten 50 Verbände der Uefa an, 47 spielten die Qualifikation, England war als Ausrichter gesetzt. So feierte Deutschland in Gruppe 7 auch zwei Länderspiel-Premieren gegen neue Mitglieder: Georgien (4:1 und 2:0) und Moldawien (6:1, 3:0). Die einzige Niederlage gab es im ersten Qualifikationsspiel gegen Bulgarien (2:3), das Rückspiel endete 3:1. Die weiteren Begegnungen: 1:1 und 2:1 gegen Wales, zweimal 2:1 gegen Albanien. Deutschland qualifizierte sich als Gruppenerster für die EM.

› Häßler wirbelte im Mittelfeld. Kämpfer wie Steffen Freund und Markus Babbel freuten sich auf ihr erstes Turnier, was für insgesamt zehn Spieler galt. Einer von ihnen war der einzige Italien-Legionär, Mittelstürmer Oliver Bierhoff aus Udine. Er kam zum Zuge, weil sich bis zuletzt kein fester Sturmpartner für Klinsmann, der zur Saison 1995/96 von Tottenham Hotspur zu den Bayern gewechselt war und neun Tore in der Qualifikation geschossen hatte, fand. Der Mann, der Deutschland zum Titel schießen sollte, wurde knapp vier Monate vor der EM erstmals berücksichtigt. Wie 1980 Horst Hrubesch war Bierhoff, der in Italien lange Zeit unbeachtet seine Tore schoss, ein Spätstarter und an der Qualifikation nicht beteiligt gewesen. Auch zu 1972 fand sich eine auffällige Parallele: Die Blockbildung lebte wieder auf. Sieben Bayern und fünf Dortmunder bestimmten, wo es langging in der Mannschaft. Matthias Sammer war Wortführer der BVB-Fraktion, Jürgen Klinsmann der der Bayern. Der Münchner Thomas Strunz sagte später: »Der BVB war Meister, Bayern Uefa-Cup-Sieger. Trotz aller Rivalität war die Zusammenarbeit sehr respektvoll, wir wollten am Ende alle gewinnen. Eine erfolgsorientierte Einheit, aber nicht egozentrisch. Der Star war die Mannschaft – das ist das ganze Geheimnis.«

Im Team gab es mehr Häuptlinge als zu anderen Zeiten. Klinsmann, Sammer, Kohler, Köpke, Reuter, Häßler, Helmer und auch Kuntz waren gestandene Persönlichkeiten, international gereift. So ging Sammers Wunsch in Erfüllung: »Wir wollen davon wegkommen, dass der Einzelne sich zu wichtig nimmt.« Es war ein letzter Gruß an Lothar Matthäus, der grollend in München saß, als der bis dahin älteste deutsche EM-Kader (28,41 Jahre) am Morgen des 6. Juni 1996 im Flugzeug nach England abhob. Die Prämienfrage war vor der Landung in Manchester geklärt: 100 000 D-Mark sollten die Spieler für den Titel erhalten, 75 000 für Platz zwei und rund 150 000 aus ›

2. Spiel Vorrunde
DEUTSCHLAND – RUSSLAND 3:0 (0:0)
16. Juni 1996, 15 Uhr Ortszeit, Old Trafford, Manchester

Schiedsrichter: Nielsen (Dänemark).
Tore: 1:0 Sammer (56.), 2:0 Klinsmann (77.), 3:0 Klinsmann (90.).
Einwechslungen: Freund für Häßler (67.), Kuntz für Bierhoff (85.), Strunz für Möller (87.) – Karpin für Radimow (46.), Simutenkow für Chochlow (66.).
Gelbe Karten: Babbel, Bierhoff – Onopko, Kantschelskis.
Rote Karte: Kowtun (Russland).
Zuschauer: 50 760.

Aufstellung Deutschland: Köpke – Sammer – Reuter, Babbel, Helmer, Ziege – Häßler, Eilts, Möller – Bierhoff, Klinsmann

Aufstellung Russland: Charin – Nikiforow – Kowtun, Onopko – Chochlow, Kantschelskis – Zimbalar, Radimow, Tetradse – Koliwanow, Mostowoj

5 Thomas Helmer

Der Verteidiger von Bayern München hatte 1996 sein erfolgreichstes Jahr. Im Mai gewann er den Uefa-Pokal (2:0 und 3:1 im Finale gegen Girondins Bordeaux), in England war er eine Stütze des Europameisters. Helmer absolvierte alle Partien, wurde nur im Halbfinale nach 109 Minuten ausgewechselt. Oder besser: erlöst. Mit zwei bandagierten Knien schlich er vom Platz. Die internationale Presse feierte ihn als Symbol deutscher Kampfkraft. Für Vogts war Helmer unersetzbar, er kam in allen vier Turnieren unter der Regie des Bundestrainers zum Einsatz (EM 1992 und 1996, WM 1994 und 1998). Helmer kam bis 1998 auf 68 Länderspiele und wurde dreimal Deutscher Meister.

6 Matthias Sammer

Der frühere DDR-Nationalspieler gehörte seit 1990 zum Kreis der DFB-Nationalelf, stand schon im EM-Kader von 1992 und WM-Aufgebot von 1994, bekam aber nur Nebenrollen. 1996 war er auch ohne Kapitänsbinde Anführer. Als Libero vor der Abwehr gab Sammer der aussterbenden Gattung des freien Mannes eine besondere Prägung, setzte mit zwei wichtigen Toren in der Offensive Akzente. Nach 74 Länderspielen für Deutschland Ost und West beendete eine Knieverletzung 1997 seine Laufbahn. Als jüngster Meistertrainer der Bundesliga (35 Jahre, 2002 mit dem BVB) und als Sportdirektor bei Bayern (Triple-Sieger 2013) feierte er weitere beachtliche Erfolge.

AUF DER SCHATTENGRENZE Jürgen Klinsmann (r.) ist noch im Sonnenlicht auf dem Rasen des Old Trafford, der Ball nach seinem Linksschuss bereits im Schatten der Tribüne. Der Schuss verfehlt sein Ziel zur Erleichterung von Russlands Kapitän Wiktor Onopko. Für den deutschen Spielführer wird es noch ein schöner Nachmittag, Ende der zweiten Halbzeit erzielt er das 2:0 und 3:0

7 Andreas Möller

Der Dortmunder Profi gehört zu den antrittsschnellsten und torgefährlichsten Mittelfeldspielern der DFB-Geschichte. In 85 Einsätzen kam Möller auf 29 Tore. Allerdings enttäuschte er oft, wenn er gefordert war. Insbesondere bei den großen Turnieren, von denen er ab 1990 bis 1998 alle fünf spielte. Die große Ausnahme: Bei der Europameisterschaft 1996 überzeugte er, stand in allen Partien vor dem Finale in der Startelf. Zum Auftakt gegen die Tschechen traf Möller zum 2:0-Endstand, das zweite Mal in diesem Turnier mit seinem letzten Ballkontakt – dem entscheidenden Elfmeter gegen England. Im Endspiel fehlte Möller wegen einer Gelbsperre.

8 Mehmet Scholl

Einer der letzten großen Straßenfußballer Deutschlands stieß 1995 zur Nationalmannschaft. In der Qualifikation kam Scholl zu zwei Einsätzen, in England durfte er erst nach der Vorrunde sein Können zeigen. Im offensiven Mittelfeld oder als hängende Spitze kam der Bayern-Profi dreimal von Beginn an zum Einsatz und erntete gute Kritiken. Scholl, oft von Verletzungen geplagt, spielte trotz seines riesigen Talents nie bei einer WM. Bei der verkorksten EM 2000 gelang ihm das einzige deutsche Tor. Scholl bestritt bis 2002 36 Länderspiele (acht Tore) und analysiert heute als TV-Experte seine Nachfolger in der Nationalmannschaft.

EM 1996 England

KOHLER NEIDET
KLINSMANN DIE BINDE

WARUM MATTHÄUS WIRKLICH FEHLTE

Intimfeide: Klinsmann (l.) und Matthäus 1996 beim FC Bayern

Nach seinem Achillessehnenriss im Januar 1995 schaffte Lothar Matthäus Mitte November das Bundesliga-Comeback, fuhr in der Winterpause in den Skiurlaub nach Hochgurgl. Dort »kriege ich einen Anruf aus Südafrika: Du, sie killen dich«, erzählte er SPORT BILD. Aus »dem DFB-Tross«, der auf Länderspielreise in Johannesburg war, wollte der Anrufer erfahren haben, dass einflussreiche Spieler um Klinsmann dem Bundestrainer nahegelegt hätten, auf Matthäus zu verzichten. Er sei nicht fit, fehle zu oft im Training. Die persönliche Abneigung zwischen den Intimfeinden, beide beim FC Bayern unter Vertrag, spiele auch eine Rolle.
Matthäus verzichtete auf die EM-Teilnahme, sprach nur von »fehlendem Vertrauen«. Nach der Nominierung Mitte Mai 1996 machte er öffentlich, »dass hintenrum gesprochen wurde, und Klinsmann nicht wollte, dass ich in der Nationalelf spiele«. Klinsmann forderte Konsequenzen von Bayern und dem DFB, Matthäus wollte ein TV-Duell und drohte, einen Anwalt einzuschalten. Vogts stellte sich auf Klinsmanns Seite und erklärte am 29. Mai: »Es wird kein Comeback für Lothar geben, er hat die Basis für eine weitere Zusammenarbeit verlassen.« Matthäus trat aus der Nationalelf zurück (»Endgültig abgehakt«). Vogts schwor, ihn nicht mehr zu holen, »solange ich Bundestrainer bin«. Vor der WM 1998 wurden beide wortbrüchig, Matthäus kehrte zurück – übrigens unter Kapitän Klinsmann.

› den Werbeeinnahmen. Es standen also 250 000 Mark pro Kopf auf dem Spiel.
In Mottram Hall, einem abgeschiedenen Anwesen in Macclesfield, 20 Kilometer vom Spielort im Old-Trafford-Stadion von Manchester United, bezog die Mannschaft Quartier. Das Luxushotel hatte 120 Zimmer und zur Freude der Spieler einen eigenen Golf-Platz. Aber die Sorgen überwogen: Klinsmann und Freund fehlten wegen Gelbsperren aus der Qualifikation gegen Auftaktgegner Tschechien. So trug Jürgen Kohler die Spielführerbinde und hielt eine flammende Rede, ehe er schon nach nur 14 Turnierminuten verletzt ausschied. Bei einem Zweikampf mit Pavel Kuka zog er sich einen Innenbandriss im rechten Knie zu, reiste am Tag darauf ab. Sein Appell aber blieb im Bewusstsein der Verbliebenen. Der überlieferte Wortlaut: »Jungs, zum ersten Mal erlebe ich das Gefühl, dass da eine richtige Mannschaft auf dem Platz steht. Wir haben das Zeug, Europameister zu werden.« Dafür hatte Kohler Applaus geerntet, auch von Klinsmann, dem er die Kapitänsbinde neidete, seit dieser sie im Februar 1995 tragen durfte. Gegen schwache Tschechen, die nicht das letzte Mal Gegner in diesem Turnier sein sollten, gewann die deutsche Mannschaft 2:0.
Ein gelungener Start in die sogenannte Todesgruppe C mit den weiteren Gegnern Russland und Italien. »Wir müssen mit diesem Erfolg kritisch umgehen«, warnte Matthias Sammer dennoch.
Es waren die letzten Tage der Libero-Position, aber wer die Aufstellungs-Schemata von 1996 studiert, fühlte sich ins Italien der späten 60er-Jahre versetzt. Deutschland spielte mit einem Libero, einem Vorstopper und einer defensiv denkenden Viererkette – eine Art deutscher Catenaccio. Vogts traute nicht den sensiblen Kreativspielern Möller und Häßler, umso wichtiger wurden Thomas Helmer, Steffen Freund und Dieter Eilts. ›

---

3. Spiel Vorrunde
ITALIEN – DEUTSCHLAND 0:0
19. Juni 1996, 19.30 Uhr Ortszeit, Old Trafford, Manchester

Schiedsrichter: Goethals (Belgien).
Tore: –.
Einwechslungen: Chiesa für Di Matteo (67.), Torricelli für Carboni (76.), Di Livio für Fuser (81.), – Bode für Möller (89.).
Gelbe Karte: Casiraghi (Italien).
Gelb/Rot: Strunz (Deutschland).
Zuschauer: 53 000.
Besonderes Vorkommnis: Köpke (Deutschland) hält Foulelfmeter von Zola (9.).

Aufstellung Italien: Peruzzi; Mussi, Costacurta, Maldini; Carboni, Fuser; Di Matteo, Albertini; Donadoni, Casiraghi; Zola.

Aufstellung Deutschland: Köpke; Sammer; Helmer, Freund; Ziege, Eilts, Strunz; Möller, Hässler; Bobic, Klinsmann.

---

9 *Fredi Bobic*

Weil der Mittelstürmer mit slowenisch-kroatischen Wurzeln in seinen ersten fünf Bundesliga-Spielen 1994 jedes Mal traf und Deutschland Torjäger suchte, öffnete sich für Bobic das Tor zur Nationalelf besonders schnell. Bereits am 12. Oktober 1994 debütierte er, kam bis zu seinem Abschied zehn Jahre später nach der EM in Portugal, seinem überhaupt erst zweiten Turnier, aber nur auf 37 Einsätze (10 Tore). Der Bundesliga-Torschützenkönig der Saison 1995/96 (17 Tore für Dortmund) kam in England dreimal zum Einsatz, nach einer Schulterverletzung im Viertelfinale war die EM für ihn beendet. Seine Karriere war starken Schwankungen unterworfen.

10 *Thomas Häßler*

Nach der Europameisterschaft trug sich Häßler mit Rücktrittsgedanken, der Karlsruher Mittelfeldspieler hatte enttäuscht und war nur wegen Verletzungen seiner Mitspieler auf sechs Einsätze gekommen. Der sensible Techniker, einer der Weltmeister von 1990, litt unter der Finalniederlage seines KSC im DFB-Pokal (0:1 gegen Kaiserslautern). Den Rücktritt schob Häßler noch vier Jahre auf, als einer von bisher 14 deutschen Fußballern nahm er die 100-Spiele-Marke. In 101 Einsätzen erzielte er elf Treffer. Nach der 2004 beendeten Karriere arbeitete er unter anderem in Nigeria (als Assistent von Nationaltrainer Berti Vogts) und im Iran.

SINNBILD DES DEUTSCHEN KÄMPFERS *Dieter Eilts (l.) wird zum unverzichtbaren Eckpfeiler im defensiven Mittelfeld und mit seiner Unnachgiebigkeit zum Schrecken jedes Gegenspielers. Im dritten Gruppenspiel trennt er den Italiener Pierluigi Casiraghi vom Ball, die Deutschen ertrotzen sich ein glückliches 0:0*

11 Stefan Kuntz

Obwohl der Mittelstürmer 1986 Torschützenkönig wurde (22 Tore für den VfL Bochum), durfte er nicht mit zur WM nach Mexiko. Auch 1990, als er mit Kaiserslautern Pokalsieger wurde, übersah ihn Teamchef Beckenbauer. Erst unter Berti Vogts debütierte Kuntz, schon 31-jährig, im DFB-Dress und fuhr 1994 mit in die USA. Bedeutsamer war seine Rolle in England, als der Türkei-Legionär (Besiktas) auf fünf Einsätze kam und im Halbfinale zwei wichtige Tore erzielte (eins im Elfmeterschießen). Spätes Glück für Kuntz, der 25 Länderspiele (sechs Tore) bestritt. Heute ist er Vorstandsvorsitzender des 1. FC Kaiserslautern, den er 1991 zur Meisterschaft geschossen hatte.

12 Oliver Kahn

Wie schon bei der WM 1994 war Kahn in England zum Zuschauen verurteilt. Kurios: Als Feldspieler war er einem Einsatz näher denn als Torwart. Wegen des Verletzungspechs wurde für ihn vor dem Finale schon ein neues Trikot beflockt. Seine erste EM als Nummer 1 erlebte Kahn vier Jahre später, als Deutschland ebenso in der Vorrunde scheiterte wie 2004 – auch mit Kahn. Seinen internationalen Durchbruch schaffte der Torwart 2001 mit dem Champions-League-Sieg des FC Bayern. Bei der WM 2002 war der »Titan« bester deutscher Spieler, patzte aber im Finale gegen Brasilien (0:2). Mit 86 Länderspielen ist Kahn nach Sepp Maier und Jürgen Croy der am häufigsten eingesetzte deutsche Torwart.

EM 1996 England

SPIELER VON VOGTS KÄMPFEN FUSSBALL

VERLETZT UND GESPERRT: DIE SCHWARZE SERIE

Trauriger Abgang: Jürgen Kohler verlässt das Spielfeld

Auf dem Weg zum Titel musste die deutsche Mannschaft mit ungewöhnlichen personellen Problemen kämpfen. Vor jedem Spiel gab es mehrere Ausfälle durch Sperren oder Verletzungen.

Die Chronologie:

15. November 1995: Steffen Freund und Jürgen Klinsmann handeln sich im letzten Qualifikationsspiel gegen Bulgarien jeweils eine Gelb-Sperre für das erste Endrunden-Spiel ein.

9. Juni 1996: Spiel gegen Tschechien, Jürgen Kohler zieht sich einen Innenbandriss im rechten Knie zu, Turnier beendet.

15. Juni: Mario Basler, der nach Knöchel-OP bereits das Spiel gegen die CSSR verpasste, verletzt sich im Training am operierten rechten Knöchel. Auf Anraten der Ärzte fliegt er am nächsten Tag nach Hause – EM vorbei.

16. Juni: Spiel gegen Russland, Markus Babbel sieht die zweite Gelbe Karte, ist gegen Italien gesperrt.

19. Juni: Spiel gegen Italien, Thomas Strunz sieht Gelb/Rot, ein Spiel Sperre.

23. Juni: Spiel gegen Kroatien, Jürgen Klinsmann (Muskelfaserriss) und Fredi Bobic (Schulter ausgekugelt) scheiden verletzt aus. Für Bobic ist die EM beendet, Klinsmann fehlt im Halbfinale.

26. Juni: Spiel gegen England, Stefan Reuter und Andreas Möller sehen Gelb, sind für das Finale gesperrt. Steffen Freund erleidet Kreuzbandriss im linken Knie. Thomas Helmer, Marco Bode und Christian Ziege gehen angeschlagen aus der Partie, werden aber bis zum Finale wieder fit.

30. Juni: Spiel gegen Tschechien, Dieter Eilts scheidet zur Halbzeit mit Innenbandriss im Knie aus.

› Sie versprachen keinen Spaß und keinen Glanz, dafür Grätschen und Schweiß. Günter Netzer adelte Eilts nach dem nicht sonderlich schmucken 3:0-Erfolg gegen Russland im zweiten Spiel: »Der Name Eilts steht für die Fähigkeiten des deutschen Spiels.« Anders gesagt: Die Spieler von Vogts kämpften Fußball.
Das passte zum weiteren Verlauf, denn dieser dritte Titel war der mit Abstand am schwersten errungene. Mehmet Scholl sagte: »Es geht uns nicht so sehr darum, gut zu spielen. Wir wissen ja, dass wir oft nicht gut spielen, sondern nur zweckmäßig. Uns geht es wirklich nur ums Gewinnen.«
Berti Vogts hatte es seiner Mannschaft vor dem Turnier so eingetrichtert: »Geld, Ruhm und Ehre kann man sich zwar erspielen, aber mit Sicherheit erkämpfen.«

Also kämpften sie. Im letzten Gruppenspiel gegen Italien standen die Deutschen 90 Minuten mit dem Rücken zur Wand, die letzten 30 davon in Unterzahl nach dem Platzverweis gegen Thomas Strunz. Aber sie retteten den fehlenden Punkt (0:0) zum Gruppensieg, für das Viertelfinale waren sie bereits vorher qualifiziert. Danach zählten sie die Gesunden, die wurden immer weniger. Bis zum Finale musste Vogts stets eine andere Aufstellung wählen. »Es war egal, dann kam halt ein anderer dran. So dachten wir«, erklärte Strunz. Und Vogts belehrte Waldemar Hartmann im ARD-Studio: »Ich habe keine Reservisten, ich habe 20 erstklassige Spieler.« Es war keine Floskel, allein der Rostocker René Schneider durfte sich ausgeschlossen fühlen: Der unerfahrene Verteidiger kam neben dem extra zum Finale eingeflogenen Jens Todt und dem verletzten Mario Basler als einziger Feldspieler nicht zum Einsatz. Dass fast alle sich dazugehörig fühlen konnten, stärkte den Teamgeist. Nur Oliver Bierhoff machte einmal den Mund auf und kritisierte: »Ich verstehe den Bundestrainer nicht.« ›

Viertelfinale
DEUTSCHLAND – KROATIEN 2:1 (1:0)
23. Juni 1996, 15 Uhr Ortszeit, Old Trafford, Manchester

Schiedsrichter: Sundell (Schweden).
Tore: 1:0 Klinsmann (20., Handelfmeter), 1:1 Suker (51.), 2:1 Sammer (59.).
Einwechslungen: Freund für Klinsmann (39.), Kuntz für Bobic (46.) Häßler für Scholl (88.) – Mladenovic für Jurcevic (78.).
Gelbe Karten: Sammer, Klinsmann (beide Deutschland).
Gelb/Rot: Stimac (Kroatien).
Zuschauer: 43 412.

Aufstellung Deutschland: Köpke – Reuter, Babbel, Helmer, Sammer, Ziege – Scholl, Eilts, Möller – Klinsmann, Bobic.
Aufstellung Kroatien: Ladic – Jerkan, Stimac, Bilic – Jarni, Jurcevic, Boban, Asanovic, Stanic – Vlaovic, Suker.

---

13 *Mario Basler*

»Bis zum Hals Weltklasse, darüber Kreisklasse«, sagte einmal Baslers früherer Trainer bei Hertha BSC, Bernd Stange. Der exzentrische und schussstarke Mittelfeldspieler war bei Fans und Medien beliebter als bei Vereinsvorständen und Trainern, aber in seiner Glanzzeit konnte auch Bundestrainer Vogts nicht an ihm vorbei. 1995 wurde Basler in Bremen Torschützenkönig (20 Tore, gleichauf mit Heiko Herrlich) und debütierte in der Nationalelf. Mit vier Einsätzen in der Qualifikation trug er zum EM-Titel bei, aus England reiste er verletzt und verspottet ab. Sein Talent hätte für mehr als 30 Länderspiele und magere zwei Tore (bis 1998) gereicht.

14 *Markus Babbel*

Die EM war das erste Turnier für den Innenverteidiger des FC Bayern. Seit dem vierten Qualifikationsspiel in Georgien (2:0) zählte Babbel zum Aufgebot, im Rückspiel (4:1) schoss er sogar ein Tor. Es blieb sein einziges im DFB-Trikot. Mit seinen 23 Jahren gehörte er in England zu den Jüngsten im Kader. Babbel profitierte von Jürgen Kohlers Verletzung im ersten Spiel, nur gegen Italien fehlte er (gesperrt). Seine größte Tat: die Vorlage auf Sammer zum 2:1 gegen Kroatien. Babbels DFB-Karriere endete bei der missglückten Titelverteidigung 2000 nach 51 Länderspielen. Er ist Trainer, betreute unter anderem die Bundesliga-Klubs Hertha BSC und VfB Stuttgart.

DER KLASSIKER *Wie 1966 im WM-Finale kämpfen Deutsche und Engländer in Wembley 120 Minuten um den Sieg, diesmal gibt es aber keinen Sieger. Im Elfmeterschießen trifft Paul Gascoigne (l.) zum zwischenzeitlichen 4:3, Thomas Helmer (r.) ist da schon ausgewechselt. Deutschland siegt 6:5*

15 *Jürgen Kohler*

Der Weltmeister von 1990 und Vize-Europameister von 1992 war eine feste Größe in der Nationalmannschaft, Berti Vogts setzte auf den in Dortmunder Diensten stehenden Innenverteidiger. Doch schon nach 14 Minuten war seine dritte EM beendet, nach einem Foul im Auftaktspiel gegen Tschechien. So erlebte Kohler seinen zweiten großen Titel als Zuschauer. Zwei Jahre später, bei der Weltmeisterschaft in Frankreich, bestritt er sein letztes Spiel für Deutschland. Mit 105 Länderspielen (zwei Tore) ist Kohler die Nummer sieben in der DFB-Historie. Zu seiner Glanzzeit verdiente sich der Junge aus der Mannheimer Waldhof-Schule das Prädikat Weltklasse.

16 *René Schneider*

Nach der Europameisterschaft äußerte sich Berti Vogts nur über einen Spieler enttäuscht: über René Schneider. Die Einstellung des Rostocker Verteidigers hatte ihm nicht gefallen, weshalb er als einziger Feldspieler neben dem früh verletzten Basler nicht zum Einsatz kam. Im Finale durfte sich Schneider immerhin warmlaufen. Schneider, der nach der EM zu Borussia Dortmund wechselte und in seiner Karriere vom Verletzungspech gebeutelt wurde (52 Bundesliga-Einsätze in sieben Jahren), kam nur auf ein Länderspiel: ein halbes Jahr vor der EM am 15. Dezember 1995 in Südafrika. Beim torlosen Unentschieden in Johannesburg stand er 90 Minuten auf dem Platz.

EM 1996 England

IM FÜNFTEN SPIEL
ENDLICH IN WEMBLEY

BASLER FLIEGT ZWEIMAL NACH ENGLAND, DANN RAUS

Unruhestifter: Mario Basler spielte keine Minute

Mario Basler sorgte schon vor dem Abflug nach England für Wirbel. Er vergaß als Einziger seinen Reisepass. Dann flog er am Tag darauf wieder zurück, um sich in Berlin am Knöchel operieren zu lassen – und zwar »nicht, um bei der EM auf der Bank zu sitzen«. Wieder in Manchester, fütterte Basler die 250 deutschen Journalisten nach Kräften mit druckfähigen Zitaten. Kostproben seines Werbeauftritts in eigener Sache: »Spieler wie Möller haben auch jahrelang oder monatelang schlechte Spiele gemacht und immer wieder gespielt.« Und: »Thomas Häßler ist noch ein bisschen kaputt, man müsste ihm eine Ruhepause gönnen.« Und: »Der Bundestrainer redet nicht mit mir.« Der von Vogts auf drei Köpfe reduzierte Spielerrat (Köpke, Kohler/später Sammer, Klinsmann) stauchte Basler zusammen. Der entschuldigte sich bei Häßler, die Harmonie schien wiederhergestellt. Als Christian Ziege den Mittelfeldspieler aus Bremen nach dem Auftaktsieg gegen Tschechien, den Basler verletzt auf der Ersatzbank miterlebte, am 15. Juni im Training foulte, glaubten nur wenige an einen Zufall. Wieder musste Basler ins Flugzeug nach Deutschland steigen – nun gab es keine Rückkehr mehr. »Das verletzungsbedingte EM-Ende des Egozentrikers wurde nur offiziell bedauert«, kommentierte der »Kicker« frech.

> Frust gab es beim Perfektionisten Sammer. Nach dem Italien-Spiel war er nicht zu sprechen, beklagte eine »Leere im Kopf«. Er hatte mit einem katastrophalen Fehlpass den Elfmeter in der neunten Minute provoziert, den Köpke aber gegen Gianfranco Zola parierte. Im unansehnlichen Viertelfinale gegen Kroatien wuchs Sammer wieder über sich hinaus. Kroatiens Trainer Miroslav Blazevic hatte die Stimmung bei seinen Landsleuten vorher kräftig angeheizt: »Uns steht ein Krieg auf Leben und Tod bevor. Gegen die deutschen Stukas und Messerschmitts *(Kampfflugzeuge; d. Red.)* werden wir mit Kamikazefliegern antreten.« So spielten die Kroaten dann auch Fußball. Jürgen Klinsmann und Fredi Bobic schieden verletzt aus.

Sammer, der stürmende Libero, holte erst den Elfmeter zum 1:0 durch Klinsmann heraus (20.), in der 59. Minute schoss er das Siegtor. Nach dem Spiel war die EM für Bobic (Schulter ausgekugelt) vorbei, an Klinsmanns Comeback (Muskelfaserriss) glaubten nur noch Fantasten.

Nach vier Spielen in Old Trafford führte der Weg ins Wembley-Stadion gegen Gastgeber England. Er endete nach der besten Turnierleistung im Triumph, 7:6 nach Elfmeterschießen. Den Siegtreffer erzielte Andreas Möller, der an diesem Tag bereits Deutschlands vierter Kapitän im Turnier war. So durften sie in London bleiben, den finalen Gegner kannten sie schon aus Manchester. Sie schlugen die Tschechen ein zweites Mal – in der fünften Minute der Verlängerung. Es war ein Sieg der Moral, mit letztem Aufgebot und letzter Kraft. Zwei Tage vor dem Finale hatte Berti Vogts gerade einmal elf gesunde Akteure zur Verfügung – acht Feldspieler und drei Torhüter. Es gab Helden, die nie das Rampenlicht sahen: Die Arbeit der DFB-Ärzte um Dr. Hans-Wilhelm Müller-Wohlfahrt, die Klinsmann in nur sieben Tagen wieder fit machten und rund um die Uhr arbeiteten, war so wichtig wie der Einsatz auf dem Rasen. Vogts ›

Halbfinale
ENGLAND – DEUTSCHLAND 1:1 N. V./6:7 N. E.
26. Juni 1996, 19.30 Uhr Ortszeit, Wembley-Stadion London

Schiedsrichter: Puhl (Ungarn).
Tore: 1:0 Shearer (3.), 1:1 Kuntz (16.).
Elfmeterschießen: 1:0 Shearer, 1:1 Häßler, 2:1 Platt, 2:2 Strunz, 3:2 Pearce, 3:3 Reuter, 4:3 Gascoigne, 4:4 Ziege, 5:4 Sheringham, 5:5 Kuntz, Köpke hält gegen Southgate, 5:6 Möller.
Einwechslungen: Häßler für Scholl (77.), Bode für Helmer (110.), Strunz für Freund (118.).
Gelbe Karten: Gascoigne – Reuter, Möller.
Zuschauer: 75 862.

17 Christian Ziege

Die WM 1994 hatte er verletzt verpasst, 1996 wurde Ziege für sein Pech entschädigt. Sein erstes Turnier war auch sein bestes, der Linksverteidiger mit Offensivdrang verpasste keine Minute und eröffnete in der Vorrunde gegen Tschechien mit dem 1:0 den deutschen Torreigen. Es war ein gutes Omen für den Bayern-Spieler, der gegen England einen Elfmeter verwandelte und zu Bierhoffs 1:1 im Finale die Freistoßflanke schlug. Ziege kam 1999 als Vereinsspieler nach England zurück und spielte bis 2004 für Middlesbrough, den FC Liverpool und den früheren Klinsmann-Klub Tottenham. 2002 wurde er Vize-Weltmeister, bestritt in elf Jahren 72 Länderspiele (neun Tore).

18 Jürgen Klinsmann

Der blonde Schwaben-Pfeil gehörte zu den Lieblingsspielern von Berti Vogts, was sich auch in seines Berufung zum Nationalmannschafts-Kapitän 1995 ausdrückte. Klinsmann versprach: »Ich versuche, für gute Stimmung zu sorgen.« Das klappte. Er redete Vogts sogar das ungeliebte Trainingslager in Malente aus (»Da zählt man jede Stunde«). Zum EM-Triumph steuerte er die meisten Tore bei (zwölf, davon neun in der Qualifikation) und gehörte zu den sechs Spielern im Kader, die schon 1990 Weltmeister wurden. Mit 108 Einsätzen nimmt Klinsmann in der deutschen Länderspiel-Geschichte den sechsten Platz ein, nach Toren (47) den fünften.

142

EUROPAMEISTER *Die Sekunden nach dem 2:1 gegen Tschechien. Berti Vogts und Matthias Sammer fallen sich in die Arme. Fredi Bobic (l.), Thomas Strunz (2. v. r.) und Andreas Köpke sprinten zum Torschützen Oliver Bierhoff*

19 Thomas Strunz

Seine Karriere begann er als Stürmer, aber eigentlich konnte er alles spielen. Diese Vielseitigkeit verhalf Strunz in England zu fünf Einsätzen: mal im Mittelfeld, mal in der Abwehr. Aber nur im Finale gegen Tschechien spielte er über die volle Distanz. Nach seinem Platzverweis gegen Italien (59. Min., Gelb/Rot) stand Strunz in der Kritik, im Halbfinale gegen England bewies er gute Nerven und verwandelte einen Elfmeter. Bei seiner einzigen WM-Endrunde, 1994 in den USA, war Strunz auch nicht über die Rolle eines Ergänzungsspielers hinausgekommen. Bis 1999 spielte er 41-mal für Deutschland, sein einziges Tor erzielte er im EM-Qualifikationsspiel 1995 beim 2:3 in Bulgarien.

20 Oliver Bierhoff

Die EM machte ihn weltberühmt, der Kurzeinsatz mit zwei Joker-Toren im Finale reichte. Da war Bierhoff schon 28 Jahre alt. Es war der Beginn einer noch beachtenswerten Nationalmannschafts-Karriere. Bierhoff, anfangs angefeindet und ein Mitläufer, stieg in der Hierarchie ganz nach oben und übernahm nach Klinsmanns Rücktritt 1998 das Kapitänsamt. Wegen seiner spielerischen Mängel stand er oft in der Kritik, aber seine 37 Tore – viele davon mit dem Kopf erzielt – entschädigten für vieles. Er bestritt alle seine 70 Länderspiele bis zum WM-Finale 2002 als Legionär (Udinese Calcio, AC Mailand, AS Monaco). Seit 2004 ist er Teammanager der Nationalelf.

EM 1996 England

HELMER IM EIGENEN
BERMUDA-DREIECK

UNHEIMLICHER KAPITÄNSFLUCH IN ENGLAND

Ab der 15. Minute Spielführer gegen Tschechien: Mittelfeldspieler Thomas Häßler

Gleich vier deutsche Spieler trugen in England die Kapitänsbinde: Den Anfang machte Jürgen Kohler für den gesperrten Jürgen Klinsmann 14 Minuten im Auftaktspiel gegen Tschechien, bis er verletzt ausschied, dann Thomas Häßler für den Rest der Spielzeit. Mit der Begegnung gegen Russland übernahm Jürgen Klinsmann wieder die Binde – bis zu seiner Verletzung im Viertelfinale gegen Kroatien. Als er in der 39. Minute ausschied, wurde Andreas Möller Kapitän und führte die Mannschaft auch im Halbfinale gegen England auf den Platz. Zum Finale gegen Tschechien kehrte der etatmäßige Amtsinhaber Klinsmann zurück. Überhaupt haben deutsche Kapitäne vor und bei EM-Endrunden ungewöhnliches Pech: Es begann schon ein Jahr vor der EM 1980, als Sepp Maier mit dem Auto verunglückte, seine Karriere beenden musste und Jupp Derwall einen neuen Kapitän brauchte. Es wurde Bernard Dietz. Vor der EM 1988 verletzte sich Klaus Allofs beim Osterturnier in Berlin und wurde nach Meniskus-OP nicht mehr rechtzeitig fit. 1992 brach sich Rudi Völler im ersten Spiel gegen die GUS den Unterarm, und 2000 fiel Oliver Bierhoff wegen eines Trainingsunfalls nach dem ersten Spiel für den Rest der EM in Holland und Belgien aus.

› sprach von »fast unmenschlichen Leistungen«, was unfreiwillig komisch wirkte. Helmer erinnerte sich an nächtliche Behandlungen: »Man lag im Bett, wurde mit der Trage aus dem Zimmer gebracht und kam auf die Massagebank. Da habe ich dann weitergeschlafen.« Der Verteidiger, der gegen England mit zwei bandagierten Knien vom Platz trottete und zum Symbolbild deutscher Unbeugsamkeit wurde, brachte die Tage in London »in meinem persönlichen Bermuda-Dreieck« zu: »Hotelzimmer, Speisesaal, Massageraum.« Und Stefan Kuntz gab zu Protokoll: »Meine Unterarme sahen aus wie die eines Drogenabhängigen.« So viele Injektionen hatte er erhalten.

Im Rausch waren sie alle, in den späten Stunden des 30. Juni und am folgenden Tag. In Deutschland gab es erstmals einen Empfang für die Champions des Kontinents – auf dem Frankfurter Römer. Bisher hatten dort nur Weltmeister und WM-Finalisten gestanden. Vogts verspürte »große Freude darüber, dass die Nationalelf wieder das liebste Kind der Deutschen ist«. Dass die Liebe nicht lange halten sollte, ist eine andere Geschichte. Denn der Titel verdeckte tiefgreifende Probleme: Es mangelte an guten Nachwuchsspielern, die erst Jahre später systematisch gefördert wurden, das Team war überaltert: Sammer ging auf die 30 zu, Klinsmann, Köpke, Kohler, Helmer, Eilts, Häßler und Kuntz waren 30 oder älter. Das vorzeitige Aus 1994 war kein Betriebsunfall, bei der WM 1998 war wieder im Viertelfinale Schluss (0:3 gegen Kroatien). Vogts hatte die Lage schon nach dem Triumph in London wohltuend realistisch eingeordnet: »Man muss sich klar vor Augen halten, wie eng alles zuging.« Seinen Spielern, von denen er 1994 so bitter enttäuscht war (»Alles Wohlstands-Jünglinge«), erteilte er nun die Absolution. »Sie haben aufopferungsvoll gekämpft. Sie sind ausgebrochen aus ihrer Wohlstandsgesellschaft.« Bis zur WM 2014 blieben sie die letzten deutschen Siegertypen. ●

Finale
DEUTSCHLAND – TSCHECHIEN 2:1 N.G.G.
30. Juni 1996, 19 Uhr Ortszeit, Wembley-Stadion, London

Schiedsrichter: Pairetto (Italien).
Tore: 0:1 Berger (59., Foulelfmeter), 1:1 Bierhoff (73.), 2:1 Bierhoff (95., Golden Goal).
Einwechslungen: Bode für Eilts (46.), Bierhoff für Scholl (69.), – Smicer für Poborsky (88.).
Gelbe Karten: Sammer, Helmer, Ziege – Hornak.
Zuschauer: 73 611.

Deutschland: Köpke – Sammer – Strunz, Babbel, Helmer, Ziege – Eilts, Häßler, Scholl – Klinsmann, Kuntz.
Tschechien: Kouba – Kadlec – Rada, Suchoparek – Nemec, Bejbl, Nedved, Hornak – Poborsky, Berger – Kuka.

---

21 *Dieter Eilts*

Der Bremer war fast 29 Jahre alt, als er 1993 im Nationalteam debütierte. In allen sechs Endrundenspielen stand er in der Startelf. Damit war vor der Europameisterschaft nicht zu rechnen, aber Eilts, der sieben von zehn Qualifikationsspielen absolvierte, erwies sich als unverzichtbar. Der defensive Mittelfeldspieler verlieh der Sechser-Position neue Geltung. Erst im Finale erwischte auch den Ostfriesen das Verletzungspech, mit einem Innenbandriss erlebte er die Siegesfeierlichkeiten mit zwiespältigen Gefühlen. Die EM blieb sein einziges Turnier, trotzdem brachte es der Späteinsteiger bis 1997 auf 31 Länderspiele. Ein Tor erzielte er dabei nicht.

22 *Oliver Reck*

1988 war der Hesse mit Werder Bremen Deutscher Meister geworden, stellte als Torwart mit nur 22 Gegentoren einen Bundesliga-Rekord auf. Der wurde erst 2008 gebrochen. Aber in der Branche hatte Reck es schwer, der Boulevard taufte ihn ob einiger Patzer schnell »Pannen-Olli«. In Bremen war er stets umstritten, wurde Meister und Pokalsieger. 1995 stieß Reck in den DFB-Kreis vor und gab im letzten Testspiel vor der EM gegen Liechtenstein (9:1) sein Länderspiel-Debüt. Es blieb bei diesem einen Einsatz. Seine Spieler-Karriere endete bei Schalke 04, als Trainer arbeitete Reck auf Schalke, in Duisburg und Düsseldorf.

EM-KADER 1996

Andreas Köpke, Matthias Sammer und Christian Ziege verpassten keine Spielminute. Thomas Strunz spielte nur im Finale gegen Tschechien die komplette Zeit. Zehn Mittelfeldspieler in der Mannschaft

NR.	NAME	GEBOREN	TSCHECHIEN 2:0	RUSSLAND 3:0	ITALIEN 0:0	KROATIEN 2:1	ENGLAND 7:6 N. E.	TSCHECHIEN 2:1 GG	VEREIN
TOR									
12	Oliver Kahn	15.06.1969	Bank	Bank	Bank	Bank	Bank	Bank	Bayern München
1	Andreas Köpke	12.03.1962	90 Min.	90 Min.	90 Min.	90 Min.	120 Min.	95 Min.	Eintracht Frankfurt
22	Oliver Reck	27.02.1965	Bank	Bank	Bank	Bank	Bank	Bank	Werder Bremen
ABWEHR									
14	Markus Babbel	08.09.1972	77 Min.	90 Min.	Gelbgesperrt	90 Min.	120 Min.	95 Min.	Bayern München
5	Thomas Helmer	21.04.1965	90 Min.	90 Min.	90 Min.	90 Min.	109 Min.	95 Min.	Bayern München
15	Jürgen Kohler	06.10.1965	13 Min.	verletzt abgereist					Borussia Dortmund
2	Stefan Reuter	16.10.1966	90 Min.	90 Min.	Bank	90 Min.	120 Min.	Gelbgesperrt	Borussia Dortmund
6	Matthias Sammer	05.09.1967	90 Min.	90 Min./1 Tor	90 Min.	90 Min./1 Tor	120 Min.	95 Min.	Borussia Dortmund
16	René Schneider	01.02.1973	Bank	Bank	Bank	Bank	Bank	Bank	Hansa Rostock
MITTELFELD									
13	Mario Basler	18.12.1968	verletzt abgereist						Werder Bremen
3	Marco Bode	23.07.1969	Bank	Bank	2 Min.	Bank	11 Min.	50 Min.	Werder Bremen
21	Dieter Eilts	13.12.1964	90 Min.	90 Min.	90 Min.	90 Min.	120 Min.	45 Min.	Werder Bremen
4	Steffen Freund	19.01.1970	Aus Qual. gesperrt	24 Min.	90 Min.	52 Min.	117 Min.	verletzt	Borussia Dortmund
10	Thomas Häßler	30.05.1966	90 Min.	66 Min.	90 Min.	3 Min.	44 Min.	95 Min.	Karlsruher SC
7	Andreas Möller	02.09.1967	90 Min./1 Tor	86 Min.	88 Min.	90 Min.	120 Min.	Gelbgesperrt	Borussia Dortmund
8	Mehmet Scholl	16.10.1970	Bank	Bank	Bank	87 Min.	76 Min.	68 Min.	Bayern München
19	Thomas Strunz	25.04.1968	26 Min.	4 Min.	59 Min. Gelb/Rot	gesperrt	3 Min.	95 Min.	Bayern München
23	Jens Todt	05.01.1970					Tribüne		Werder Bremen
17	Christian Ziege	01.02.1972	90 Min./1 Tor	90 Min.	90 Min.	90 Min.	120 Min.	95 Min.	Bayern München
ANGRIFF									
20	Oliver Bierhoff	01.05.1968	8 Min.	84 Min.	Bank	Bank	Bank	27 Min./2 Tore	Udinese Calcio
9	Fredi Bobic	30.10.1971	64 Min.	Bank	90 Min.	45 Min.	verletzt	verletzt	VfB Stuttgart
18	Jürgen Klinsmann	30.07.1964	Aus Qual. gesperrt	90 Min./2 Tore	90 Min.	38 Min./1 Tor	verletzt	95 Min.	Bayern München
11	Stefan Kuntz	30.10.1962	82 Min.	6 Min.	Bank	45 Min.	120 Min./1 Tor	95 Min.	Besiktas Istanbul

23 Jens Todt

Als die EM begann, saß der Neu-Bremer wie Jens Lehmann (Schalke 04), Christian Wörns (Bayer Leverkusen), Yves Eigenrauch (Schalke 04), Jörg Albertz (HSV), Jörg Heinrich (Borussia Dortmund), Stefan Beinlich (Hansa Rostock), Karsten Bäron (HSV), Karl-Heinz Riedle (Borussia Dortmund) und Alexander Zickler (Bayern München) auf Abruf zu Hause. Zum Finale wurde er nachnominiert, als zweiter Spieler in der DFB-Geschichte nach Reinhold Münzenberg (WM 1934). Er kam nicht zum Einsatz, für den Defensiv-Allrounder blieb es bei seinen drei Länderspielen unter Vogts. Bitter für Todt: Danach wurde er nie mehr eingeladen. Seit 2013 ist er Sportdirektor des Karlsruher SC.

Rainer Bonhof

Mit der Beförderung von Berti Vogts 1990 zum Bundestrainer stieg sein einstiger Gladbacher Mitspieler zum Assistenten auf. Bonhof war somit an allen drei EM-Titeln beteiligt, ohne bei Endrunden eine Sekunde gespielt zu haben. 1972 war er Reservist, 1980 verletztes Kadermitglied. 1998 schied er nach verpatzter WM und dem Aus im Viertelfinale gegen Kroatien aus dem Amt, betreute kurzfristig Deutschlands U 21, ehe er am 10. November seine Gladbacher Borussia vom entlassenen Friedel Rausch übernahm. Bonhof blieb nur bis Ende August 1999, trainierte von 2002 bis 2005 Schottlands U 21, Vogts war zu der Zeit Trainer des A-Teams. Heute ist Bonhof Gladbachs Vizepräsident.

KLEINER MANN GANZ GROSS *Berti Vogts (1,68 m) war von 1990 bis 1998 verantwortlich für die Nationalmannschaft. Seine Bilanz: 102 Spiele, 66 Siege, 24 Unentschieden, 12 Niederlagen; Vize-Europameister 1992, Europameister 1996. Als Spieler: Europameister 1972, Weltmeister 1974. Vogts wurde am 30. Dezember 1946 geboren*

EM 1996 England

DER WAHRE HELD DER DEUTSCHEN MANNSCHAFT

Berti Vogts Kaum ein anderer Mann hätte das Wechselbad zwischen kumpelhaftem Schultergeklopfe und oft unsachlicher Kritik so weggesteckt wie der Bundestrainer in seiner achtjährigen Amtszeit. Er erlebte insgesamt vier EM-Endspiele

Das Spiel war längst aus und die Entscheidung der 10. Fußball-Europameisterschaft gefallen, da bot sich noch eine unerwartete Schlusspointe: Im feinen Anzug und Laufschritt begab sich Berti Vogts in die schwarz-rot-golden beflaggte Fankurve. Er baute sich vor den Zuschauern auf, die ihn mit lautstarken

>> *Viele identifizieren sich mit mir, weil sie sagen: So könnten wir auch spielen.*

»Berti, Berti«-Rufen herbeizitiert hatten, ging tief in die Knie, streckte seinen Körper und warf beide Arme in die Höhe. Tausende auf den Rängen machten es ihm nach. Zweimal wiederholte er seine Übung, verließ dann klatschend und die Siegerfäuste ballend die Bühne. Berti Vogts wollte seine »La Ola« von Wembley, so erklärte er später, als Verneigung vor dem Publikum und »Dank für die Ermunterung« verstanden wissen, »die viele Fans mir in der schweren Zeit nach der WM 1994 gegeben haben«. Nie hatte man den Bundestrainer so gelöst und befreit erlebt wie am 30. Juni 1996. Vogts genoss das Bad in der Menge und kassierte im Überschwang sogar unbewusst jenen Satz ein, den er selbst während der zwei Turnierwochen bei nahezu jeder Gelegenheit geäußert hatte: »Der Star ist die Mannschaft!« Vogts ist der wahre Held des Europameisters von 1996. Schon allein deshalb, weil wohl kaum ein anderer das permanente Wechselbad zwischen dem »Hosianna« und dem »Kreuzigt ihn« mit so viel Gleichmut ertragen hätte. Vielleicht haben in früher Kindheit und Jugend gelernte Muster des im niederrheinischen Büttgen geborenen Hans-Hubert Vogts etwas damit zu tun, dass er sich trotz aller Nackenschläge immer wieder aufrappeln konnte.
Im Alter von zwölf Jahren verlor er seine Mutter, die an Leukämie verstarb, nur ein Jahr später auch seinen an Herzproblemen leidenden Vater. Vogts wuchs in finanziell sehr bescheidenen Verhältnissen bei seiner Tante auf. Als 19-Jähriger kniete er sich mit zielbewusster Zähigkeit in die Lehre eines Werkzeugmachers. Erst recht, als ihm sein Bruder provokant prophezeite: »Die Prüfung schaffst du nie!« Es war die brutalste, aber sicherste Methode, seine Energien zu wecken. Ein halbes Jahr ackerte Vogts, bestand die Gesellenprüfung. Schnell erkannte der stille und strebsame junge Mann auch im Fußball seine Aufstiegschance. »Es gab Tausende von Fußballern, die viel begabter gewesen sind als ich. Doch ich war ehrgeiziger. Ich musste immer den harten Weg gehen, darauf bin ich stolz«, erklärte er einmal. Als Jungprofi erkämpfte sich Vogts Mitte der 60er-Jahre in der legendären Bundesliga-Elf von Borussia Mönchengladbach seinen Stammplatz auf der rechten Abwehrseite und ergrätschte sich seinen Spitznamen »Terrier«. Ehrlichkeit, Bescheidenheit, Fleiß – Qualitäten, die nicht nur die Fans am Bökelberg sofort spürten. Vogts selbst hat es so formuliert: »Ich glaube, viele identifizieren sich mit mir, weil sie sagen: So könnten wir auch spielen. Der hat sich alles erarbeitet. Der kämpft. Der arbeitet für das Geld, das wir ins Stadion tragen. Bei mir sehen die Zuschauer vielleicht mehr als bei anderen Spielern den harten Job. Ich weiß, was es heißt, an der Werkbank zu arbeiten.« Wembley markiert nicht nur den Höhepunkt seiner 102 Länderspiele als Bundestrainer von 1990 bis 1998. Es war das Happy End seiner ganz persönlichen, mit vier Endspielen und zwei Titeln bei vier Turnierteilnahmen höchst erfolgreichen und doch zugleich auch tragischen EM-Geschichte.
Europameister 1972 mochte er sich nie so recht nennen, weil er keine Minute spielte. Vier Jahre später und als Welt-

>> *Es war eine schlimme Zeit, die ich meinem ärgsten Feind nicht wünschen möchte.*

meister dekoriert war Vogts Stammspieler. Im letzten Qualifikationsspiel zur EM 1976 erzielte er beim 8:0 über Malta sogar seinen einzigen Treffer in 96 Länderspielen. Dem biederen Fußwerker gelang ein Schmuckstück: Eine scharfe Hereingabe von Hannes Bongartz köpfte Vogts derart sehenswert in den Torwinkel, dass ihm von der ARD-Sportschau die Medaille für das »Tor des Monats« im Februar 1976 verliehen wurde. Bei der Endrunde zählte er zu den herausragenden Verteidigern. Doch im Finale gegen die CSSR patzte Vogts, als ihm im eigenen Strafraum ein fataler Fehlpass zum frühen 0:1 unterlief. Deutschland verlor 5:7 n. E.
Als Trainer bestritt er 1992 sein erstes großes Turnier. Die Fallhöhe bei der EM war als Weltmeister beträchtlich. Zwar rumpelten sich Vogts und seine Mannen mit Glück und Geschick ins Finale, doch die Häme nach dem 0:2 gegen Dänemark war ungleich größer als der Applaus. Wie konnte man verlieren? Gegen einen Gegner, der in der Qualifikation gescheitert und für das aus politischen Gründen ausgeschlossene Jugoslawien nachgerückt war.
Die bittersten Monate aber folgten erst nach dem Viertelfinal-Aus bei der WM 1994. »Es war eine schlimme Zeit, die ich meinem ärgsten Feind nicht wünschen möchte«, sagt Vogts. Wie vergänglich schließlich der Ruhm ist, musste er 1998 nach dem abermaligen WM-Aus im Viertelfinale erkennen. Keiner erinnerte sich mehr an England 1996. Am 7. September nach zwei weiteren dürftigen Länderspielen gegen Malta und Rumänien trat er zurück. Berti Vogts hatte seine Schuldigkeit getan: »Ich kann nicht mehr.« ●

EM 1996 England

»ES GAB KEINE GRÜPPCHEN, KEINE EGOTRIPS

Thomas Helmer Der Innenverteidiger über die Erfolgs-Geheimnisse der Mannschaft, die bitteren Tränen von Steffen Freund, Nächte bei Masseuren, den Frust von Oliver Bierhoff – und wie Boris Becker klein beigeben musste

Herr Helmer, Ihre Karriere in der A-Nationalmannschaft verlief zwischen 1990 und 1998 nahezu parallel zu der von Bundestrainer Berti Vogts. In 68 seiner 102 Länderspiele stellte er Sie auf, vier große Turniere bestritten Sie gemeinsam, waren aber nur 1996 erfolgreich. Was waren denn die Erfolgsfaktoren?

Thomas Helmer: Es passte einfach von Anfang an, vor allem atmosphärisch. Ich weiß noch, wie ernüchtert ich bei meinem ersten Turnier vier Jahre zuvor in Schweden war, als wir größtenteils in Leichtathletik-Stadien spielten. Das war fürchterlich, da kam überhaupt keine Stimmung auf. Ganz anders in England: Wir absolvierten unsere komplette Vorrunde in Manchester. Old Trafford! Das hatte Stil und gab den letzten Kick.

Zum Auftakt gab es ein 2:0 über Tschechien, den späteren Endspielgegner.

Man sagt ja immer, das erste Spiel eines Turniers sei besonders wichtig. Das war 1996 auch so. Viel entscheidender war in meinen Augen aber noch das letzte Trainingsspiel kurz davor.

Warum?

Berti ließ das vermeintliche A- gegen das B-Team antreten. Wir sind dabei von der B-Mannschaft nach Strich und Faden vermöbelt worden, haben 0:4 oder 0:5 verloren. Danach hat uns der Trainer aber so was von zusammengestaucht. Das war im Nachhinein gut, denn alle waren hellwach.

Sie sind mit vier verschiedenen Spielführern durchs Turnier gegangen. Gab es da eigentlich Hierarchie-Probleme?

Es gab eine große Vertrauensbasis. Berti hat uns viel Verantwor- ›

Eine große Gemeinschaft: Vogts zwischen seinen Spielern. Das gegenseitige Vertrauen war groß, sagt Helmer.

AUSGELAUGT Thomas Helmer verlässt nach 120 Minuten und Elfmeterschießen gegen England das Wembley-Stadion. Beide Knie sind dick bandagiert. Helmer hat Zweifel, ob er rechtzeitig zum Endspiel wieder fit wird. Er schafft es, Steffen Freund (l.), Arm in Arm mit Markus Babbel, nicht. Sein linkes Knie bleibt dick geschwollen, kein Arzt kann helfen

VOM KÄMPFERHERZ GETRIEBEN *Thomas Helmer (l.) versucht, die Lücke zu schließen, die sich dem Tschechen Karel Poborsky beim Volleyschuss bietet. Mit Erfolg: Andreas Köpke im deutschen Tor kann tatenlos zuschauen*

> *Wir haben nicht mit filigraner Technik oder ausgefeilten Spielzügen geglänzt, das stimmt. Wir kamen stattdessen über den Willen: laufen und kämpfen bis zum Umfallen. Niemals aufgeben. Immer in der Lage, noch ein bisschen mehr zu machen und zu geben.*

THOMAS HELMER ÜBER DEN CHARAKTER DER DEUTSCHEN SPIELER

EM 1996 England

› tung übertragen und diese auf etliche Schultern verteilt. Er hat nicht nur die Kapitäne Klinsmann, Kohler, Häßler und Möller, sondern auch Matthias Sammer und mich an seinen Überlegungen und Entscheidungen teilhaben lassen. Die Dortmund- und die Bayern-Fraktion, die das Gros unseres Kaders ausmachten, haben sich total zusammengerauft. Da gab es keine Grüppchenbildung, keine Egotrips. Zudem hatten wir echte Mannschaftsspieler. Einen Steffen Freund zum Beispiel.

Oder Dieter Eilts, der ein überragendes Turnier spielte.

Genau. Ein Riesen-Typ! Der wurde immer total unterschätzt. Vielleicht, weil er außerhalb des Platzes so ruhig war. Dieter hat ja fast gar nichts gesagt, höchstens mal einen ganz trockenen Ostfriesen-Witz rausgehauen. Aber auf dem Platz konnte der einen richtig zur Sau machen. Man glaubt es nicht.

War der Star tatsächlich die Mannschaft, wie Berti Vogts immer betonte?

Absolut. Nehmen wir zum Vergleich den WM-Kader zwei Jahre zuvor. Gucken Sie sich mal an, wer da alles dabei war. Viel bessere Spieler und größere Namen fallen mir jetzt nicht ein. Von der Qualität hätten wir 1994 in den USA eigentlich gewinnen oder zumindest bis ins Finale kommen müssen. Wir haben es aber einfach nicht geschafft, eine richtige Mannschaft zu werden. Es gab zu viele Alphatiere.

In England hatten Sie unfassbares Verletzungspech.

Es war wie verhext. Einer nach dem anderen fiel aus. Wir wurden immer weniger, wie die Fliegen. Doch so etwas schweißt eine Mannschaft letztlich natürlich auch zusammen.

Der EM-Sieg wurde als ein Triumph der deutschen Tugenden bezeichnet.

Wir haben nicht mit filigraner Technik oder ausgefeilten Spielzügen geglänzt, das stimmt. Wir kamen über den Willen: laufen und kämpfen bis zum Umfallen. Niemals aufgeben. Immer in der Lage, noch ein bisschen mehr zu machen und zu geben.

Sie mussten viel improvisieren.

Ich erinnere mich noch sehr gut an unser entscheidendes Vorrundenspiel gegen Italien, in dem Thomas Strunz vom Platz flog und Stürmer Fredi Bobic plötzlich so eine Art rechter Verteidiger spielen musste. Ich sage heute noch zu ihm: »Fredi, das war dein bestes Länderspiel!« Der hat da hinten alles weggefegt. Sensationell!

Vorm Endspiel wurde die Personaldecke immer dünner.

Bei Steffen Freund hatten wir zunächst noch Hoffnung, dass er auflaufen könnte. Ich war dabei, als er von unserem Mannschaftsarzt Dr. Hans-Wilhelm Müller-Wohlfahrt untersucht wurde. Dabei kam es zu einer kuriosen Situation.

Inwiefern?

Zeitgleich lief in London das Tennisturnier von Wimbledon. Da hatte sich Boris Becker schwer an der Hand verletzt.

Becker war als Vorjahresfinalist an Nummer zwei gesetzt, musste aber in seinem Drittrunden-Match gegen den Südafrikaner Neville Godwin wegen eines Sehnenrisses im rechten Handgelenk aufgeben.

Ja, er war in unser Teamhotel gekommen, um sich behandeln zu lassen. Er lag da also ebenfalls im Krankenzimmer im Bett und fragte: »Hey, Doc! Wann bin ich denn mal dran?« Da haben wir ihn an- ›

BIOGRAFIE

Thomas Helmer

Geboren am 21. April 1965 in Herford.
1985: *4 Bundesliga-Spiele für Arminia Bielefeld.*
1985 bis 1986: *35 Zweitliga-Spiele und 5 Tore für Arminia Bielefeld.*
1986 bis 1992: *190 Bundesliga-Spiele und 16 Tore für Borussia Dortmund.*
1992 bis 1999: *191 Bundesliga-Spiele und 24 Tore für Bayern München.*
1994: *Meister.*
1996: *Uefa-Pokal-Sieger.*
1997: *Meister.*
1999: *Meister.*
1999: *5 Bundesliga-Spiele und 1 Tor für Hertha BSC.*
2000: *2 Premier-League-Spiele für AFC Sunderland.*
1990 bis 1998: *68 Länderspiele und 5 Tore für Deutschland.*
1992: *Vize-Europameister.*
1996: *Europameister.*
Seit 2002: *Sportjournalist und Moderator u.a. für Sport1.*
Seit 2011: *Aufsichtsratsmitglied bei Arminia Bielefeld.*

Auf der Tribüne im Old Trafford in Manchester: Boris Becker. Vor der Behandlung seiner Handgelenksverletzung muss er ein paar Tage später den Nationalspielern den Vortritt lassen

EM 1996 England

DEUTSCHLAND SCHRECKEN DER GASTGEBER

Ein Tor gegen Deutschland und der verwandelte Elfmeter waren zu wenig: Alan Shearer

»Wenn man in Wembley eine große Party feiern will, dann darf man auf keinen Fall die Deutschen einladen.« Diese eindringliche Warnung von Alan Shearer, Englands EM-Torschützenkönig von 1996 (fünf Treffer), lässt sich durchaus verallgemeinern: Fünfmal traf ein EM-Gastgeber bislang auf die DFB-Auswahl, stets bedeutete dies das Turnier-Aus. Viermal ereilte den Ausrichter die Niederlage im Halbfinale, einmal schon in der Vorrunde.

Die Spiele:

14. Juni 1972, Halbfinale in Antwerpen:
Belgien – Deutschland 1:2 (0:1).

17. Juni 1976, Halbfinale in Belgrad:
Jugoslawien – Deutschland 2:4 n.V. (2:2, 2:0).

21. Juni 1992, Halbfinale in Stockholm:
Schweden – Deutschland 2:3 (0:1).

26. Juni 1996, Halbfinale in London:
England – Deutschland 6:7 n. E. (1:1, 1:1).

16. Juni 2008, Vorrunde in Wien:
Österreich – Deutschland 0:1 (0:0).

› gepflaumt: »Boris, halt die Klappe! Dein Turnier ist schon vorbei, Du kannst nicht mehr spielen. Das hier ist jetzt wichtig!« Das hat er dann auch sofort eingesehen ...

Für Steffen Freund ging es auch nicht mehr weiter.
Nein, leider. Sein Knie war dick angeschwollen und wurde punktiert. Ich werde das nie vergessen. Als Müller-Wohlfahrt da nur Blut rauszog, war klar: Das war's, kein Einsatz mehr möglich. Es flossen Tränen. Nicht nur bei Steffen. Alle haben aufrichtig Anteil genommen und versucht, ihn zu trösten. Auch das war typisch für die Truppe von 1996.

Herr Helmer, es gibt ein Foto von Ihnen, wie Sie nach dem Halbfinale vom Platz schleichen, beide Knie bandagiert.
Links war die Patellasehne schon seit der Vorrunde ziemlich weichgeklopft. Mein italienischer Gegenspieler, mein spezieller Freund Casiraghi, hatte mir in einem Luftduell kräftig gegengetreten. Ich behaupte: mit voller Absicht. Gegen England bin ich dann unglücklich auf das andere Knie gefallen: dicke Prellung, nichts ging mehr.

Trotzdem gehörten Sie neben Köpke, Sammer, Eilts, Ziege und Häßler zu den sechs Spielern, die bei allen Turnierspielen zum Einsatz kamen.
Ich musste. Ich wollte. Und ich konnte auch, denn einer unserer großen Trümpfe war die optimale medizinische Betreuung. In der zweiten Turnierhälfte war es so, dass Jürgen Klinsmann und ich nahezu rund um die Uhr behandelt wurden. Man hat uns auch nachts um vier geweckt. Wir sind dann im Halbschlaf auf die Pritsche getorkelt und haben dort mehr oder weniger weitergepennt, während die Physiotherapeuten und Masseure Klaus Eder, Adolf Katzenmeier und Hans-Jürgen Montag unsere Muskeln bearbeitet haben.

Wie sehr half die Aussicht auf Wembley, die Schmerzen zu ignorieren?
Ungemein. Wir wollten da alle unbedingt hin. Das ist so ein Stadion, das du als Profi-Fußballer in deinem Album haben möchtest.

Nur vier Ihrer Mitspieler hatten zuvor dort gespielt: Kohler, Häßler, Möller und Klinsmann, 1991 beim 1:0 im Freundschaftsspiel der DFB-Auswahl gegen England.
Ja, und die wurden nicht müde, uns davon vorzuschwärmen. Wembley war reines Doping. Diese Atmosphäre! Einmalig, ein Traum! Vor allem beim Halbfinale. Man hat schon in den Katakomben gehört, wie deutsche und englische Fans gemeinsam gesungen haben: Football's Coming Home. Das war damals nicht nur der Hit des Turniers, sondern auch unsere Mannschaftshymne. Ich bekomme heute noch Gänsehaut, wenn ich daran denke und dieses Lied wiederhöre.

Die 120 Minuten und das Elfmeterschießen produzierten unglaubliche Gefühls-Wechselbäder. Was ist bei Ihnen besonders haften geblieben?
Viele einzelne Spielszenen und Details. Wegen des neu eingeführten Golden Goals konnte ja in der Verlängerung von einer auf die andere Sekunde alles vorbei sein. Als Paul Gascoigne etwa völlig frei vor unserem leeren Tor einen Querpass erhielt, hatte ich schon abgeschlossen. Doch er machte einen ganz komischen Trippelschritt und rutschte irgendwie am Ball vorbei. Es war ein Spiel auf Messers Schneide, symptomatisch für unser gesamtes Turnier.

Nur Zuschauer im Finale: Steffen Freund ist nach seinem verletzungsbedingten Aus untröstlich

Lohn für die wochenlange Qual: Thomas Helmer posiert in Wembley mit EM-Pokal

EINMARSCH IN WEMBLEY *Die Kapitäne Jürgen Klinsmann und Miroslav Kadlec (r.) führen ihre Mannschaften auf das Feld. Die Stimmung im Fußball-Tempel vor dem großen Finale reißt alle Spieler mit. Wembley – das ist Fußball pur*

> » *Wembley war reines Doping. Diese Atmosphäre! Einmalig, ein Traum! Vor allem beim Halbfinale. Man hat schon in den Katakomben gehört, wie deutsche und englische Fans gemeinsam gesungen haben: Football's Coming Home. Das war nicht nur der Hit des Turniers, sondern auch unsere Mannschaftshymne. Ich bekomme heute noch Gänsehaut, wenn ich daran denke und dieses Lied höre.* «

THOMAS HELMER ÜBER DAS GROSSE ZIEL, EINMAL IN WEMBLEY AUFZULAUFEN

Wieso symptomatisch?

Es gab eigentlich nur enge Spiele, in denen Kleinigkeiten entschieden. Vieles haben wir erzwungen, manchmal hatten wir aber auch einfach Glück. In der Vorrunde beispielsweise hätten wir trotz zweier Siege und 5:0 Toren im dritten Spiel gegen Italien noch rausfliegen können. Prompt kriegen wir da einen Elfer gegen uns, doch Andy Köpke hält. Oder im Viertelfinale gegen die nickeligen, ja teilweise richtig unfairen Kroaten: Ich glaube nicht, dass wir das Spiel damals gewonnen hätten, wenn von denen nicht einer vom Platz geflogen wäre. Schließlich das Elferschießen gegen England: Lotterie! So cool, wie hinterher alle immer meinten, war die Nummer wirklich nicht. Bei Stefan Reuter war Englands Torwart Seaman ganz nah dran.

Oliver Bierhoff war da nur Zuschauer …

Mit ihm verbindet mich eine besondere Geschichte.

Erzählen Sie, bitte!

Ich war nach dem England-Spiel schwer angeschlagen, konnte mich kaum rühren. An Mannschaftstraining war nicht zu denken. Am Tag vor dem Finale wollte ich mich dann aber doch ein bisschen bewegen. Mal gucken, was so geht. Unweit unseres Teamhotels lag der Regent's Park. Also bin ich los zum Joggen. Olli bekam das mit und fragte: »Mir fällt hier die Decke auf den Kopf, kann ich mitlaufen?«

Er war bis dahin nur zweimal in der Vorrunde zum Einsatz gekommen.

Genau. Ich wusste, er war mit seiner Rolle unzufrieden. Ich habe unterwegs versucht, ihn ein bisschen aufzumuntern: »Mensch, Olli. Für dich als Stürmer ist das doch super. Du kannst dich voll fokussieren. Vielleicht kommst du ja rein und machst ein Tor.« Genau so kam es dann. Bekanntlich ja sogar noch ein bisschen besser.

VORKÄMPFER *Hinten, vorn, überall. Laufen, fliegen, gestikulieren. Matthias Sammer drückt der deutschen Mannschaft mit seinem unbändigen Siegeswillen seinen Stempel auf. Er verpasst vom ersten bis zum letzten Spiel keine Minute*

EM 1996 England

ANTREIBER, HEIMLICHER CHEF, FEUERKOPF

Matthias Sammer Der Libero hielt die Abwehr zusammen, stürmte, wenn Tore gebraucht wurden, und führte lautstark auf und neben dem Platz Regie. Der Titel trug seine Handschrift

Das EM-Finale verbindet man mit einem Namen: Oliver Bierhoff. Es war sein »Golden Goal«, das das Spiel entschied. Doch womöglich wäre es nie gefallen, hätte es in diesem Endspiel nicht Matthias Sammer gegeben. Libero Sammer und sein »Golden Foul«.

Wenn der gebürtige Dresdner nun, fast 20 Jahre danach, von dieser Szene erzählt, wirkt er atemlos wie damals, als würde er immer noch Karel Poborsky hinterhersprinten. »Er hatte unglaublich Schwung, ich wollte ihn begleiten mit seiner Dynamik, war mir ziemlich sicher, dass ich die Situation im Zweikampf klären kann. Ich ging gegen Karel in den Zweikampf, außerhalb des Strafraums, ich traf ihn nicht einmal, er fiel, doch der Schiedsrichter gab Elfmeter.« Es lief die 59. Minute, Spielstand 0:0.

Für Matthias Sammer, stets ein Gerechtigkeitsfanatiker, eine schreiende Ungerechtigkeit. Er brüllte sie an der Seitenlinie heraus. »Ich bin rausgerannt an die Seitenlinie zu Berti Vogts: ›Trainer, das war nichts! Niemals! Niemals Elfmeter!‹ Berti sagte nur: ›Bleib ruhig, das drehen wir noch.‹ Berti hat mir später gesagt, nach dem Elfmeter sei ihm klar gewesen, dass wir noch gewinnen. Es gab ja nur zwei Möglichkeiten: Zusammenbruch oder Trotzreaktion.«

Zwar verwandelte Sammers Dortmunder Teamkollege Patrik Berger zum 1:0 für die Tschechen, dennoch war es für die Deutschen der Weckruf zur richtigen Zeit. Sammer: »Vielleicht war der Elfmeter, der keiner war, genau das richtige Doping, um uns von Kopf bis Fuß wachzurütteln.«

Deutschland drehte noch das Spiel, Bierhoff stieg zum Helden auf – in der Öffentlichkeit, aber nicht im internen Kreis. Wenige Tage nach Turnierende antwortete Vogts auf die Frage, wer sein Topspieler dieser EM gewesen sei: »Matthias Sammer. Sein strategisches Gefühl für das Notwendige und das Richtige, wie er die Situationen genau liest und erkennt und die Mannschaft zusammen mit Thomas Helmer und Jürgen Klinsmann geführt hat, das gibt ihm einen kleinen Vorsprung. Doch ich möchte sie beide in einem Atemzug nennen: Matthias und die Mannschaft.«

Erstaunlich, rückte doch Vogts wegen seines Schlüsselspielers Sammer nun etwas ab von seinem Dauer-Credo »Der Star ist die ›

Nicht nur wegen seiner roten Haare ein Feuerkopf: Sammer droht mit erhobenem Zeigefinger

EM 1996 England

DIE BESTEN WOCHEN SEINES LEBENS

SAMMER ERSTER DDR-SPIELER IM DFB-TRIKOT

Führte die DDR im September 1990 zu ihrem letzten Spiel aufs Feld: Matthias Sammer

Schon fünfeinhalb Jahre vor der EM schrieb Matthias Sammer Geschichte: Im 293. und letzten Länderspiel der DDR am 12. September 1990 erzielte er beim 2:0-Sieg in Belgien die letzten beiden Tore der Auswahl – die Treffer 500 und 501. Sammer war in Brüssel Kapitän der Mannschaft, die nach dem Zusammenschluss der beiden Verbände Ost und West in der Nationalelf des DFB aufging. Er lief als einer der wenigen Stammspieler auf und bewies damit Charakterstärke. Die meisten seiner Mitspieler sagten unter fadenscheiniger Begründung ab, sie waren nicht mehr motiviert. Als erster Spieler aus der DDR wurde er in die gesamtdeutsche Nationalmannschaft unter Berti Vogts berufen und debütierte am 19. Dezember 1990 gegen die Schweiz (4:0). Sein letztes Spiel bestritt er am 7. Juni 1997 in der Ukraine (0:0). In 51 Spielen für den DFB erzielte Sammer acht Tore. Dazu kommen von November 1986 bis September 1990 23 Auswahlspiele für die DDR (sechs Tore), darunter sieben der acht WM-Qualifikationsspiele für das Turnier 1990 in Italien.

›Mannschaft«. Der EM-Sieg trug Sammers Handschrift.

Dabei war er gehandicapt ins Turnier gegangen. Der Rücken zwickte, nur Massagen und Spritzen halfen. Aber er biss sich durch wie in seinem ganzen Leben. So konnte Sammer alle sechs Partien der Europameisterschaft von der ersten bis zur letzten Minute durchspielen und kassierte – das ist bemerkenswert – als Abwehrchef lediglich zwei Gelbe Karten.

Die Wochen des englischen Sommers 1996 waren die besten seines Fußballer-Lebens, Sammer verkörperte den Spielmacher-Libero wie einst nur Franz Beckenbauer. Spielintelligent, durchsetzungsstark, mit Drang nach vorn. »Unser 3-5-2-System mit mir als Libero war einzigartig, aber schon nicht mehr auf dem neuesten Stand«, räumte Sammer später ein, »aber es hat funktioniert, wir haben es beherrscht. Auch die beste und modernste Taktik ist kein Garant für sportlichen Erfolg.« Eben. Weil es einen Leader braucht, einen Anführer. Und der hieß 1996 Sammer.

Jürgen Klinsmann war Mannschaftskapitän, Sammer der heimliche Chef. Wie ein Spielertrainer führte er Regie. Mit Worten und Taten. Als die Verletztenmisere unglaubliche Ausmaße annahm, forderte er: »Es darf keine Ausrede kommen, dass ein Bruch erfolgt, wenn der eine oder andere Spieler fehlt. Wir müssen eine klare Linie haben.« Wer nicht spurte, wurde auf dem Platz zusammengestaucht – so erging es Andreas Möller während des Viertelfinals gegen Kroatien.

Der »Feuerkopf«, so Sammers Spitzname wegen seiner roten Haare und seines extrovertierten, lautstarken Führungsstils, sorgte im zweiten Gruppenspiel gegen Russland für die wichtige 1:0-Führung, als er Torwart Dmitrij Charin überlupfte. Deutschland siegte

Der Ball ist schon im Tor, als Sammer den Bogen um Torwart Dmitrij Charin nimmt – das 1:0 gegen Russland. Links: Oliver Bierhoff

3:0, Sammer war obenauf – und nach der letzten Vorrundenpartie gegen Italien wieder ganz unten. Das Spiel geriet zur reinen Abwehrschlacht, der Motor des DFB-Teams stockte. »Wir haben uns selbst das Leben unheimlich schwer gemacht, grausam gespielt. Nach ein paar Minuten habe ich den Ball an Casiraghi verloren, der rannte allein aufs Tor, Andi Köpke hat ihn gefoult – Elfmeter. Zola schoss, Köpke hielt. Das war ein Schlüsselmoment, vor allem für die Italiener, die nach diesem 0:0 gegen uns nach Hause fahren mussten. Dabei war dieses italienische Team taktisch das beste, gegen das ich je gespielt habe«, findet Sammer, »deren Pressing war fantastisch, wir wussten zum Teil nicht, was wir mit dem Ball machen sollten.«

Sein Patzer, der beinahe zum Ausscheiden geführt hatte, trieb ihn zur Weißglut, aber noch mehr an. »Ich war stinksauer, vor allem auf mich selbst.«

Im Mannschaftshotel »Mottram Hall« traf er in der Nacht nach

IM STILE EINES TORJÄGERS *Matthias Sammer (r.) schießt den 2:1-Siegtreffer gegen Kroatiens Torwart Drazen Ladic. Es ist der Sammer-Moment des Turniers*

BIOGRAFIE

Matthias Sammer

Geboren am 5. September 1967 in Dresden.
1985 bis 1990:
102 DDR-Oberliga-Spiele und 39 Tore für Dynamo Dresden, 1989 und 1990 Meister.
1990 bis 1992:
63 Bundesliga-Spiele und 20 Tore für den VfB Stuttgart, 1992 Meister.
1992: 11 Serie-A-Spiele und 4 Tore für Inter Mailand.
1993 bis 1997:
115 Bundesliga-Spiele und 21 Tore für Borussia Dortmund, 1995 und 1996 Meister.
1995: Deutschlands Fußballer des Jahres.
1996: Deutschlands Fußballer des Jahres, Europas Fußballer des Jahres.
1997: Champions-League-Sieger, Weltpokalsieger.
1986 bis 1990: 23 Länderspiele und sechs Tore für die DDR.
1990 bis 1997:
51 Länderspiele und acht Tore.
1992: Vize-Europameister.
1996: Europameister.
2000 bis 2004: Trainer Borussia Dortmund, 2002 Meister.
2004 bis 2005:
Trainer VfB Stuttgart.
2006 bis 2012:
Sportdirektor beim DFB.
Seit 2012: Vorstand Sport Bayern München.

---

dem Spiel Boris Becker. Der Tennis-Profi, selbst überehrgeizig, baute Sammer wieder auf. Von Feuerkopf zu Feuerkopf. »Das musst du abhaken, ihr seid weiter. Guck nach vorne!«, riet Becker. Im Rückblick sagt Sammer nun: »Er hatte ja so recht. Das Italien-Spiel war der Schlüssel zum Titelgewinn. Es zeigte uns, dass wir alles in die Waagschale werfen mussten, wenn wir erfolgreich sein wollten. Mit halber Kraft ging nichts, das war uns jetzt klar.«

Da war sie wieder, die Becker-Faust – bildlich gesprochen.

Die Reaktion kam prompt: Im Viertelfinale gegen Kroatien riss Matthias Sammer nach Platzverweis gegen Igor Stimac (56.) das Spiel an sich, rückte vor die Abwehr und schoss in der 59. Minute das entscheidende Tor zum 2:1-Sieg, als er wie ein Stürmer vor dem Tor der Kroaten auftauchte. Es war der Sammer-Moment des Turniers.

»Markus Babbel setzte auf dem Flügel Körper und Geist ein, spielte den Ball in die Mitte, und mir gelang der Siegtreffer.« Sammers Kopfball wurde abgeblockt, gegen den Nachschuss mit dem Spann war Torwart Drazen Ladic machtlos. Ein Sieg der Mentalität, ein Sammer-Sieg.

Jürgen Klinsmann schwärmte vom Libero, wie er das nie über Lothar Matthäus getan hätte: »Matthias hat so viel Persönlichkeit und so viel Begabung in seinem Spiel, dass er permanent von hinten das Spiel antreiben kann.«

Es gibt aber auch den anderen Matthias Sammer, der sich nicht in den Vordergrund drängt. Weil er einen Spielertypus verkörperte, der seine Grenzen kennt und weiß, wann er der Mannschaft helfen kann und wann eben nicht. Wie beim Elfmeterschießen gegen England im Halbfinale: Sammer verweigerte sich. »Ich habe gleich zu Berti gesagt: ›Ich schieße nicht.‹ Ich fühle mich unwohl bei so etwas. Wenn ich anlaufe, erscheint mir die linke Ecke immer genauso reizvoll wie die rechte. Ich schaute zu, ging zu Andi Köpke und gab ihm einen Klaps und sagte: ›Komm, Andi, schnapp dir einen!‹« Köpke hielt den sechsten Elfmeter von Southgate, Möller verwandelte, das Finale war erreicht. Sammers überragende Rolle würdigten die Experten mit zwei persönlichen Auszeichnungen und wählten ihn zu Deutschlands und Europas Fußballer des Jahres. Er ist bis heute der letzte Deutsche, der zum besten Spieler des Kontinents gekürt wurde.

Überhaupt: Mitte der Neunzigerjahre erlebte Matthias Sammer seine sportlich erfolgreichste Zeit. Mit Borussia Dortmund wurde er 1995 und 1996 Deutscher Meister und gewann 1997 die Champions League (3:1 im Finale gegen Juventus Turin). Auf die Frage, ob dies seine Glanzzeit als Aktiver gewesen sei, antwortet er: »1994 bis 1996 war sicher die Blüte. Leider habe ich 1997 dann diese Infektion bekommen und mein letztes Bundesliga-Spiel bestritten.«

Sein größter Moment: die 120 Minuten gegen England: »Dieses Halbfinale ist das tollste Spiel, an das ich mich erinnern kann.«

EM 1996 England

27 MINUTEN – DAS SPIEL SEINES LEBENS

Oliver Bierhoff Der Mittelstürmer war gefrustet: Im ersten Spiel war er eingewechselt worden, im zweiten ausgewechselt, dann kam er gar nicht mehr zum Einsatz. Sein großes Glück war der Elfmeter zum 0:1 im Endspiel, sagt er

BEFREIT VON ALLEN ZWÄNGEN
Nach seinem erfolgreichen Torschuss (kleines Foto) reißt sich Oliver Bierhoff das Trikot vom Leib und rennt in die deutsche Fankurve. Christian Ziege (l.) und Thomas Häßler holen Bierhoff als Erste ein

Bis in die Abendstunden des 30. Juni war Oliver Bierhoff einer der Verlierer im deutschen Team. Obwohl das Verletzungspech einen großen Bogen um ihn machte, hatte er von den 480 Minuten bis zum Anpfiff des Endspiels nur 92 gespielt: die letzten acht Minuten gegen Tschechien im Auftaktspiel und 84 in der zweiten Begegnung gegen Russland. Dabei hatte er vor dem Turnier doch überall lesen können, er sei der ideale Sturmpartner von Jürgen Klinsmann. Berti Vogts sah das trotz der späten Nominierung von Bierhoff etwas anders und setzte lieber auf Fredi Bobic und Stefan Kuntz.

Selbst als im Halbfinale gegen England Klinsmann und Bobic ausfielen, blieb Bierhoff Zuschauer, »diesmal tat es mir besonders weh«. So war es kein Wunder, dass der Mittelstürmer in Diensten des italienischen Klubs Udinese Calcio auch auf der Ersatzbank Platz nahm, als das Finale begann.

Als Patrik Berger den Elfmeter zum 1:0 für Tschechien verwandelte (59.), dehnte Bierhoff hinter dem Tor gerade seine Muskeln und Sehnen. Der Rückstand war zwar niederschmetternd, für Bierhoff aber die Wende zum Guten, wie er offenherzig bekannte: »Wenn wir nicht das 0:1 bekommen hätten, hätte ich vielleicht gar nicht gespielt. So tat mir Patrik Berger mit seinem Tor einen wirklich großen Gefallen.«

Berti Vogts beorderte Bierhoff in der 69. Minute an die Seitenlinie, schon vier Minuten nach seiner Einwechslung köpfte er den Ausgleich nach einstudierter Freistoßvariante, obwohl Bierhoff sich nicht an die Absprache hielt. Zum Glück: »Normalerweise sollte ich zum kurzen Pfosten. Diesmal bin ich aber zum langen, intuitiv, ohne genau zu wissen warum.« Beim zweiten Treffer, seinem »Golden Goal« in der 95. Minute, dem fünften Tor in seinem achten Länderspiel, musste er sich an kein Drehbuch halten. Er schoss einfach aus der Drehung mit links und hatte ›

Glorreiches Exponat: Bierhoffs Fußballschuhe sind im DFB-Museum in Dortmund ausgestellt

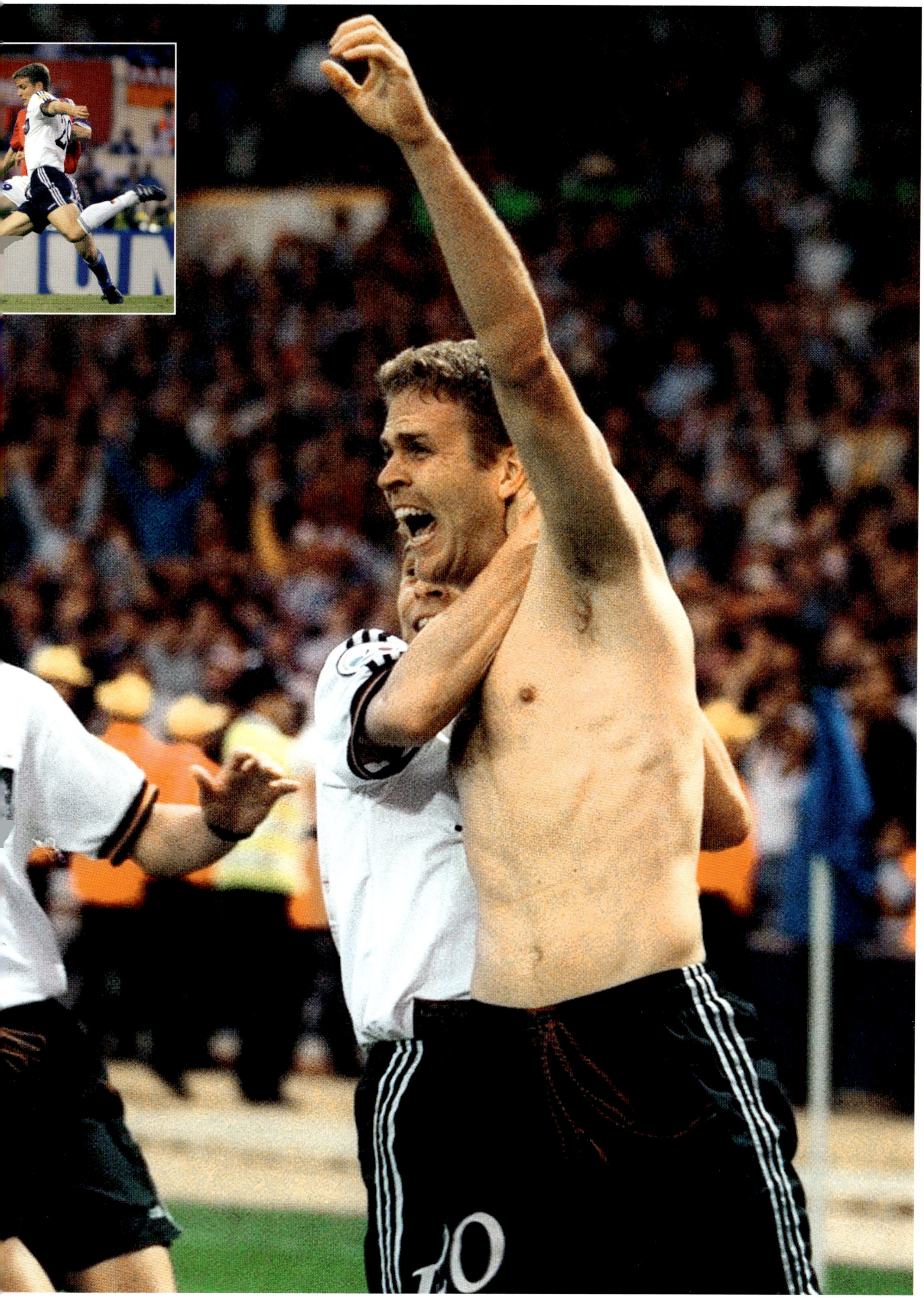

EM 1996 England

ABSTIEG IN DIE 2. ITALIENISCHE LIGA

TEAMMANAGER BIERHOFF

Höhepunkt in seinem Job als Teammanager: Oliver Bierhoff feiert den WM-Titel 2014

Zwei Jahre nach dem Ende seiner Nationalmannschafts-Karriere, 70 Länderspielen und 37 Toren, war Oliver Bierhoff wieder zurück: als Teammanager der Nationalelf. Nach dem Scheitern in der Vorrunde der EM 2004 stellte sich der DFB neu auf und installierte am 29. Juli desselben Jahres erstmals diesen Job. In den ersten beiden Jahren arbeitete Jürgen Klinsmann als Bundestrainer an seiner Seite, so spielte der Sturm der EM 1996 und der WM 1998 wieder Doppelpass. Seit August 2006 bilden Bierhoff und Joachim Löw ein Team. Höhepunkt seiner Amtszeit war der WM-Triumph 2014 in Brasilien mit der Wahl des neu gebauten Teamquartiers Campo Bahia. Im Edelresort bei Santo André wohnten die Spieler in vier Wohngemeinschaften, entwickelten dort den Teamgeist, der sie durchs Turnier zum vierten WM-Titel für Deutschland trug und schwärmten von Bierhoffs Idee. Der hatte von Anfang an geglaubt, dass in den Wohngemeinschaften »ein ganz besonderer Spirit entstehen kann«. Er behielt recht.

› das große Glück, dass Tschechiens Torwart Petr Kouba den leicht abgefälschten Ball nicht halten konnte.

Es passte zur alles andere als normalen Karriere des Oliver Bierhoff, der in England die Reihe der ungewöhnlichen Mittelstürmer-Geschichten bei EM-Endrunden fortsetzte. Seine zwei Joker-Tore erinnerten stark an den Kölner Dieter Müller, der 1976 beim Debüt im Halbfinale gegen Jugoslawien sogar drei Tore erzielte. Und die Parallelen zum Helden von 1980, Horst Hrubesch, sind ebenso augenfällig. Hrubesch hatte erst wenige Wochen vor dem Turnier sein Länderspiel-Debüt gegeben und markierte im Finale gegen Belgien mit seinen ersten beiden Toren den 2:1-Sieg.

Wie seine Vorgänger war Bierhoff ohne Lobby zur EM gereist, nach lediglich fünf Länderspielen. Er hatte allerdings internationale Erfahrung: Nach erfolglosen Bundesliga-Engagements in Uerdingen, beim HSV und Borussia Mönchengladbach wechselte er 1990 zu Casino Salzburg. Bierhoff kostete nur noch 175 000 D-Mark Ablöse. Im Wohnzimmer des Casino-Präsidenten verfolgte er das WM-Finale von Rom und dachte nach dem 1:0-Triumph über Argentinien bei sich: »Was muss das für ein irrsinniges Glücksgefühl sein. Leider wird das für mich wohl immer nur ein Traum bleiben.«

22 Jahre war er da alt. Nun, Weltmeister wurde Bierhoff nie. Aber ist es wirklich ein kleineres Glück, Europameister zu werden? Als er sich nach seinem »Golden Goal« das Trikot vom Leib riss und zu den Fans in die Kurve rannte, war weit und breit kein glücklicherer Mensch im Stadion zu sehen als der lange verkannte Stürmer.

Die seltsamen Wendungen, die eine Karriere nehmen kann, kamen ihm später in den Sinn. Und sein beschwerlicher Weg nach oben, der ihn 1991 nach 23 Toren für Casino Richtung Italien führte. Offiziell gehörte Bierhoff Inter Mailand, aber der Weltklub lieh ihn sofort aus. Zu Ascoli Calcio. Es war ein Abstieg, buchstäblich. Die Mannschaft fuhr im Bus ohne WC und Klimaanlage zu Auswärtsspielen, die Fans zerkratzten sein Auto und terrorisierten Bierhoff am Telefon, wenn es schlecht lief. Es lief sehr schlecht. 1992 stieg Ascoli in die 2. Liga ab. Bierhoff wurde 1992/93 zwar Torschützenkönig und »bester Ausländer der Liga«, aber Ascoli blieb zweitklassig.

Da nahm es wunder, dass Berti Vogts, der ihn in den 80er-Jahren über fünf Spielzeiten in verschiedenen U-Mannschaften des DFB getestet und für gut befunden hatte, im September 1994 zu einem Lehrgang einlud. Einen Zweitliga-Spieler aus Italien. »Ich wagte damals nicht, auf meine Chance zu hoffen. Aber es war ein neuer Ansporn für mich«, sagt Bierhoff. Ein Jahr vor der EM schaffte er es endlich in die Serie A, Udinese Calcio investierte umgerechnet 2,2 Millionen D-Mark in den Deutschen. Und dann kam er, der Brief vom DFB. Vogts lud ihn zum Länderspiel gegen Portugal im Februar 1996 ein. Bierhoff debütierte und bereitete das Siegtor vor. Er durfte bleiben. Schon im zweiten Spiel schoss er Tore, beide zum 2:0

Auf grünem Rasen aktiv, nur selten allerdings beim Fußball: Oliver Bierhoff und Oliver Reck (r.) im Golf-Cart

gegen Dänemark in München. Dann kam die Geschichte, die jeder Verleger einem Autor um die Ohren schlagen würde – zu kitschig. Aber wahr war sie doch, wie Vogts nach der EM beteuerte: Es begab sich im Frühling 1996, als der Bundestrainer mit seiner Frau Monika in Venedig in einer Gondel saß und nur an Fußball dachte. »Soll ich den Kirsten mitnehmen, den Herrlich, den Riedle oder doch den Bierhoff?«, fragte er sich laut. Seine Frau, unter dem frischen Eindruck eines Spiels von Bierhoff, empfahl ihm den Essener Kaufmannssohn: »Nimm den Oliver, er wird es dir eines Tages danken.« So kam es, auch wenn es lange nicht danach aussah.

Bierhoff hatte nicht nur sportlich einen schweren Stand in der Mannschaft. Für einen Neuling trat er einigen Mitspielern zu selbstbewusst auf, andauernd hatte er das Handy am Ohr, auch im Mannschaftsbus, und parlierte Italienisch. Zwar aus gutem Grund, es ging um seine Zukunft, aber es nervte die Kameraden.

Er erhielt deutliche Hinweise von Mitspielern, die einem Telefonverbot gleichkamen. Missfallen erregte zudem sein eloquentes Verhalten in Interviews, zu schlagfertig und gewählt drückte er sich für einen Neuling aus. Aber Bierhoff war schon 28 Jahre alt, spielte in der Serie A, die international über der Bundesliga angesiedelt war, und wollte sich nicht kleiner machen, als er war. Verunsichert fragte er Thomas Häßler und Matthias Sammer, ob er sich tatsächlich so arrogant verhalte. Ihnen zumindest war nichts aufgefallen, aber als sich Bierhoff bei einem Pressetermin zu den Journalisten setzte – normal ist es umgekehrt –, zischte wieder einer: »Der benimmt sich, als hätte er schon 60 Länderspiele.« Schließlich nahm ihn Stefan Kuntz beiseite und warnte fürsorglich: »Du bietest zu viele Angriffsflächen.«

Selbst Berti Vogts, sein Förderer, war in den EM-Tagen keine Stütze. Kein ermutigendes Wort kam, und vor allem folgten keine dienstlichen Aufträge mehr nach den beiden Einsätzen in der Gruppenphase. Bierhoff hielt seinen Frust nicht zurück. Nach dem Viertelfinale beschwerte er sich: »Ich verstehe den Bundestrainer nicht und bin auch nicht einverstanden mit seiner Entscheidung. Eine Spitze gegen die Kroaten, als Klinsmann verletzt war – das ist zu wenig, finde ich.« Zur Strafe verpasste er das Halbfinal-Drama gegen England. Und gegen Tschechien kam Bierhoff nur zum Einsatz, weil außer ihm bloß noch Verteidiger René Schneider auf der Ersatzbank saß. Nach seinen glanzvollen 27 Minuten, in denen er Deutschland zum Europameister schoss und köpfte, war Oliver Bierhoff zwar zuweilen immer noch umstritten. Teamchef Rudi Völler attestierte ihm einmal im Zorn »Füße aus Malta«, aber weder Vogts (bis 1998) noch die Nachfolger Erich Ribbeck (bis 2000) und Völler konnten an ihm vorbei. Schon bei der EM 2000 war Oliver Bierhoff, 1997/98 Torschützenkönig der Serie A (27 Tore) und 1998 Fußballer des Jahres in Deutschland, DFB-Kapitän und trug das rot-schwarze Trikot des Traditionsvereins AC Milan. »Das Finale gegen Tschechien kann man wohl als das Spiel meiner Karriere bezeichnen«, sagte Bierhoff noch oft, obwohl weitere 62 Länderspiele, darunter zehn bei WM-Endrunden, und 32 Tore hinzukamen. 2002 beendete er seine DFB-Karriere als Vizeweltmeister. Auch im Finale gegen Brasilien spielte er nur kurz: In der 74. Minute kam Bierhoff für Miroslav Klose, es stand 0:1 wie 1996. Fünf Minuten später schoss Ronaldo das 2:0 – die Partie war entschieden. Und Bierhoff längst über seinen Zenit hinaus.

Die WM 2002 geriet schnell in Vergessenheit, nur Sieger leben ewig. Das spürt Bierhoff immer dann, wenn er den großen Pavel Nedved, den vielleicht besten tschechischen Spieler aller Zeiten, wiedersieht. Dann bekommt er stets denselben Spruch zu hören: »Du hast 1999 mir und Lazio Rom am letzten Spieltag die Meisterschaft weggeschnappt, und du hast mir 1996 den EM-Titel geklaut.« ◆

BIOGRAFIE

Oliver Bierhoff

Geboren am 1. Mai 1968 in Karlsruhe.
1986 bis 1988:
31 Bundesliga-Spiele und 4 Tore für Bayer Uerdingen.
1988 bis 1989:
34 Bundesliga-Spiele und 6 Tore für den Hamburger SV.
1990: *8 Bundesliga-Spiele für Borussia Mönchengladbach.*
1990 bis 1991:
32 Bundesliga-Spiele und 23 Tore für SV Casino Salzburg.
1991 bis 1995:
17 Serie-A-Spiele und 2 Tore, 100 Serie-B-Spiele und 46 Tore für Ascoli Calcio.
1993: *Serie-B-Torschützenkönig.*
1995 bis 1998: *86 Serie-A-Spiele und 57 Tore für Udinese Calcio.*
1998: *Serie-A-Torschützenkönig, Deutschlands Fußballer des Jahres.*
1998 bis 2001:
91 Serie-A-Spiele und 36 Tore für AC Mailand, Meister 1999.
2001 bis 2002: *18 Ligue-1-Spiele und 5 Tore für AS Monaco.*
2002 bis 2003: *26 Serie-A-Spiele und 7 Tore für Chievo Verona.*
1996 bis 2002: *70 Länderspiele und 37 Tore für Deutschland.*
1996: *Europameister.*
2002: *Vize-Weltmeister.*
Seit 2004: *Teammanager deutsche Nationalmannschaft.*

DEUTSCHLANDS BESTER BOTSCHAFTER IN ENGLAND

Jürgen Klinsmann Der Kapitän war zwei Jahre vor der Endrunde auf die Insel gewechselt – zu Tottenham Hotspur. Er wurde angefeindet und eroberte dennoch die Herzen der Fans im Sturm. Aber bei der EM tat er sich schwer, auch beim Happy End

EM 1996 England

TIEFER DIENER *Jürgen Klinsmann gibt vor dem Finale Queen Elizabeth II. die Hand. Uefa-Präsident Lennart Johansson (dazwischen) hat beide bekannt gemacht. Danach stellt Klinsmann der Königin von England seine Mitspieler der Reihe nach vor. Dem Protokoll entsprechend geht Ehemann Prinz Philip hinter ihr*

Für den deutschen Kapitän war die Europameisterschaft ein echtes Heimspiel. Auf der Insel, in der unvergleichlichen Atmosphäre der reinen Fußballstadien, habe er sich »von der ersten Minute an wie zu Hause gefühlt«, erklärte Jürgen Klinsmann schon zwei Jahre vor Turnierbeginn.

Ein auf den ersten Blick erstaunliches Bekenntnis, war der Stürmer im Sommer 1994 bei seinem Wechsel zu Tottenham Hotspur doch nicht gerade mit offenen Armen empfangen worden. Die englische Boulevardpresse, traditionell wenig zimperlich und nie verlegen, das Bild des »hässlichen Deutschen« zu zeichnen, empfing Klinsmann mit Hohn und Spott und schürte Neid angesichts seines kolportierten Topgehalts von rund 100 000 D-Mark im Monat. Einen Spitznamen hatten die Journalisten wegen seiner Fallsucht im gegnerischen Strafraum auch schnell gefunden: »Diver«, ein unfairer Taucher, ein feiger Schwalbenkönig. Zur Schlagzeile »Mach den Klinsmann« druckte die auflagenstarke »Sun« drei Beispiel-Zeichnungen eines Sturzes ohne Fremdeinwirkung. Klinsmann blieb gelassen: »Englands Medien provozieren gerne. Ich durfte nicht nur der Reagierende sein, sondern der Agierende, und das ist mir ganz gut gelungen«, sagte er und konterte die verbalen Attacken. In seinem ersten Interview fragte er die verblüfften Reporter, wo denn eigentlich die nächste Tauchschule zu finden sei. Und als ihm zu Saisonstart 1994/95 bei seinem

Klinsmanns witzige Antwort auf seine Fallsucht: Seine Tore für Tottenham feiert er mit dem sogenannten »Diver«, seinem persönlichen Tauchgang

163

FLEISCHGEWORDENER JUBEL *Klinsmann läuft nach seinem Traumtor gegen Russland auf die Fotografen zu, verzichtet diesmal auf den »Diver«*

WM 1990 AUCH EIN HEIMSPIEL FÜR KLINSMANN

Die Krönung im Fußballerleben: Klinsmann mit WM-Pokal

Wie bei der EM 1996 genoss Jürgen Klinsmann auch bei der WM 1990 in Italien, seinem ersten großen und mit Abstand besten Turnier mit der A-Nationalmannschaft, ein Heimspiel in der Fremde. Klinsmann stand bei Inter Mailand unter Vertrag, wohnte nur zehn Auto-Minuten vom Mannschaftshotel in Erba entfernt am Comer See. Im Achtelfinale gegen Holland spielte Klinsmann das Spiel seines Lebens. Nach dem (unberechtigten) Platzverweis für Rudi Völler lief er für zwei und nahm seine Gegenspieler mit auf unendliche Wege, bis ihnen die Puste ausging. »Ich bin bewusst ans Limit und wie in Trance mehrmals auch darüber hinausgegangen. Ich habe instinktiv gespürt, dass viel mehr Raum auf dem Feld ist und ich mehr rennen muss, um Rudis Ausfall zu kompensieren«, erklärte Klinsmann. Mit seinem Volleyschuss zum 1:0 in der 51. Minute ebnete er den Weg zum 2:1-Erfolg und späteren WM-Triumph (1:0 gegen Argentinien). Neben Torwart Illgner, Libero Augenthaler, Kapitän Matthäus, Berthold und Buchwald war Klinsmann einer von sechs deutschen Spielern, der in jedem Turnierspiel zum Einsatz kam.

EIN SAUBERMANN ZUM GERNHABEN

› Debüt im Auswärtsspiel gegen Sheffield Wednesday ein Tor gelang, warfen sich Klinsmann und einige Mannschaftskameraden bäuchlings auf den Rasen und imitierten einen formvollendeten Tauchgang.

Mit derart entwaffnendem Humor, starken sportlichen Leistungen und seiner kämpferischen Spielweise eroberte Klinsmann die Herzen der Engländer im Sturm. Der Spurs-Dress mit der Rückennummer 18 und seinem Namenszug wurde zum Verkaufsschlager. Binnen kürzester Zeit gingen über 150 000 Exemplare über den Ladentisch. Die »Sun« schwenkte rasch um und zitierte ihre verzückten Leser in dicken Lettern: »ooh aah wunderbar«. Die renommierte »Times« nannte den blonden Publikumsliebling gar den »besten englischen Import seit Gottlieb Daimler«.

Bis zum Saisonende erzielte Klinsmann 20 Tore in der Premier League und wurde zu »Englands Fußballer des Jahres« gewählt. Er war erst der zweite Deutsche seit dem legendären Torhüter Bert Trautmann (1956, Manchester City), dem diese Ehre zuteil wurde, und der vierte Nichtbrite überhaupt. Tottenham führt ihn seither offiziell als »Legende«.

Gegen den sympathischen »Kraut« war kaum ein Kraut gewachsen. Weder im Strafraum noch abseits des Platzes. Im VW-Käfer-Cabrio durch die Straßen der englischen Hauptstadt knatternd, präsentierte sich Klinsmann volksnah und ohne Starallüren. Mehr noch: Er engagierte sich für die Kinder-Aids-Hilfe, besuchte Behinderten-Einrichtungen und Strafanstalten und wurde zum »Cleansman«, einem Saubermann zum Gernhaben. Ab Januar 1995 kommentierte er als erster noch aktiver Fußballer bei der BBC das »Spiel des Tages«.

Einen besseren Botschafter konnte der DFB für die Europameisterschaft also gar nicht aufbieten. Klinsmann stand wie kein anderer für die Stehauf-Mentalität, die Widrigkeiten und auch das Quäntchen Glück, die den Turnierverlauf der deutschen Auswahl prägten. Schon in der Qualifikationsphase war er zum überragenden Mann avanciert und in den zehn Ausscheidungsspielen mit neun fast immer spielentscheidenden Treffern der Erfolgsgarant im Kader von Berti Vogts. Zum Turnierstart allerdings blieb der Kapitän draußen, das Auftaktspiel gegen Tschechien erlebte er wegen der zweiten Gelben Karte, die er im letzten Qualifikationsspiel gegen Bulgarien kassiert hatte, gesperrt auf der Tribüne des Old Trafford.

Sein Comeback in England konnte »King Klin« so erst im zweiten Spiel feiern. Er zelebrierte es als Doppeltorschütze beim 3:0 gegen Russland mit einem Knalleffekt: Sein Treffer zum 2:0 (77.), ein technisch anspruchsvoller Schuss aus vollem Lauf in den linken Torwinkel, bleibt als einer der spektaku- ›

Sein schönster Treffer bei der EM: In der 77. Minute überwindet Klinsmann mit einem wunderbaren Außenristschuss Russlands Torwart Dmitri Charin zum 2:0

BIOGRAFIE

JÜRGEN KLINSMANN

Geboren am 30. Juli 1964 in Göppingen.

1981 bis 1984: *61 Zweitliga-Spiele und 22 Tore für Stuttgarter Kickers.*

1984 bis 1989: *156 Bundesliga-Spiele und 79 Tore für VfB Stuttgart.*

1988: *Bundesliga-Torschützenkönig, Deutschlands Fußballer des Jahres.*

1989 bis 1992: *95 Serie-A-Spiele und 34 Tore für Inter Mailand.*

1989: *Italienischer Supercup.*

1991: *Uefa-Pokal-Sieger.*

1992 bis 1994: *65 Ligue-1-Spiele und 29 Tore für AS Monaco.*

1994 bis 1995: *41 Premier-League-Spiele und 21 Tore für Tottenham Hotspur.*

1994: *Deutschlands Fußballer des Jahres.*

1995: *Welttorjäger, Englands Fußballer des Jahres.*

1995 bis 1997: *65 Bundesliga-Spiele und 31 Tore für Bayern München, 1997 Meister.*

1996: *Uefa-Pokal-Sieger.*

1997: *8 Serie-A-Spiele und 2 Tore für Sampdoria Genua.*

1998: *15 Premier-League-Spiele und 9 Tore für Tottenham Hotspur.*

1987 bis 1998: *108 Länderspiele und 47 Tore für Deutschland.*

1988: *Olympische Bronze-Medaille.*

1990: *Weltmeister.*

1996: *Europameister.*

2004 bis 2006: *Trainer Deutschland.*

2005: *Confed Cup 3. Platz.*

2006: *WM 3. Platz.*

2007: *Bundesverdienstkreuz am Bande.*

2008 bis 2009: *Trainer Bayern München.*

Seit 2011: *Trainer USA.*

2013: *CONCACAF Gold Cup.*

Seit 2013: *Technischer Direktor USA.*

EM 1996 England

NACH FRUSTFOUL
SIEHT ER NUR GELB

ER SCHUF DAS SOMMERMÄRCHEN

Jürgen Klinsmann und sein Assistent und Nachfolger Joachim Löw bei der WM 2006

Nach der verkorksten EM 2004, dem Aus in der Vorrunde, trat Rudi Völler als Teamchef zurück. Der DFB suchte einen Nachfolger. Berti Vogts gab den Tipp, den in Kalifornien lebenden Jürgen Klinsmann zu berufen. Als Teamchef wie zuvor bereits Beckenbauer, Ribbeck und Völler. Der damals 40-Jährige hatte noch nie eine Profimannschaft trainiert und besaß nicht die erforderliche Lizenz. Mit ihm stiegen Oliver Bierhoff als Teammanager und Joachim Löw als Co-Trainer ein. Ein Risiko, das 2006 im Sommermärchen endete. Klinsmann, kurz vor der WM nach einem 1:4 gegen Italien schwer kritisiert, führte seine Mannschaft auf Platz drei und Fußball-Deutschland in einen Rausch. Nach der WM trat Klinsmann zurück, Löw übernahm. Später bereute Klinsmann seine Entscheidung. Er saß nur bei 34 Spielen auf der Bank. Die Bilanz: 20 Siege, 8 Remis, 6 Niederlagen, 81:43 Tore. Weitaus weniger erfolgreich war seine zweite Rückkehr nach Deutschland: 2008 wurde er Trainer von Bayern München und im April 2009 wegen Erfolglosigkeit entlassen. Seit 29. Juli 2011 ist er Trainer der US-Auswahl, kam bei der WM 2014 bis ins Achtelfinale.

› lärsten Momente des Turniers im Gedächtnis. Klinsmann beschrieb ihn wie folgt: »Ich hatte Mühe, meinen Rhythmus zu finden, weil ich wusste, dass ich bei der Hitze nicht 90 Minuten Power gehen kann. Ich wusste aber, dass ich noch genügend Kraft für einen schnellen Spurt in mir habe. Also: Antritt, Überraschung, vorbei. Dann ging alles instinktiv. Ich habe an nichts mehr gedacht. Mein Schuss mit dem Außenrist – er hätte auch die Eckfahne treffen können. Aber ich war voller Selbstvertrauen. Als der Ball drin war, war es wie eine Erlösung. Ich hatte die Gewissheit, ich bin der Alte. Ab diesem Augenblick war ich richtig drin in der EM. Und ich will lange drinbleiben.«

Daraus wurde nichts. Im Viertelfinale gegen Kroatien hatte Klinsmann zunächst Glück, dass ihm der schwedische Schiedsrichter Leif Sundell in der 7. Spielminute nach einem Frustfoul gegen Goran Vlaovic, der ihm auf Höhe der Mittellinie den Ball abgeluchst hatte, lediglich Gelb zeigte. Bei strenger Regelauslegung hätte der rustikale Tritt durchaus als Tätlichkeit geahndet werden können. In der 20. Minute setzte er ein sportliches Zeichen, als er nervenstark, hart und platziert einen Handelfmeter zur deutschen 1:0-Führung verwandelte. Nach weiteren 20 Minuten musste Klinsmann jedoch verletzt den Platz verlassen – Muskelfaserriss. Die Schulmedizin setzt für die Ausheilung einer solchen Blessur drei bis vier Wochen an. Nationalmannschafts-Arzt Hans-Wilhelm Müller-Wohlfahrt erklärte: »Wir haben Klinsmann noch in der Kabine gesagt, dass für ihn die EM zu Ende ist.«

Und dennoch taten der Sportmediziner aus München und sein Team alles Menschenmögliche, um sich selbst Lügen zu strafen: Täglich vier bis sechs Stunden wurde Klinsmann mit Massagen, Infusionen, Infiltrationen in den Muskel, Lymphdränage, Laser- und Elektrobehandlung, Salbenverbänden und Heilerde behandelt.

Klinsmann kämpfte wie besessen um sein Comeback, er wollte unbedingt noch einmal in Wembley spielen, auf dem feinen Rasenteppich, von dem er schon als Kind geträumt hatte. Die knappen zehn

Lautstarker Ordnungshüter: Klinsmann weist Andreas Möller auf einen Fehler hin, animiert ihn zu mehr Hingabe. Rechts: Fredi Bobic

SICHER VOM ELFMETERPUNKT *Der Kroate Drazen Ladic macht sich lang, kann den von Klinsmann platziert geschossenen Handelfmeter aber nicht halten – das 1:0 gegen Kroatien im Viertelfinale (20.). Es ist Klinsmanns drittes und letztes Tor in diesem Turnier*

Minuten, die er hier im September 1991 beim deutschen 1:0-Testspielsieg über England miterleben durfte, hatten Lust auf mehr gemacht.

Etwas mehr als ein Jahr zuvor, im April 1995, hatte er mit den Spurs den Einzug ins englische Pokalfinale in Wembley durch eine 1:4-Niederlage gegen den späteren Sieger Everton verpasst. Sollte er wieder nur zuschauen dürfen? Am Freitag vor dem Finale, nur fünf Tage nach der Verletzung, trabte Klinsmann erstmals leicht. Am Samstag durfte er vorsichtig gegen den Ball treten, beim Aufwärmen vor dem Spiel die ersten Sprints machen. Eine Wunderheilung? Nein, vielmehr »ein optimaler Patient bei optimaler Betreuung«, wie Dr. Müller-Wohlfahrt betonte. Der Kapitän hatte sich zurück an Bord gekämpft. Seine erste Amtshandlung bestand in einem tiefen Diener vor Queen Elizabeth II., der er sodann seine Kameraden der Reihe nach vorstellte. Knappe zwei Stunden später folgte die noch schönere Begegnung mit Ihrer Majestät, aus deren Händen Klinsmann als Erster die EM-Trophäe in Empfang nehmen durfte. Dazwischen, in und um den tschechischen Strafraum, lag viel Kampf und manch Krampf. Sichtbar gehandicapt durch seine Verletzung war Klinsmann im Ringen mit seinem Gegenspieler Jan Suchoparek zumeist unterlegen. Und dennoch: Sein Einsatz war immens wichtig. Er bestach wie üblich durch enormes Laufpensum, vor allem aber durch beständige Anfeuerung der Mitspieler – Jürgen Klinsmann war der Mensch gewordene Teamgeist. Und in den entscheidenden Minuten gewann er Spielfreude und Gefährlichkeit zurück. Wie in jener 95. Minute, als seine Hereingabe vom rechten Strafraumeck bei Oliver Bierhoff landete, der zum 2:1-Sieg traf. ●

Nackte Freude: Vorlagengeber Klinsmann und der finale Torschütze Bierhoff (r.)

167

ELFMETER-HELD *Andreas Köpke wird von (v. l.) Thomas Häßler, Torwarttrainer Sepp Maier, Fredi Bobic und Marco Bode (vorn) im Jubel zu Boden gerissen. Der deutsche Torwart ist der heimliche Matchwinner nach seinem gewonnenen Duell gegen Gareth Southgate*

WIEDER EIN DRAMA
VOM ELFMETER-PUNKT

England – Deutschland 6:7 n. E. Im ersten Pflichtspiel beider Giganten nach dem WM-Halbfinale von 1990 triumphierte die deutsche Elf erneut. Der zwölfte Schütze entschied die Partie

EM 1996 England

Wie ein stolzer Pfau: Andreas Möller imitiert nach seinem Elfmeter zum 6:5 Englands Spielmacher Paul Gascoigne und dessen aufreizende Jubelpose. Deutschland ist im Finale

Der Klassiker zog ganz Europa in den Bann. England gegen Deutschland am Ort der Fußball-Mythen, dem Wembley-Stadion – das musste einfach ein gutes Spiel werden. Es wurde nach allgemeiner Ansicht das beste dieser EM.
Dabei hatten die Leistungen beider Teams nicht wirklich darauf hingedeutet: Die Deutschen hatten zwei bessere, ein schlechtes (Italien) und ein hässliches Spiel (Kroatien) gezeigt. Nach der Treterei im Viertelfinale sagte Kroatiens Verteidiger Slaven Bilic mit der Verachtung des schlechten Verlierers: »Ich habe noch nie eine deutsche Mannschaft gesehen, die spielerisch und körperlich so schwach drauf war.« Günter Netzer versuchte in seinem SPORT BILD-Kommentar das Gute herauszustreichen: »Deutschland wäre dumm, einen anderen Fußball zu suchen als den, den es beherrscht. Die anderen, die besser Fußball spielen, suchen nach dem, was der deutsche Fußball hat: Killerinstinkt.«
Und die Gastgeber? Die hatten ihre Anhänger trotz des Prestige-Erfolges gegen Schottland im zweiten Gruppenspiel (2:0) nur beim 4:1 gegen die Holländer zum Abschluss der Vorrunde verzückt, aber schon da hatte Trainer Terry Venables gewarnt: »Eine solche Leistung werden wir kaum wiederholen können.« Mit einem solchen Freibrief ausgestattet, retteten sich seine Spieler im Viertelfinale gegen überlegene Spanier nach ebenso zähen wie torlosen 120 Minuten ins Elfmeterschießen, wo sie diesmal ihr Trauma vom Kreidepunkt überwanden und alle vier Schüsse im Tor unterbrachten (4:2 i. E.). Torwart David Seaman wurde nur zweimal überwunden und mit zwei Paraden zum neuen Nationalhelden. Er nannte sich selbst »den besten Torwart der Welt«. Vor dem ersten Pflichtspiel der Giganten seit dem legendären WM-Halbfinale von 1990, das Deutschland nach Elfmeterschießen 5:4 gewann, hatte Englands Trainer Venables kaum Personalsorgen. Er musste nur den gelbgesperrten Rechtsverteidiger Gary

169

EM 1996 England

**PRESSESTIMMEN:
»MÖLLER LÄSST ENGLAND WEINEN. KAMPFMASCHINE DEUTSCHLAND«**

»Ein Spiel, in dem niemand eine Niederlage verdiente. Wie soll das Finale jemals an dieses Drama heranreichen oder es sogar überbieten?«
THE GUARDIAN, ENGLAND

»Nach einem Match, das einem Finale würdig gewesen wäre, hat im Elfmeterschießen der deutsche Realismus über den englischen Enthusiasmus gesiegt.«
L'ÉQUIPE, FRANKREICH

»Möller lässt England weinen. Diese Kampfmaschine Deutschland, niemals geschlagen und immer da.«
LE PARISIEN, FRANKREICH

»Deutschland hat sich nach 30 Jahren für Wembley 1966 gerächt.«
IL MESSAGGERO, ITALIEN

»Deutschland scheint nicht verlieren zu können. Ein Spiel auf hohem Niveau.«
DE TELEGRAAF, HOLLAND

»Die Schlacht endete mit der englischen Kapitulation in Wembley.«
SPORT, SPANIEN

»Wieder einmal zeigten sich die Deutschen am stärksten, wenn man meint, sie würden schwach.«
DIE PRESSE, ÖSTERREICH

»Auf zum nächsten Tanz! Deutschland feiert seine Sieger. Bitte, Klinsi, werd' gesund!«
BILD, DEUTSCHLAND

FRÜHES GEGENTOR NUTZT DEUTSCHEN

› Neville ersetzen. Ganz im Gegensatz zu Berti Vogts, der nach dem kräfte- und nervenzehrenden Kroatien-Spiel auf nunmehr vier verletzte Kräfte verzichten musste. Zu Basler und Kohler gesellten sich die Stürmer Klinsmann und Bobic. Als er in der Pressekonferenz alberte, vielleicht könne Klinsmann trotz Muskelfaserrisses ja doch spielen, wurde er in der englischen Presse flugs verspottet. Überhaupt die englische Presse:

Die Boulevard-Blätter zogen schon zwei Tage vor dem Spiel in den von ihnen ernannten »Krieg« und übertrafen sich an Geschmacklosigkeiten. Über 50 Jahre alte Ressentiments wurden ausgelebt. Für den »Daily Mirror« etwa war der Zweite Weltkrieg noch nicht vorbei. Das Blatt montierte den Gesichtern von Paul Gascoigne und Stuart Pearce Stahlhelme auf und versah sie mit der Sprechblase »Surrender!« (Ergebt euch!). Im Text wurde die deutsche Bundesregierung aufgerufen, ihre Mannschaft bis elf Uhr vom Turnier abzuziehen, sonst begänne der Fußballkrieg. Und um der Dummheit die Krone aufzusetzen druckte das Blatt die Kriegserklärung Englands an Nazi-Deutschland vom 3. September 1939 noch einmal im Wortlaut ab – zum Ausschneiden. Kaum besser gebärdeten sich andere Zeitungen: »Passt auf, Krauts, England wird euch in Fetzen schießen«, tönte der »Star«. Auch »spielt in Rot und schlagt sie tot«, was sich auch auf Englisch reimt, war zu lesen. Berti Vogts versuchte derweil zu deeskalieren: »Wir kennen den englischen Humor und nehmen diese Art von Berichterstattung auch so auf.«

In England war die Empörung weitaus größer, Nationaltrainer Venables war regelrecht angewidert. So stellte sich die Redaktion des »Daily Mirror« am nächsten Tag in einer weiteren Montage schuldbewusst an den Pranger. Die »BILD« machte dagegen in Pathos: »Heute könnt ihr unsterblich werden«, titelte sie am 26. Juni und lichtete alle elf Startelf-Spieler auf Seite 1 ab. Es war eben das vorweggenommene Finale, was vom ersten Halbfinale, das die Tschechen knapp zwei Stunden zuvor nach 120 torlosen Minuten gegen Frankreich im Elfmeterschießen siegreich gestaltet hatten (6:5 i. E.), niemand sagte.

In Deutschland fieberten 28 Millionen Menschen vor dem Fernseher mit. Kommentator für die ARD war Gerd Rubenbauer. Schon um 20.33 Uhr, drei Minuten nach dem Anpfiff, gab es aus seinem Munde schlechte Kunde: Alan Shearer erzielte nach Ecke durch eine einstudierte Variante per Kopf die Führung. »Was Schlimmeres hätte der deutschen Mannschaft gar nicht passieren können«, klagte Rubenbauer. Vielleicht, aber auf die deutschen Spieler machte das wenig Eindruck. Bereits in der 16. Minute traf der für Klinsmann ins Team gerückte Stefan Kuntz zum 1:1. So konnte Co-Trainer Rainer Bonhof in der Halbzeit zufrieden analysieren: »Das frühe Tor hat uns mehr genutzt als den Engländern.«

In der 46. Minute schwächte Stefan Reuter die deutsche Mannschaft ein weiteres Mal: Er sah Gelb und damit Rot fürs Finale. Doch der besondere Geist, der in diesem Team herrschte, wurde einmal mehr deutlich. In der 59. Minute dribbelte ausgerechnet Wasserträger Dieter Eilts an der Außenlinie zwei Engländer aus und flankte auf Thomas Helmer, der knapp verzog. Rubenbauer schwärmte von »Figuren, die Sie (die Zuschauer; d. Red.) auf diesen Positionen nicht erwarten«. Nicht erwartet hatte auch Weltmeister Thomas Häßler seine Zuschauerrolle, schon gar nicht bei der Personalnot. Doch der kleine Mittelfeldspieler steckte im Tief, nach 77 Minuten erst schickte ihn Vogts für Mehmet Scholl auf den

1:0 ALAN SHEARER (M., hinter Köpke) köpft völlig ungedeckt den Führungstreffer (3.). Die deutschen Verteidiger haben sich nach einer Eckenvariante übertölpeln lassen

1:1 STEFAN KUNTZ *(l.)* schaltet nach flacher Flanke von Thomas Helmer am schnellsten und bugsiert den Ball im Grätschsprung an Torwart David Seaman vorbei (16.)

Platz. Für Thomas Helmer gab es keinen Ersatz an diesem Tag, und so musste sich der zunächst mit einer Trage vom Platz geschleppte Manndecker noch weiterquälen. Dafür nahm Vogts sogar eine vierminütige Unterzahl in Kauf. In der 79. Minute gab es den nächsten Ausfall, diesmal mit Langzeit-Wirkung. Nach einem Foul und Beleidigungen von Stuart Pearce reagierte Andreas Möller unwirsch und schlug im Sitzen um sich. Schiedsrichter Sandor Puhl aus Ungarn ahndete die Aktion mit Gelb – damit war auch Möller fürs Finale gesperrt.

Das ließ er Puhl lautstark wissen: »Sie haben mir das Finale geklaut!«

Nach 90 Minuten stand es immer noch 1:1. Das erste Tor in der Verlängerung würde also das Spiel entscheiden, das sogenannte Golden Goal. In den drei vorhergehenden EM-Spielen hatte allerdings der Sicherheits-Fußball wegen dieser Regel regiert, nie war der goldene Treffer gefallen – und er fiel auch an diesem Tag nicht. Das aber war indes ein Wunder, in den ersten neun Minuten der Verlängerung passierte mehr als zuvor im ganzen Spiel. Die Fans beider Lager fuhren Gefühls-Achterbahn: Nach Flanke von Steve McManaman verfehlte Darren Anderton, irritiert von Torwart Andreas Köpke, im Fallen das leere Tor und traf nur den Pfosten (93.). Zentimeter entschieden um das Weiterkommen, Rubenbauer scherzte erleichtert: »Köpkes bester Freund ist aus Aluminium.«

Drei Minuten später zappelte der Ball im Netz des englischen Tores, doch Schiedsrichter Puhl wollte vor dem Kopfballtreffer von Kuntz ein Foul gesehen haben. Das konnte auch die Zeitlupe nicht nachweisen. So nahm das Drama seinen Lauf. Rubenbauer wollte den Verantwortlichen kennen: »Der Regisseur dieser Übertragung heißt Klaus Strake, aber der eigentliche Regisseur heißt Hitchcock.« Da wusste er noch nicht, welche Steigerung noch bevorstand. Kurz vor dem Seitenwechsel fehlten wieder nur Zentimeter an einem Tor der Engländer, sie fehlten an der Beinlänge des Exzentrikers Paul Gascoigne, als Andertons Volleyschuss zur unfreiwilligen Flanke für Gascoigne geriet, er den Ball aber verfehlte.

VOGTS FINDET NUR VIER SCHÜTZEN

› Vor dem Wiederanpfiff sprach Rubenbauer von »den 15 aufregendsten Minuten dieser EM«. Sie waren es tatsächlich. Die Partie endete schließlich mit einem Missklang: Steffen Freund wurde von Darren Anderton an der Mittellinie von hinten rüde attackiert und schied mit Kreuzbandriss im linken Knie aus. Nun waren es schon drei Kandidaten weniger für das Finale.

So ging auch dieses Halbfinale ins Elfmeterschießen. Erinnerungen an Italien 1990, das Halbfinale in Turin, wurden wach. Damals begann das englische Trauma in dieser Disziplin, als Stuart Pearce, der nun wieder auf dem Platz stand, und Chris Waddle verschossen und Deutschland ins Finale gegen Argentinien einzog. Händeringend suchte Berti Vogts nach Schützen, er stärkte Häßlers Selbstbewusstsein und benannte ihn als ersten, aber er kam nur auf vier. Also fragte er Thomas Helmer, ob dessen Bayern-Kollege Thomas Strunz sicher sei. »Kein Risiko«, versicherte Helmer, doch Matthias Sammer ging dazwischen: »Der ist doch erst zwei Minuten im Spiel und hatte noch gar keinen Ballkontakt.« Strunz holte sich daraufhin demonstrativ den Ball vom Schiedsrichter und jonglierte mit ihm. Er durfte als Zweiter schießen.

Marco Bode wurde von Markus Babbel informiert, er sei die Nummer sieben. Da fiel Bode ein, dass er 1992 mit Werder im Pokalhalbfinale gegen Hannover 96 als Nummer sieben entscheidend versagt hatte: »Meine Beine wurden immer weicher, ich immer aufgeregter, aber ich kam davon.« Später erfuhr Bode von Babbel, dass der ihn reingelegt hatte. Vogts hatte zu Babbel nur gesagt: »Einigt euch, wer als Siebter schießt.«

Nur gut, dass es immer noch genug mutige Männer gab, als es darauf ankam. Die Engländer verwandelten entgegen allen Unkenrufen die ersten fünf Schüsse sicher (Rubenbauer: »Die kannst du allesamt ins Lehrbuch aufnehmen«), nun war Kuntz als fünfter und letzter Deutscher an der Reihe. Er motivierte sich auf seine Weise: »Ich habe mir vorgestellt, was meine Kinder in der Schule mitmachen müssten, wenn ich verschieße. Ich habe wirklich Hass aufgebaut«, schilderte er später eindrucksvoll. Unhaltbar schlug sein Elfmeter im rechten oberen Winkel ein, es ging in die Verlängerung des Elfmeterschießens.

Für DFB-Präsident Egidius Braun war der Stress zu groß, er wandelte nervös durch die Katakomben von Wembley und konnte dem Drama doch nicht entkommen. Auf einem Bildschirm sah er, was da noch kam.

Vogts ging derweil wieder durch seine Reihen und suchte Schützen. »Ja klar, Trainer. Ich schieße, wann Sie wollen«, sagte sein Kapitän Möller. Als dann Köpke den flach und schwach getretenen Elfmeter von Gareth Southgate parierte, hielt es Möller nicht mehr. Er drängelte sich regelrecht vor (»Und jetzt ich, ja?«) und drosch den Ball zentral und hoch unter die Latte.

Deutschland jubelte einem Mann zu, dem es in bis dahin 66 Länderspielen nur selten zugejubelt hatte. Bei Turnieren war das Riesentalent Möller regelmäßig eine Enttäuschung gewesen. Zu sensibel, zu weich, einfach kein Kerl. Aber am Elfmeterpunkt von Wembley wurde er zum Mann – und imitierte die Jubel-Pose von Gascoigne nach dessen Treffer spöttisch nach: Die Hände in die Hüfte gestemmt, stand er wie ein stolzer Gockel an der Seitenauslinie, kostete seinen Triumph aus. Deutschland stand im Finale gegen Tschechien. Zur Freude aller, die noch hätte schießen müssen. Matthias Sammer etwa sagte auf die Frage, ob er oder Eilts als Neunter geschossen hätte: »Da hätte es wohl eine Schlägerei gegeben.« So gab es nur Jubel und Freudentränen. Und einen weiteren Termin in Wembley.

Frustriert: Englands Superstar Paul Gascoigne nach dem Fehlschuss von Southgate. Sammer, Babbel, Strunz und Bode (v. l.) jubilieren

Halbfinale
ENGLAND – DEUTSCHLAND 6:7 N. E. (1:1, 1:1, 1:1)
26. Juni 1996, 19.30 Uhr Ortszeit, Wembley-Stadion, London

ENGLAND: Seaman – Southgate – Adams, Pearce – Platt, Gascoigne – Anderton, Ince, McManaman – Shearer, Sheringham.
DEUTSCHLAND: Köpke – Sammer – Reuter, Babbel, Helmer (110. Bode), Ziege – Freund (118. Strunz), Eilts – Scholl (77. Häßler), Möller – Kuntz.
TORE: 1:0 Shearer (3.), 1:1 Kuntz (16.).
ELFMETERSCHIESSEN: siehe rechts.
GELB: Gascoigne – Möller, Reuter. **SCHIEDSRICHTER:** Puhl (Ungarn).
ZUSCHAUER: 75 862.

DAS ELFMETER-DRAMA

1:0 ALAN SHEARER *verlädt Andreas Köpke*

1:1 THOMAS HÄSSLER *mit Gewaltschuss flach in die Ecke*

2:1 DAVID PLATT *trifft halb hoch, Köpke ist in der richtigen Ecke*

2:2 THOMAS STRUNZ *mit gefühlvollem Schlenzer*

3:2 STUART PEARCE *lässt Köpke per Linksschuss keine Chance*

3:3 STEFAN REUTER *trifft aus seiner Sicht hoch in die rechte Ecke*

4:3 PAUL GASCOIGNE *täuscht Köpke, trifft rechts oben*

4:4 CHRISTIAN ZIEGE *trifft mit links, Seaman greift weit vorbei*

5:4 TEDDY SHERINGHAM *verwandelt, Köpke sitzt auf dem Hosenboden*

5:5 STEFAN KUNTZ *sucht sich auch die rechte obere Ecke aus*

GARETH SOUTHGATE *scheitert mit schwachem Flachschuss an Köpke*

5:6 ANDREAS MÖLLER *sucht sich die Tormitte aus, trifft – der Sieg*

MÄNNERFREUDEN *Jürgen Klinsmann, Stefan Kuntz und Thomas Häßler werfen sich auf den halb nackten Oliver Bierhoff. Der fühlt nach seinem wichtigsten Tor der Karriere erst mal nur die Mitspieler*

EM 1996 England

ERSTES GOLDEN GOAL DER GESCHICHTE

Deutschland – Tschechien 2:1 n. G.G. In der fünften Minute der Verlängerung war es endlich so weit: Oliver Bierhoff traf zum glücklichen Sieg. Die DFB-Elf hatte wie im Endspiel 1980 gegen Belgien wieder Pech und kassierte das Gegentor durch einen unberechtigten Foulelfmeter

Der Ohrwurm dieser Europameisterschaft wurde eines der populärsten Fußballlieder aller Zeiten und klingt bis heute nach: »Football's Coming Home«. Er lief bei jedem Spiel, aber er lief auch fast nonstop im Londoner Hotel »The Landmark«, in dem die deutsche Mannschaft quartierte. Genauer gesagt: im provisorischen Behandlungsraum. Dort ging das Licht fast nie aus in den Tagen vor dem Endspiel, so viele Patienten humpelten herein. Die Masseure brauchten die Dauerberieselung, um nicht vor Erschöpfung einzuschlafen. »Soweit wir uns zurückerinnern können, gab es bei einem Turnier noch nie so viele Verletzungen. Und alle sind durch Zweikampf und Tackling entstanden, nicht durch Übermüdung«, erzählte Klaus Eder, einer der drei Physiotherapeuten. »Da durften wir die Spieler unsere eigene Erschöpfung nicht spüren lassen.« Am Freitag, zwei Tage vor dem Finale gegen Tschechien, trainierte Berti Vogts nur noch mit acht gesunden Feldspielern. Der DFB beflockte für die Reservetorhüter Oliver Kahn und Oliver Reck bereits Feldspieler-Trikots – für den Fall der Fälle. Pressesprecher Wolfgang Niersbach brachte sie demonstrativ zur Pressekonferenz mit – in der Hoffnung auf Uefa-Gnade. Wegen »höherer Gewalt« beantragte der DFB die Nachnominierung von zwei Spielern, die Uefa erlaubte einen Nachrücker. Berti Vogts entschied sich für Jens Todt und beorderte ihn aus Bremen nach London. Aber in den Kader, so lauteten die Regeln, durfte er nur, ›

0:1 PATRIK BERGER (l.) verwandelt den Foulelfmeter, der fälschlicherweise gegeben wurde (59.). Köpke ist zwar in Ballnähe, der Schuss aber zu scharf

EM 1996 England

VOGTS HAT NUR DREI ERSATZSPIELER

PRESSESTIMMEN: »ES FEHLT DAS FLAIR EINES GROSSEN CHAMPIONS«

»Am Ende siegte der ausdauernde Pragmatismus der Männer Kohls über die Anflüge von Inspiration der Landsmänner von Vaclav Havel.«
THE GUARDIAN, ENGLAND

»Oliver Bierhoff – der Held, den man nicht erwartet hat.«
LIE SOIR, BELGIEN

»Eines der hässlichsten Deutschlands aller Zeiten hat eine der hässlichsten Europameisterschaften gewonnen.«
GAZZETTA DELLO SPORT, ITALIEN

»Die Deutschen ließen sich nicht unterkriegen. Weder durch das Pech, das Eilts eliminierte, noch durch das 0:1 aus einem Elfmeter, der keiner war.«
DIE PRESSE, ÖSTERREICH

»Ja, ja, unterschätze die Deutschen nicht. Sie geben sich erst dann geschlagen, wenn der Schiedsrichter schon lange unter der Dusche steht.«
DE TELEGRAAF, HOLLAND

»Die Deutschen waren das effektivste, konstanteste Team, auch wenn ihnen das Flair eines großen Champions fehlt.«
WORLD SOCCER, ENGLAND

»Dieser EM-Triumph hat uns in ausgelassene Kinder verwandelt.«
BILD, DEUTSCHLAND

»Deutscher Triumph durch stählerne Nerven und zügellosen Eifer. Berti Vogts trat aus Beckenbauers Schatten.«
DE VOLKSKRANT, HOLLAND

› wenn höchstens zwölf gesunde Feldspieler zur Verfügung standen. Todt wurde schließlich nicht gebraucht, denn die medizinische Abteilung um Dr. Hans-Wilhelm Müller-Wohlfahrt vollbrachte wahre Wunder.
Den letzten Fitnesstest bestand Jürgen Klinsmann wenige Minuten vor dem Anpfiff um 20.00 Uhr deutscher Zeit. Er sprintete und schoss und stellte sich dann mit den Worten »Doc, ich spür nix« selbst auf. Womit Oliver Bierhoff zunächst um seinen Einsatz kam. Gemeinsam mit Marco Bode und René Schneider nahm er auf der Tribüne Platz, wo in England die Reservisten in einem abgetrennten Bereich sitzen. So ging Deutschland mit lediglich drei Feldspielern als Ersatz in sein fünftes EM-Finale.
Für die Tschechen war es das zweite Endspiel, und wie 1976 ging es wieder gegen die DFB-Auswahl. Torwart Ivo Viktor, einer der Helden von Belgrad, gehörte nun zum Betreuerstab und war gefragter Interviewpartner. 20 Jahre nach ihrem größten Triumph waren die Tschechen erneut Außenseiter, nicht zuletzt wegen der 0:2-Niederlage gegen Deutschland im Gruppenspiel. Niemand hatte sie im Finale erwartet, sie selbst auch nicht. Eine Siegprämie mussten sie noch schnell aushandeln, umgerechnet 100 000 D-Mark pro Spieler.
Es war bezeichnend, dass Offensiv-

Das erste Glücksgefühl bei dieser EM: Nach dem 1:1 hat Oliver Bierhoff seinen Frust der vergangenen Wochen vergessen

1:1 OLIVER BIERHOFF (2. v. l.) gibt dem Spiel vier Minuten nach seiner Einwechslung eine entscheidende Wende. Ungehindert von den tschechischen Abwehrspielern köpft er nach Freistoßflanke von Christian Ziege den Ausgleich (73.). Rechts: Torwart Petr Kouba

spieler Vladimir Smicer drei Tage vor dem Finale nach Prag flog, um zu heiraten. Auch die Tatsache, dass mit Miroslav Kadlec und Pavel Kuka zwei Spieler von Bundesliga-Absteiger 1. FC Kaiserslautern in der Startelf aufliefen, sprach Bände. Mit dem Dortmunder Patrik Berger, der unter leichtem Fieber litt, und dem Schalker Jiri Nemec bildeten sie ein Bundesliga-Quartett. So standen schließlich neun tschechische Spieler beim Anpfiff auf dem Rasen, die schon in Manchester gegen Deutschland zur Startelf gehört hatten, in der Auswahl von Berti Vogts waren es sieben: Andreas Köpke, Thomas Helmer, Matthias Sammer, Stefan Kuntz, Thomas Häßler, Dieter Eilts und Christian Ziege.

32,31 Millionen Deutsche saßen vor dem Fernseher, Bundeskanzler Helmut Kohl zum zweiten Mal nach dem wenig erbaulichen 0:0 gegen Italien im Stadion. Neben ihm tummelte sich die Prominenz aus Politik und Sport. Vaclav Havel, der tschechische Präsident, saß neben der Queen, eingerahmt von Englands Premier John Major und Fifa-Präsident João Havelange. Boris Becker, zwei Tage zuvor in Wimbledon schon in der dritten Runde ausgeschieden, drückte die Daumen mit verletzter rechter Hand. Franz Beckenbauer und Bobby Charlton, 1966 Gegner im WM-Finale, durften natürlich auch nicht fehlen. Wie das Halbfinale gegen England war auch das Finale ein

EM 1996 England

KANZLER KOHL MIT FREUDENTRÄNEN

Jubel über den ersten Sieg einer gesamtdeutschen Nationalelf: Helmut Kohl, Kanzler der Einheit

In der Kabine kamen die deutschen Spieler schnell zum Wesentlichen. »Egi, rück die Kohle raus«, forderten sie zur Melodie des Gassenhauers »Ja, mir san mit'm Radl da« bei DFB-Präsident Egidius Braun ihre 250 000 D-Mark Prämie ein. Schon nicht mehr ganz nüchtern. Mehmet Scholl und Thomas Helmer teilten sich eine Magnumflasche Champagner, Matthias Sammer hatte bereits die vierte Büchse Bier geöffnet. Helmut Kohl, der Kanzler der Einheit, war selig und sog die Atmosphäre nach dem ersten Titelgewinn einer gesamtdeutschen Nationalelf auf. »Zum ersten Mal habe ich in den Augen eines Bundeskanzlers Tränen gesehen«, berichtete Braun hernach. Nüchterner, auch in ihren Kommentaren, war die Fußball-Prominenz: »Die Mannschaft hat bei Weitem nicht den schönsten Fußball gespielt, aber den effektivsten«, sagte Franz Beckenbauer. Horst Eckel, Weltmeister von 1954, meinte: »Die Mannschaft hat gezeigt, dass sie wirklich eine Mannschaft ist. Es gibt da eine Parallele zu unserem WM-Titelgewinn.« Und Ulli Stielike, Europameister von 1980, lobte und kritisierte zugleich: »Bemerkenswert, wie sich das Team nach den vielen Ausfällen zusammengerauft hat. Doch man muss von Leuten enttäuscht sein, die das technische Niveau hätten heben können, von Möller und Häßler.«

VERLETZUNGS-SAGA GEHT WEITER

› intensives und spannendes, aber chancenarmes Spiel. Die deutsche Mannschaft begann druckvoll, hatte nach sieben Minuten bereits vier Ecken erspielt und einen Elfmeter nicht bekommen (nach Foul von Karel Rada an Mehmet Scholl). Die Tschechen hielten an ihrer antiquierten Manndeckung fest, was ZDF-Reporter Béla Réthy so kommentierte: »Ein ungewöhnliches System, aber man kommt damit immerhin ins Finale einer EM.« Auch ihrer abwartenden Konter-Taktik blieben sie treu und überraschten

2:1 OLIVER BIERHOFF (r.) dreht sich um Karel Rada und schießt aus 14 Metern mit links. Das erste Golden Goal der EM-Geschichte (95.)

Finale
DEUTSCHLAND – TSCHECHIEN 2:1 N. G. G. (1:1, 0:0)
30. Juni 1996, 19 Uhr Ortszeit, Wembley-Stadion, London

DEUTSCHLAND: Köpke – Sammer – Strunz, Babbel, Helmer, Ziege – Eilts (46. Bode), Scholl (69. Bierhoff), Häßler – Klinsmann, Kuntz.
TSCHECHIEN: Kouba – Kadlec – Suchoparek, Rada – Nedved, Bejbl – Hornak, Nemec – Poborsky (88. Smicer), Berger – Kuka.
TORE: 0:1 Berger (59., FE.), 1:1 Bierhoff (73.), 2:1 Bierhoff (95., Golden Goal).
GELB: Sammer, Helmer, Ziege – Hornak.
SCHIEDSRICHTER: Pairetto (Italien).
ZUSCHAUER: 73 611.

mehrmals die Deutschen, wenn der schnelle Kuka und der von halb Europa gejagte Karel Poborsky durchbrachen. Wie in der 44. Minute, als Kuka nach einem Fehler von Dieter Eilts in den Strafraum eindrang und um Zentimeter vergab. Es war die beste Möglichkeit vor der Pause. Kurz zuvor hatte Stefan Kuntz freistehend Torwart Petr Kouba angeschossen, der Ball flog im hohen Bogen aufs leere Tor, doch Karel Rada schlug ihn ins Feld zurück. Unter Beifall gingen die Aktiven in die Kabinen, aus denen Dieter Eilts nicht mehr zurückkehrte, bevor Pierluigi Pairetto die zweite Halbzeit anpfiff. Der Bremer führte die unendliche Verletzungs-Saga der Deutschen fort, erholte sich nach einem Pressschlag mit Jiri Nemec nicht mehr. Später diagnostizierten die Ärzte einen Innenbandriss im linken Knie. Sein Bremer Klubkamerad Marco Bode löste ihn ab, es war die offensivere Lösung. Die defensive wäre René Schneider gewesen, der bis zur letzten Spielsekunde vergeblich auf sein EM-Debüt hoffte.

Nach knapp einer Stunde fiel endlich das erste Tor, ein überaus glückliches für Tschechien. Wie 1980 beim Finale gegen Belgien in Rom zeigte der Schiedsrichter auf den Elfmeterpunkt – und lag damit erneut völlig falsch. Matthias Sammer hatte den schnelleren Poborsky zwar gefoult, das aber einen halben Meter vor der Strafraumgrenze. Patrik Berger drosch den Ball flach in die Tormitte, seit dieser 59. Minute lief die DFB-Elf erst zum zweiten Mal in England einem Rückstand hinterher. Aber es gibt ja jenen Mythos, nach dem die Deutschen eine Turniermannschaft sind und sich nie aufgeben. So war es auch im Wembley-Stadion. Berti Vogts spielte seinen letzten Trumpf und wechselte in der 69. Minute mit Oliver Bierhoff den dritten etatmäßigen Mittel-

KOLUMNE

JENS TODT (r.) betritt vor dem Finale gegen Tschechien gemeinsam mit Bundes-Torwarttrainer Sepp Maier den heiligen Rasen von Wembley. Er hatte zuvor nur zweimal mit der Mannschaft trainiert

FÜHLE MICH ALS HALBER EUROPAMEISTER

Jens Todt über seine kuriose Nominierung drei Tage vor dem Finale, den Anruf von Berti Vogts und die Gänsehaut-Momente auf der Ersatzbank

stürmer nach Kuntz und Klinsmann ein. Es war Bierhoffs dritter Einsatz in diesem Turnier, es sollte einer werden, der ihn unsterblich machte.

Vier Minuten später servierte Christian Ziege aus halbrechter Position eine Freistoßflanke präzise auf den Kopf des nahezu unbedrängten Bierhoff – das 1:1 (73). Bei diesem Spielstand blieb es bis zum Abpfiff, wieder ging es in die Verlängerung, die weder Tschechen noch Deutsche nach ihren Halbfinal-Erlebnissen wollten. Lediglich gut vier Spielminuten dauerte es, dann fiel endlich das erste Golden Goal der Fußball-Geschichte. Nach Helmers 60-Meter-Pass und Klinsmanns Vorlage drehte sich Bierhoff um seinen Widersacher Karel Rada, schoss aus 14 Metern nicht sonderlich hart und präzise. Aber der Ball wurde von Michal Hornak leicht abgefälscht und rutschte Torhüter Kouba über die Hände ins Tor (95.) – Deutschland war zum dritten Mal Europameister. Im 75. Länderspiel von Bundestrainer Vogts.

Den Ort ihres für 18 Jahre letzten Triumphes verließ die deutsche Nationalmannschaft mit passender Begleitmusik. Sie haben nämlich noch einen wunderbaren Song in England, den Fußballer lieben: »We Are the Champions« der Rockgruppe Queen. In der Stunde des Triumphes blickte Bundes-Torwarttrainer Sepp Maier noch einmal zurück und benannte den vielleicht wichtigsten Grund für den Erfolg – das Betriebsklima: »Bei der WM 1994 hatten wir mehr Spielerpersönlichkeiten, die aber nicht miteinander gespielt haben. Hier haben wir eine eingeschworene Truppe.« Berti Vogts sprach Jahre später sogar von der »besten Harmonie innerhalb einer Nationalmannschaft«. Er musste es wissen als Europameister 1972, Vize-Europameister 1976 und 1992 – und WM-Versager 1994 und 1998. •

Ich war gerade vom SC Freiburg zu Werder Bremen gewechselt und zum Halbfinale gegen England mit meinen neuen Mannschaftskameraden nach London geflogen. Als Zuschauer. Einen Tag später saß ich abends mit meiner Frau in einer Pizzeria in Bremen, als mein Handy klingelte. Berti Vogts war dran. Er schilderte mir die Situation mit den ganzen Verletzten und Gesperrten und erklärte, dass er dank einer Ausnahme-Genehmigung der Uefa einen 23. Spieler nachnominieren dürfe. Er sagte: »Dieser Spieler bist du! Dein Flieger geht gleich morgen früh um acht ab Bremen. Das Ticket liegt schon bereit.«

Ich war erst mal komplett platt. Damit hatte ich natürlich überhaupt nicht gerechnet. Mein letztes Spiel für die Nationalmannschaft hatte ich ein Jahr zuvor in der Schweiz gemacht. Warum Bertis Wahl auf mich fiel? Ich vermute, er wollte einen Spieler, der trotz der Sommerpause im Saft stand. Mein Glück war, dass ich bei Werder schon wieder im Training war und Wettkampfpraxis hatte, da wir zu diesem Zeitpunkt schon im UI-Cup spielten, der Qualifikation für den Uefa-Cup.

Meine Frau und ich haben dann im Restaurant unmittelbar nach dem Anruf die Rechnung geordert, ich musste ja noch packen. Zehn Stunden später *(28. Juni; d. Red.)* war ich schon in London. Echt kurios: Im Halbfinale saß ich noch als Tourist auf der Tribüne, nun war ich plötzlich Teil der Mannschaft. Ich war bei der Pressekonferenz im noblen Hotel The Landmark dabei und habe zweimal mit der Mannschaft trainiert. Mehr Zeit blieb nicht, denn am 30. Juni stieg ja schon das Finale.

Die Chance zum Einsatz war theoretisch gegeben. Aber mir war klar, dass sie nicht allzu groß war. Egal, denn normalerweise hätte ich zu Hause vor dem Fernseher gesessen. Die Atmosphäre in Wembley war bombastisch. Ich habe sie unten auf der Bank, direkt am feinen Rasen dieses Mekkas der Fußballwelt, noch einmal ganz anders erlebt als im Halbfinale auf der Tribüne.

Nach dem Spiel erklärte unser Physiotherapeut Klaus Eder, dass ich nicht mit hoch zur Pokalübergabe durch Königin Elisabeth gehen dürfe. Es war nicht sicher, ob eine Medaille für mich bereitlag, und den möglichen protokollarischen Fauxpas, dass ich da stand und die Queen keine mehr übrig hatte, wollte man unbedingt vermeiden. So blieb ich unten auf dem Rasen, wo ich die Medaille später bekommen habe.

Leider habe ich sie nicht mehr. Vor einigen Jahren wurde sie bei einem Einbruch in mein Haus gestohlen. Das Trikot mit der bei diesem Turnier einzigartigen Rückennummer 23 habe ich verschenkt.

Was bleibt, sind die Bilder im Kopf. Ich erinnere mich noch genau an unseren Rückflug von London nach Frankfurt. Als wir den deutschen Luftraum erreichten, umkreisten uns plötzlich zwei Tornado-Kampfjets der Bundeswehr. Sie eskortierten uns mal rechts, mal links und kamen dabei so dicht heran, dass man ihre Piloten herüberwinken sehen konnte. Das war wirklich spektakulär.

Gratis-Flug nach London, kostenloser Eintritt zum Endspiel und Party ohne Ende mit den ganzen Ehrungen und Feiern in den Tagen nach dem Finale – nicht schlecht dafür, dass ich nur zweimal trainiert hatte. Als richtiger Europameister fühle ich mich trotzdem nicht, das wäre geprahlt. Aber zumindest als halber Europameister. Dabei zu sein war schon ein Traum. •

ABGANG *Niedergeschlagen trotten die deutschen Spieler am 28. Juni 2012 im Stadion von Warschau zu ihren Fans und bedanken sich für die Unterstützung. Nach dem 1:2 im Halbfinale gegen Italien ist die EM für sie beendet. Von links: Per Mertesacker, Philipp Lahm, Toni Kroos, Lars Bender, Miroslav Klose, Bastian Schweinsteiger, Jérôme Boateng, Manuel Neuer, Ilkay Gündogan (verdeckt), André Schürrle, Marco Reus, Mesut Özil und Mats Hummels*

ALLE DEUTSCHEN EM-SPIELER

1972 – 2012 An 11 von 14 EM-Turnieren nahm die Nationalmannschaft teil. 1960 und 1964 verzichtete der DFB, 19

| René Adler |  Lars Bender |  Philipp Lahm |  Gerd Müller |  Mesut Özil |  Herbert Zimmermann |

Von A bis Z, von René Adler bis Herbert Zimmermann. Von Lars Bender, der in seinen ersten beiden Einsätzen jeweils eine Minute spielte, bis Philipp Lahm, dem deutschen EM-Rekordspieler. Von Gerd Müller, dem ersten deutschen Torschützen, bis Mesut Özil, dem vorerst letzten. Alle 161 deutschen EM-Spieler in der Statistik

eiterte die Mannschaft in der Qualifikation

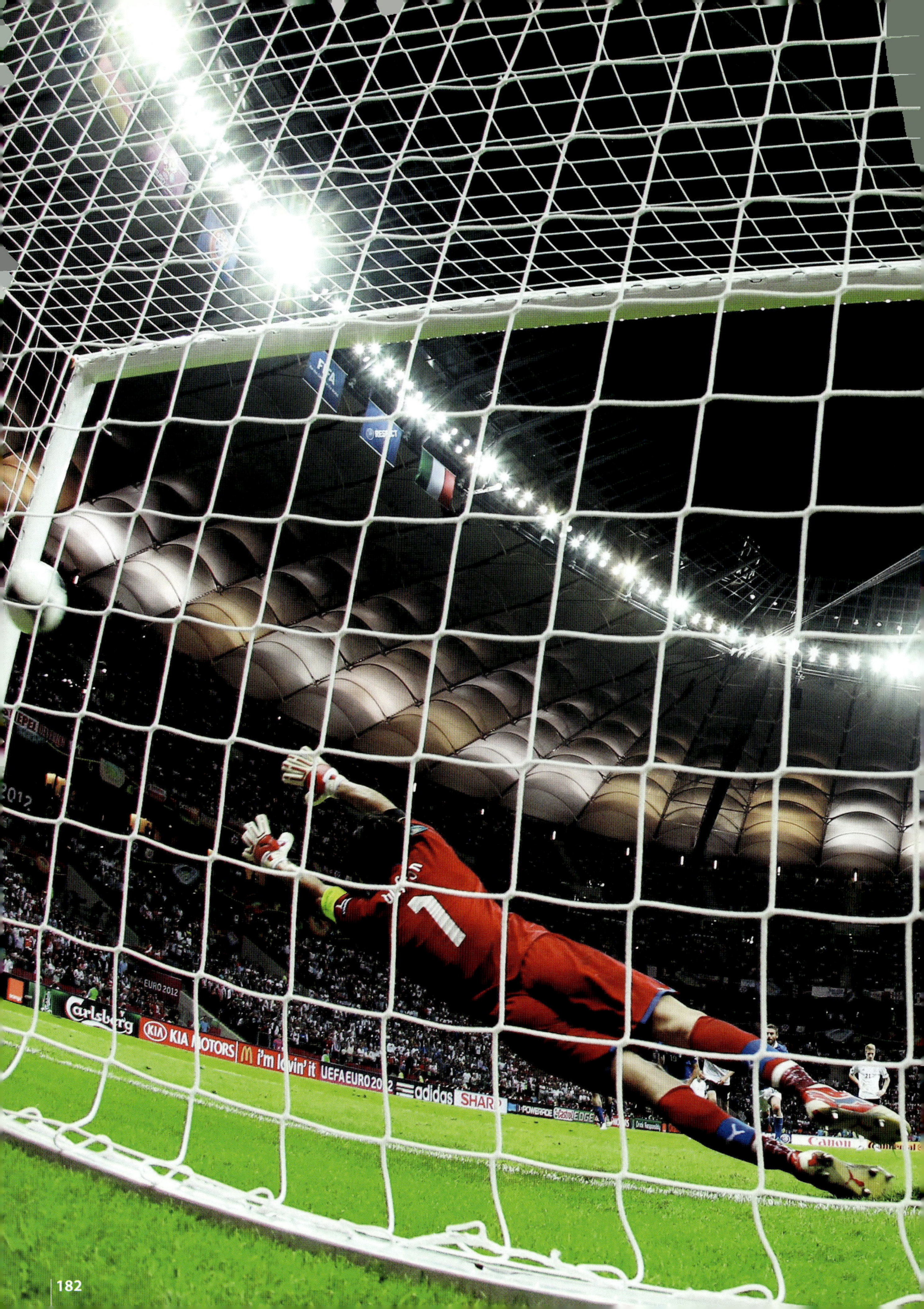
RESPECT
EURO 2012
Carlsberg
KIA MOTORS
i'm lovin' it
adidas

DAS LETZTE DEUTSCHE EM-TOR *Mesut Özil (M.) verwandelt nach 90 + 2 Minuten im Halbfinale 2012 den Handelfmeter gegen Italiens Schlussmann Gianluigi Buffon. Das Tor kommt zu spät, Özil kann nur noch auf 1:2 verkürzen. Wenig später pfeift Schiedsrichter Stéphane Lannoy die Partie ab, Italien ist im Endspiel. Die beiden Treffer für den späteren Vize-Europameister erzielt Mario Balotelli*

Deutsche EM-Teilnehmer

VON A BIS Z: ALLE 161 DEUTSCHEN DER EM-GESCHICHTE

Michael Ballack spielte bei drei Turnieren, schied zweimal in der Vorrunde aus. Er kam wie Andreas Brehme erst im dritten Anlauf ins Finale. Christian Wörns musste zwölf Jahre auf seinen ersten EM-Einsatz warten

RENÉ ADLER
Geboren am 15. Januar 1985
0 EM-Spiele
Nationalmannschafts-Karriere gesamt:
12 Länderspiele von 2008 – 2013.
Verein bei EM 2008: Bayer Leverkusen.

KLAUS ALLOFS
Geboren am 5. Dezember 1956
6 EM-Spiele
Nationalmannschafts-Karriere gesamt:
56 Länderspiele von 1978 – 1988.
Vereine bei EM: 1980 Fortuna Düsseldorf, 1984 1. FC Köln.

Jahr Gegner	Ergebnis	Einsatzzeit	Tore	bes. Vorkommnisse
1980 CSSR	1:0	90 Min.	0	Gelbe Karte
1980 Holland	3:2	90 Min.	3	
1980 Belgien	2:1	90 Min.	0	
1984 Portugal	0:0	90 Min.	0	
1984 Rumänien	2:1	90 Min.	0	
1984 Spanien	0:1	90 Min.	0	

MARKUS BABBEL
Geboren am 8. September 1972
7 EM-Spiele
Nationalmannschafts-Karriere gesamt:
51 Länderspiele von 1995 – 2000.
Verein bei EM 1996, 2000: Bayern München.

Jahr Gegner	Ergebnis	Einsatzzeit	Tore	bes. Vorkommnisse
1996 Tschechien	2:0	77 Min.	0	Gelbe Karte
1996 Russland	3:0	90 Min.	0	Gelbe Karte
1996 Kroatien	2:1	90 Min.	0	
1996 England	7:6 n. E.	120 Min.	0	
1996 Tschechien	2:1 GG	95 Min.	0	
2000 Rumänien	1:1	90 Min.	0	
2000 England	0:1	90 Min.	0	

HOLGER BADSTUBER
Geboren am 13. März 1989
5 EM-Spiele
Nationalmannschafts-Karriere gesamt:
31 Länderspiele von 2010 – 2015.
Verein bei EM 2012: Bayern München

Jahr Gegner	Ergebnis	Einsatzzeit	Tore	bes. Vorkommnisse
2012 Portugal	1:0	90 Min.	0	Gelbe Karte
2012 Holland	2:1	90 Min.	0	
2012 Dänemark	2:1	90 Min.	0	
2012 Griechenland	4:2	90 Min.	0	
2012 Italien	1:2	90 Min.	0	

MICHAEL BALLACK
Geboren am 26. September 1976
11 EM-Spiele
Nationalmannschafts-Karriere gesamt:
98 Länderspiele von 1999 – 2010.
Vereine bei EM: 2000 Bayer Leverkusen, 2004 Bayern München, 2008 FC Chelsea.

Jahr Gegner	Ergebnis	Einsatzzeit	Tore	bes. Vorkommnisse
2000 England	0:1	19 Min.	0	
2000 Portugal	0:3	45 Min.	0	Gelbe Karte
2004 Holland	1:1	90 Min.	0	Gelbe Karte
2004 Lettland	0:0	90 Min.	0	
2004 Tschechien	1:2	90 Min.	1	
2008 Polen	2:0	90 Min.	0	
2008 Kroatien	1:2	90 Min.	0	Gelbe Karte
2008 Österreich	1:0	90 Min.	1	
2008 Portugal	3:2	90 Min.	1	
2008 Türkei	3:2	90 Min.	0	
2008 Spanien	0:1	90 Min.	0	Gelbe Karte

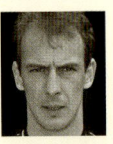

MARIO BASLER
Geboren am 18. Dezember 1968
0 EM-Spiele
Nationalmannschafts-Karriere gesamt:
30 Länderspiele von 1994 – 1998.
Verein bei EM 1996: Werder Bremen.

FRANK BAUMANN
Geboren am 29. Oktober 1975
2 EM-Spiele
Nationalmannschaftskarriere gesamt:
28 Länderspiele von 1999 – 2005.
Verein bei EM 2004: Werder Bremen.

Jahr Gegner	Ergebnis	Einsatzzeit	Tore	bes. Vorkommnisse
2004 Holland	1:1	90 Min.	0	
2004 Lettland	0:0	90 Min.	0	

FRANZ BECKENBAUER
Geboren am 11. September 1945
4 EM-Spiele
Nationalmannschafts-Karriere gesamt:
103 Länderspiele von 1965 – 1977.
Verein bei EM 1972, 1976: Bayern München.

Jahr Gegner	Ergebnis	Einsatzzeit	Tore	bes. Vorkommnisse
1972 Belgien	2:1	90 Min.	0	
1972 UdSSR	3:0	90 Min.	0	
1976 Jugoslawien	4:2 n.V.	120 Min.	0	
1976 CSSR	5:7 n.E.	120 Min.	0	

ERICH BEER
Geboren am 9. Dezember 1946
2 EM-Spiele
Nationalmannschafts-Karriere gesamt:
24 Länderspiele von 1975 – 1978.
Verein bei EM 1976: Hertha BSC.

Jahr Gegner	Ergebnis	Einsatzzeit	Tore	bes. Vorkommnisse
1976 Jugoslawien	4:2 n.V.	120 Min.	0	
1976 CSSR	5:7 n.E.	79 Min.	0	

MICHAEL BELLA
Geboren am 29. September 1945
0 EM-Spiele
Nationalmannschafts-Karriere gesamt:
4 Länderspiele von 1968 – 1971.
Verein bei EM 1972: Duisburg

LARS BENDER
Geboren am 27. April 1989
3 EM-Spiele
Nationalmannschafts-Karriere gesamt:
19 Länderspiele von 2011 – 2014.
Verein bei EM 2012: Bayer Leverkusen.

Jahr Gegner	Ergebnis	Einsatzzeit	Tore	bes. Vorkommnisse
2012 Portugal	1:0	1 Min.	0	
2012 Holland	2:1	1 Min.	0	
2012 Dänemark	2:1	90 Min.	1	

THOMAS BERTHOLD
Geboren am 12. November 1964
1 EM-Spiel
Nationalmannschafts-Karriere gesamt:
62 Länderspiele von 1985 – 1994. Verein bei EM 1988: Hellas Verona.

Jahr Gegner	Ergebnis	Einsatzzeit	Tore	bes. Vorkommnisse
1988 Italien	1:1	90 Min.	0	

OLIVER BIERHOFF
Geboren am 1. Mai 1968
4 EM-Spiele
Nationalmannschafts-Karriere gesamt:
70 Länderspiele von 1996 – 2002.
Vereine bei EM: 1996 Udinese, 2000 AC Mailand.

Jahr Gegner	Ergebnis	Einsatzzeit	Tore	bes. Vorkommnisse
1996 Tschechien	2:0	8 Min.	0	
1996 Russland	3:0	90 Min.	0	Gelbe Karte
1996 Tschechien	2:1 GG	27 Min.	2	
2000 Rumänien	1:1	90 Min.	0	

MANFRED BINZ
Geboren am 22. September 1965
3 EM-Spiele
Nationalmannschafts-Karriere gesamt:
14 Länderspiele von 1990 – 1992.
Verein bei EM 1992: Eintracht Frankfurt.

Jahr Gegner	Ergebnis	Einsatzzeit	Tore	bes. Vorkommnisse
1992 GUS	1:1	90 Min.	0	
1992 Schottland	2:0	90 Min.	0	
1992 Holland	1:3	45 Min.	0	

JÉRÔME BOATENG
Geboren am 3. September 1988
4 EM-Spiele
Nationalmannschafts-Karriere gesamt:
56 Länderspiele von 2009 – 2015).
Verein bei EM 2012: Bayern München.

Jahr Gegner	Ergebnis	Einsatzzeit	Tore	bes. Vorkommnisse
2012 Portugal	1:0	90 Min.	0	Gelbe Karte
2012 Holland	2:1	90 Min.	0	Gelbe Karte
2012 Griechenland	4:2	90 Min.	0	
2012 Italien	1:2	70 Min.	0	

FREDI BOBIC
Geboren am 30. Oktober 1971
5 EM-Spiele
Nationalmannschafts-Karriere gesamt:
37 Länderspiele von 1994 – 2004.
Vereine bei EM: 1996 VfB Stuttgart, 2004 Hertha BSC.

Jahr Gegner	Ergebnis	Einsatzzeit	Tore	bes. Vorkommnisse
1996 Tschechien	2:0	64 Min.	0	
1996 Italien	0:0	90 Min.	0	
1996 Kroatien	2:1	45 Min.	0	
1996 Holland	1:1	6 Min.	0	
2004 Lettland	0:0	66 Min.	0	

MARCO BODE
Geboren am 23. Juli 1969
5 EM-Spiele
Nationalmannschafts-Karriere gesamt:
40 Länderspiele von 1995 – 2002.
Verein bei EM 1996, 2000: Werder Bremen.

Jahr Gegner	Ergebnis	Einsatzzeit	Tore	bes. Vorkommnisse
1996 Italien	0:0	2 Min.	0	
1996 England	7:6 n. E.	11 Min.	0	
1996 Tschechien	2:1 GG	50 Min.	0	
2000 England	0:1	13 Min.	0	
2000 Portugal	0:3	90 Min.	0	

RUDI BOMMER
Geboren am 19. August 1957
1 EM-Spiel
Nationalmannschafts-Karriere gesamt:
6 Länderspiele von 1984 – 1984.
Verein bei EM 1984: Fortuna Düsseldorf.

Jahr Gegner	Ergebnis	Einsatzzeit	Tore	bes. Vorkommnisse
1984 Portugal	0:0	24 Min.	0	

HANNES BONGARTZ
Geboren am 3. Oktober 1951
1 EM-Spiel
Nationalmannschafts-Karriere gesamt:
4 Länderspiele von 1976 – 1977.
Verein bei EM 1976: FC Schalke 04.

Jahr Gegner	Ergebnis	Einsatzzeit	Tore	bes. Vorkommnisse
1976 CSSR	5:7 n.E.	41 Min.	0	

RAINER BONHOF
Geboren am 29. März 1952
2 EM-Spiele
Nationalmannschafts-Karriere gesamt:
53 Länderspiele von 1972 – 1981.
Vereine bei EM: 1972 Mönchengladbach, 1976 Mönchengladbach, 1980 FC Valencia.

Jahr Gegner	Ergebnis	Einsatzzeit	Tore	bes. Vorkommnisse
1976 Jugoslawien	4:2 n.V.	120 Min.	0	
1976 CSSR	5:7 n.E.	120 Min.	0	

ULI BOROWKA
Geboren am 19. Mai 1962
4 EM-Spiele
Nationalmannschafts-Karriere gesamt:
6 Länderspiele von 1988 – 1988.
Verein bei EM 1988: Werder Bremen.

Jahr Gegner	Ergebnis	Einsatzzeit	Tore	bes. Vorkommnisse
1988 Italien	1:1	15 Min.	0	
1988 Dänemark	2:0	58 Min.	0	
1988 Spanien	2:0	90 Min.	0	
1988 Holland	1:2	90 Min.	0	

TIM BOROWSKI
Geboren am 2. Mai 1980
2 EM-Spiele
Nationalmannschafts-Karriere gesamt:
33 Länderspiele von 2002 – 2008.
Verein bei EM 2008: Werder Bremen.

Jahr Gegner	Ergebnis	Einsatzzeit	Tore	bes. Vorkommnisse
2008 Österreich	1:0	1 Min.	0	
2008 Portugal	3:2	18 Min.	0	

THOMAS BRDARIC
Geboren am 23. Januar 1975
1 EM-Spiel
Nationalmannschafts-Karriere gesamt:
8 Länderspiele von 2002 – 2004.
Verein bei EM 2004: Hannover 96.

Jahr Gegner	Ergebnis	Einsatzzeit	Tore	bes. Vorkommnisse
2004 Lettland	0:0	13 Min.	0	

ANDREAS BREHME
Geboren am 9. November 1960
12 EM-Spiele
Nationalmannschafts-Karriere gesamt:
86 Länderspiele von 1984 – 1994. Vereine bei EM: 1984 1. FC Kaiserslautern, 1988 Bayern München, 1992 Inter Mailand.

Jahr Gegner	Ergebnis	Einsatzzeit	Tore	bes. Vorkommnisse
1984 Portugal	0:0	90 Min.	0	
1984 Rumänien	2:1	90 Min.	0	
1984 Spanien	0:1	46 Min.	0	
1988 Italien	1:1	75 Min.	1	
1988 Dänemark	2:0	90 Min.	0	
1988 Spanien	2:0	90 Min.	0	
1988 Holland	1:2	90 Min.	0	
1992 GUS	1:1	90 Min.	0	
1992 Schottland	2:0	90 Min.	0	
1992 Holland	1:3	90 Min.	0	
1992 Schweden	3:2	90 Min.	0	
1992 Dänemark	0:2	90 Min.	0	

PAUL BREITNER
Geboren am 5. September 1951
2 EM-Spiele
Nationalmannschafts-Karriere gesamt:
48 Länderspiele von 1971 – 1982.
Verein bei EM: 1972: Bayern München.

Jahr Gegner	Ergebnis	Einsatzzeit	Tore	bes. Vorkommnisse
1972 Belgien	2:1	90 Min.	0	
1972 UdSSR	3:0	90 Min.	0	

HANS-PETER BRIEGEL
Geboren am 11. Oktober 1955
7 EM-Spiele
Nationalmannschafts-Karriere gesamt:
72 Länderspiele von 1979 – 1986. Verein bei EM 1980, 1984: 1. FC Kaiserslautern.

Jahr Gegner	Ergebnis	Einsatzzeit	Tore	bes. Vorkommnisse
1980 CSSR	1:0	90 Min.	0	
1980 Holland	3:2	90 Min.	0	
1980 Griechenland	0:0	90 Min.	0	
1980 Belgien	2:1	54 Min.	0	
1984 Portugal	0:0	90 Min.	0	
1984 Rumänien	2:1	90 Min.	0	
1984 Spanien	0:1	90 Min.	0	

HANS-GÜNTER BRUNS
Geboren am 15. November 1954
0 EM-Spiele
Nationalmannschafts-Karriere gesamt:
4 Länderspiele von 1984 – 1984.
Verein bei EM 1984: Mönchengladbach.

GUIDO BUCHWALD
Geboren am 24. Januar 1961
8 EM-Spiele
Nationalmannschafts-Karriere gesamt:
76 Länderspiele von 1984 – 1994.
Verein bei EM 1984, 1988, 1992: VfB Stuttgart.

Jahr Gegner	Ergebnis	Einsatzzeit	Tore	bes. Vorkommnisse
1984 Portugal	0:0	66 Min.	0	
1984 Rumänien	2:1	11 Min.	0	
1988 Italien	1:1	90 Min.	0	
1988 Dänemark	2:0	32 Min.	0	
1992 GUS	1:1	90 Min.	0	
1992 Schottland	2:0	90 Min.	0	
1992 Schweden	3:2	90 Min.	0	Gelbe Karte
1992 Dänemark	0:2	90 Min.	0	

DIETER BURDENSKI
Geboren am 26. November 1950
0 EM-Spiele
Nationalmannschafts-Karriere gesamt:
12 Länderspiele von 1977 – 1984.
Verein bei EM 1984: Werder Bremen.

HANS-JÖRG BUTT
Geboren am 28. Mai 1974
0 EM-Spiele
Nationalmannschafts-Karriere gesamt:
4 Länderspiele von 2000 – 2010.
Verein bei EM 2000: Hamburger SV

BERND CULLMANN
Geboren am 1. November 1949
3 EM-Spiele
Nationalmannschafts-Karriere gesamt:
40 Länderspiele von 1973 – 1980.
Verein bei EM 1980: 1. FC Köln.

Jahr Gegner	Ergebnis	Einsatzzeit	Tore	bes. Vorkommnisse
1980 CSSR	1:0	90 Min.	0	
1980 Griechenland	0:0	90 Min.	0	
1980 Belgien	2:1	36 Min.	0	

DIETMAR DANNER
Geboren am 29. November 1950
1 EM-Spiel
Nationalmannschafts-Karriere gesamt:
6 Länderspiele von 1973 – 1976.
Verein bei EM 1976: Mönchengladbach.

Jahr Gegner	Ergebnis	Einsatzzeit	Tore	bes. Vorkommnisse
1976 Jugoslawien	4:2 n.V	45 Min.	0	

SEBASTIAN DEISLER
Geboren am 5. Januar 1980
3 EM-Spiele
Nationalmannschafts-Karriere gesamt:
36 Länderspiele von 2000 – 2006.
Verein bei EM 2000: Hertha BSC.

Jahr Gegner	Ergebnis	Einsatzzeit	Tore	bes. Vorkommnisse
2000 Rumänien	1:1	13 Min.	0	
2000 England	0:1	71 Min.	0	
2000 Portugal	0:3	90 Min.	0	Gelbe Karte

KALLE DEL'HAYE
Geboren am 18. August 1955
1 EM-Spiel
Nationalmannschafts-Karriere gesamt:
2 Länderspiele von 1980 – 1980.
Verein bei EM 1980: Mönchengladbach.

Jahr Gegner	Ergebnis	Einsatzzeit	Tore	bes. Vorkommnisse
1980 Griechenland	0:0	25 Min.	0	

BERNARD DIETZ
Geboren am 22. März 1948
5 EM-Spiele
Nationalmannschafts-Karriere gesamt:
53 Länderspiele von 1974 – 1981.
Verein bei EM 1976, 1980: MSV Duisburg.

Jahr Gegner	Ergebnis	Einsatzzeit	Tore	bes. Vorkommnisse
1976 Jugoslawien	4:2 n.V.	120 Min.	0	
1976 CSSR	5:7 n.E.	120 Min.	0	
1980 CSSR	1:0	90 Min.	0	Gelbe Karte
1980 Holland	3:2	72 Min.	0	
1980 Belgien	2:1	90 Min.	0	

Deutsche EM-Teilnehmer

THOMAS DOLL
Geboren am 9. April 1966
4 EM-Spiele
Nationalmannschafts-Karriere gesamt, 47 Länderspiele von 1986 – 1993, davon 29 Länderspiele für die DDR.
Verein bei EM 1992: Lazio Rom.

Jahr Gegner	Ergebnis	Einsatzzeit	Tore bes. Vorkommnisse
1992 GUS	1:1	90 Min.	0
1992 Holland	1:3	15 Min.	0
1992 Schweden	3:2	2 Min.	0
1992 Dänemark	0:2	45 Min.	0 Gelbe Karte

HANS DORFNER
Geboren am 3. Juli 1965
0 EM-Spiele
Nationalmannschafts-Karriere gesamt:
7 Länderspiele von 1987 – 1989.
Verein bei EM 1988: Bayern München.

DIETER ECKSTEIN
Geboren am 12. März 1964
1 EM-Spiel
Nationalmannschafts-Karriere gesamt:
7 Länderspiele von 1986 – 1988.
Verein bei EM 1988: 1. FC Nürnberg.

Jahr Gegner	Ergebnis	Einsatzzeit	Tore bes. Vorkommnisse
1988 Italien	1:1	10 Min.	0

STEFAN EFFENBERG
Geboren am 2. August 1968
5 EM-Spiele
Nationalmannschafts-Karriere gesamt:
35 Länderspiele von 1991 – 1998.
Verein bei EM 1992: Bayern München.

Jahr Gegner	Ergebnis	Einsatzzeit	Tore bes. Vorkommnisse
1992 GUS	1:1	90 Min.	0
1992 Schottland	2:0	90 Min.	1
1992 Holland	1:3	90 Min.	0
1992 Schweden	3:2	90 Min.	0 Gelbe Karte
1992 Dänemark	0:2	79 Min.	0 Gelbe Karte

DIETER EILTS
Geboren am 13. Dezember 1964
6 EM-Spiele
Nationalmannschafts-Karriere gesamt:
31 Länderspiele von 1993 – 1997.
Verein bei EM 1996: Werder Bremen.

Jahr Gegner	Ergebnis	Einsatzzeit	Tore bes. Vorkommnisse
1996 Tschechien	2:0	90 Min.	0
1996 Russland	3:0	90 Min.	0
1996 Italien	0:0	90 Min.	0
1996 Kroatien	2:1	90 Min.	0
1996 England	7:6 n.E.	120 Min.	0
1996 Tschechien	2:1 GG	45 Min.	0

ROBERT ENKE
Geboren am 24. August 1977, gestorben am 10. November 2009
0 EM-Spiele
Nationalmannschafts-Karriere gesamt:
8 Länderspiele von 2007 – 2009.
Verein bei EM 2008: Hannover 96.

FABIAN ERNST
Geboren am 30. Mai 1979
1 EM-Spiel
Nationalmannschafts-Karriere gesamt:
24 Länderspiele von 2002 – 2006.
Verein bei EM 2004: Werder Bremen.

Jahr Gegner	Ergebnis	Einsatzzeit	Tore bes. Vorkommnisse
2004 Holland	1:1	12 Min.	0

RALF FALKENMAYER
Geboren am 11. Februar 1963
0 EM-Spiele
Nationalmannschafts-Karriere gesamt:
4 Länderspiele von 1984 – 1986.
Verein bei EM 1984: Eintracht Frankfurt.

HEINZ FLOHE
Geboren am 28. Januar 1948, gestorben am 15. Juni 2013
2 EM-Spiele
Nationalmannschafts-Karriere gesamt:
39 Länderspiele von 1970 – 1978.
Verein bei EM 1976: 1. FC Köln.

Jahr Gegner	Ergebnis	Einsatzzeit	Tore bes. Vorkommnisse
1976 Jugoslawien	4:2 n.V.	75 Min.	1
1976 CSSR	5:7 n.E.	75 Min.	0

BERND FÖRSTER
Geboren am 3. Mai 1956
5 EM-Spiele
Nationalmannschafts-Karriere gesamt:
33 Länderspiele von 1979 – 1984.
Verein bei EM 1980, 1984: VfB Stuttgart.

Jahr Gegner	Ergebnis	Einsatzzeit	Tore bes. Vorkommnisse
1980 CSSR	1:0	59 Min.	0
1980 Griechenland	0:0	45 Min.	0
1984 Portugal	0:0	90 Min.	0
1984 Rumänien	2:1	90 Min.	0
1984 Spanien	0:1	90 Min.	0

KARLHEINZ FÖRSTER
Geboren am 25. Juli 1958
7 EM-Spiele
Nationalmannschafts-Karriere gesamt:
81 Länderspiele von 1978 – 1986.
Verein bei EM 1980, 1984: VfB Stuttgart.

Jahr Gegner	Ergebnis	Einsatzzeit	Tore bes. Vorkommnisse
1980 CSSR	1:0	90 Min.	0
1980 Holland	3:2	90 Min.	0
1980 Griechenland	0:0	90 Min.	0
1980 Belgien	2:1	90 Min.	0 Gelbe Karte
1984 Portugal	0:0	90 Min.	0
1984 Rumänien	2:1	79 Min.	0
1984 Spanien	0:1	90 Min.	0

STEFFEN FREUND
Geboren am 19. Januar 1970
4 EM-Spiele
Nationalmannschafts-Karriere gesamt:
21 Länderspiele von 1995 – 1998.
Verein bei EM 1996: Borussia Dortmund.

Jahr Gegner	Ergebnis	Einsatzzeit	Tore bes. Vorkommnisse
1996 Russland	3:0	24 Min.	0
1996 Italien	0:0	90 Min.	0
1996 Kroatien	2:1	52 Min.	0
1996 England	7:6 n.V.	117 Min.	0

ARNE FRIEDRICH
Geboren am 29. Mai 1979
7 EM-Spiele
Nationalmannschafts-Karriere gesamt:
82 Länderspiele von 2002 – 2011.
Verein bei EM 2004, 2008: Hertha BSC.

Jahr Gegner	Ergebnis	Einsatzzeit	Tore bes. Vorkommnisse
2004 Holland	1:1	90 Min.	0
2004 Lettland	0:0	90 Min.	0 Gelbe Karte
2004 Tschechien	1:2	90 Min.	0
2008 Österreich	1:0	90 Min.	0
2008 Portugal	3:2	90 Min.	0 Gelbe Karte
2008 Türkei	3:2	90 Min.	0
2008 Spanien	0:1	90 Min.	0

TORSTEN FRINGS
Geboren am 22. November 1976
8 EM-Spiele
Nationalmannschafts-Karriere gesamt:
79 Länderspiele von 2001 – 2009.
Vereine bei EM: 2004 Dortmund, 2008 Werder Bremen.

Jahr Gegner	Ergebnis	Einsatzzeit	Tore bes. Vorkommnisse
2004 Holland	1:1	78 Min.	1
2004 Lettland	0:0	90 Min.	0 Gelbe Karte
2004 Tschechien	1:2	45 Min.	0
2008 Polen	2:0	90 Min.	0
2008 Kroatien	1:2	90 Min.	0
2008 Österreich	1:0	90 Min.	0
2008 Türkei	3:2	45 Min.	0
2008 Spanien	0:1	90 Min.	0

CLEMENS FRITZ
Geboren am 7. Dezember 1980
4 EM-Spiele
Nationalmannschafts-Karriere gesamt:
22 Länderspiele von 2006 – 2008.
Verein bei EM 2008: Werder Bremen.

Jahr Gegner	Ergebnis	Einsatzzeit	Tore bes. Vorkommnisse
2008 Polen	2:0	55 Min.	0
2008 Kroatien	1:2	81 Min.	0
2008 Österreich	1:0	89 Min.	0
2008 Portugal	3:2	8 Min.	0

MICHAEL FRONTZECK
Geboren am 26. März 1964
1 EM-Spiel
Nationalmannschafts-Karriere gesamt:
19 Länderspiele von 1984 – 1992.
Verein bei EM 1992: VfB Stuttgart.

Jahr Gegner	Ergebnis	Einsatzzeit	Tore bes. Vorkommnisse
1992 Holland	1:3	90 Min.	0

MARIO GÖTZE
Geboren am 3. Juni 1992
1 EM-Spiel
Nationalmannschafts-Karriere gesamt:
48 Länderspiele von 2010 – 2015.
Verein bei EM 2012: Borussia Dortmund.

Jahr Gegner	Ergebnis	Einsatzzeit	Tore bes. Vorkommnisse
2012 Griechenland	4:2	11 Min.	0

MARIO GOMEZ
Geboren am 10. Juli 1985
9 EM-Spiele
Nationalmannschafts-Karriere gesamt:
60 Länderspiele von 2007 – 2014.
Vereine bei EM: 2008 VfB Stuttgart, 2012 Bayern München.

Jahr Gegner	Ergebnis	Einsatzzeit	Tore bes. Vorkommnisse
2008 Polen	2:0	74 Min.	0
2008 Kroatien	1:2	65 Min.	0
2008 Österreich	1:0	59 Min.	0
2008 Spanien	0:1	12 Min.	0
2012 Portugal	1:0	79 Min.	1
2012 Holland	2:1	71 Min.	2
2012 Dänemark	2:1	73 Min.	0
2012 Griechenland	4:2	11 Min.	0
2012 Italien	1:2	45 Min.	0

JÜRGEN GRABOWSKI
Geboren am 7. Juli 1944
1 EM-Spiel
Nationalmannschafts-Karriere gesamt:
44 Länderspiele von 1966 – 1974.
Verein bei EM 1972: Eintracht Frankfurt.

Jahr Gegner	Ergebnis	Einsatzzeit	Tore bes. Vorkommnisse
1972 Belgien	2:1	32 Min.	0

ILKAY GÜNDOGAN
Geboren am 24. Oktober 1990
0 EM-Spiele
Nationalmannschafts-Karriere gesamt:
15 Länderspiele von 2011 – 2015.
Verein bei EM 2012: Borussia Dortmund.

THOMAS HÄSSLER
Geboren am 30. Mai 1966
13 EM-Spiele
Nationalmannschafts-Karriere gesamt:
101 Länderspiele von 1988 – 2000. Vereine bei EM: 1992 AS Rom, 1996 Karlsruher SC, 2000 1860 München.

Jahr Gegner	Ergebnis	Einsatzzeit	Tore bes. Vorkommnisse
1992 GUS	1:1	90 Min.	1
1992 Schottland	2:0	90 Min.	0 Gelbe Karte
1992 Holland	1:3	90 Min.	0
1992 Schweden	3:2	90 Min.	1
1992 Dänemark	0:2	90 Min.	0 Gelbe Karte
1996 Tschechien	2:0	90 Min.	0 Gelbe Karte
1996 Russland	3:0	66 Min.	0
1996 Italien	0:0	90 Min.	0
1996 Kroatien	2:1	3 Min.	0
1996 England	7:6 n.E.	44 Min.	0
1996 Tschechien	2:1 GG	95 Min.	0
2000 Rumänien	1:1	72 Min.	0
2000 Portugal	0:3	31 Min.	0

finale Begegnung: Stefan Effenberg (l.) behauptet im Zweikampf mit dem strauchelnden Dänen Kim Vilfort den Ball. Effenbergs letztes EM-Spiel entwickelt sich allerdings zur Enttäuschung. Dänemark, in der Qualifikation ausgeschieden und dann für das von der Uefa gesperrte Jugoslawien nachgerückt, gewinnt 1992 das Finale 2:0. Vilfort erzielt in der 78. Minute den Siegtreffer

DIETMAR HAMANN
Geboren am 27. August 1973
6 EM-Spiele
Nationalmannschafts-Karriere gesamt:
59 Länderspiele von 1997 – 2005.
Verein bei EM 2000, 2004: FC Liverpool.

Jahr	Gegner	Ergebnis	Einsatzzeit	Tore	bes. Vorkommnisse
2000	Rumänien	1:1	18 Min.	0	
2000	England	0:1	90 Min.	0	
2000	Portugal	0:3	90 Min.	0	
2004	Holland	1:1	90 Min.	0	
2004	Lettland	0:0	90 Min.	0	Gelbe Karte
2004	Tschechien	1:2	78 Min.	0	

THOMAS HELMER
Geboren am 21. April 1965
9 EM-Spiele
Nationalmannschafts-Karriere gesamt:
68 Länderspiele von 1990 – 1998.
Vereine bei EM: 1992 Borussia Dortmund, 1996 Bayern München.

Jahr	Gegner	Ergebnis	Einsatzzeit	Tore	bes. Vorkommnisse
1992	Holland	1:3	90 Min.	0	
1992	Schweden	3:2	90 Min.	0	
1992	Dänemark	0:2	90 Min.	0	
1996	Tschechien	2:0	90 Min.	0	
1996	Russland	3:0	90 Min.	0	
1996	Italien	0:0	90 Min.	0	
1996	Kroatien	2:1	90 Min.	0	
1996	England	7:6 n.E.	109 Min.	0	
1996	Tschechien	2:1 GG	95 Min.	0	Gelbe Karte

MATTHIAS HERGET
Geboren am 14. November 1955
4 EM-Spiele
Nationalmannschafts-Karriere gesamt:
39 Länderspiele von 1983 – 1988.
Verein bei EM 1988: Bayer Uerdingen.

Jahr	Gegner	Ergebnis	Einsatzzeit	Tore	bes. Vorkommnisse
1988	Italien	1:1	90 Min.	0	
1988	Dänemark	2:0	90 Min.	0	
1988	Spanien	2:0	90 Min.	0	Gelbe Karte
1988	Holland	1:2	43 Min.	0	

JUPP HEYNCKES
Geboren am 9. Mai 1945
2 EM-Spiele
Nationalmannschafts-Karriere gesamt:
39 Länderspiele von 1967 – 1976.
Verein bei EM 1972: Borussia Mönchengladbach.

Jahr	Gegner	Ergebnis	Einsatzzeit	Tore	bes. Vorkommnisse
1972	Belgien	2:1	90 Min.	0	
1972	UdSSR	3:0	90 Min.	0	

TIMO HILDEBRAND
Geboren am 5. April 1979
0 EM-Spiele
Nationalmannschafts-Karriere gesamt:
7 Länderspiele von 2004 – 2007.
Verein bei EM 2004: VfB Stuttgart.

ANDREAS HINKEL
Geboren am 26. März 1982
0 EM-Spiele
Nationalmannschafts-Karriere gesamt:
21 Länderspiele von 2003 – 2009.
Verein bei EM 2004: VfB Stuttgart.

Deutsche EM-Teilnehmer

THOMAS HITZLSPERGER
Geboren am 5. April 1982
5 EM-Spiele
Nationalmannschafts-Karriere gesamt:
52 Länderspiele von 2004 – 2010.
Verein bei EM 2008: VfB Stuttgart.

Jahr Gegner	Ergebnis	Einsatzzeit	Tore	bes. Vorkommnisse
2008 Polen	2:0	16 Min.	0	
2008 Österreich	1:0	31 Min.	0	
2008 Portugal	3:2	72 Min.	0	
2008 Türkei	3:2	90 Min.	0	
2008 Spanien	0:1	57 Min.	0	

BERND HÖLZENBEIN
Geboren am 9. März 1946
2 EM-Spiele
Nationalmannschafts-Karriere gesamt:
40 Länderspiele von 1973 – 1978.
Verein bei EM 1976: Eintracht Frankfurt.

Jahr Gegner	Ergebnis	Einsatzzeit	Tore	bes. Vorkommnisse
1976 Jugoslawien	4:2 n.V.	120 Min.	0	
1976 CSSR	5:7 n.E.	120 Min.	1	

ULI HOENESS
Geboren am 5. Januar 1952
4 EM-Spiele
Nationalmannschafts-Karriere gesamt:
35 Länderspiele von 1972 – 1976.
Verein bei EM 1972, 1976: Bayern München.

Jahr Gegner	Ergebnis	Einsatzzeit	Tore	bes. Vorkommnisse
1972 Belgien	2:1	58 Min.	0	
1972 UdSSR	3:0	90 Min.	0	
1976 Jugoslawien	4:2 n.V.	120 Min.	0	
1976 CSSR	5:7 n.E.	120 Min.	0	verschießt im Elfmeterschießen.

HORST-DIETER HÖTTGES
Geboren am 10. September 1943
2 EM-Spiele
Nationalmannschafts-Karriere gesamt:
66 Länderspiele von 1965 – 1974.
Verein bei EM 1972: Werder Bremen.

Jahr Gegner	Ergebnis	Einsatzzeit	Tore	bes. Vorkommnisse
1972 Belgien	2:1	90 Min.	0	
1972 UdSSR	3:0	90 Min.	0	

BENEDIKT HÖWEDES
Geboren am 29. Februar 1988
0 EM-Spiele
Nationalmannschafts-Karriere gesamt:
32 Länderspiele von 2011 – 2015.
Verein bei EM 2012: Schalke 04.

HORST HRUBESCH
Geboren am 17. April 1951
3 EM-Spiele
Nationalmannschafts-Karriere gesamt:
21 Länderspiele von 1980 – 1982.
Verein bei EM 1980: Hamburger SV.

Jahr Gegner	Ergebnis	Einsatzzeit	Tore	bes. Vorkommnisse
1980 Holland	3:2	90 Min.	0	
1980 Griechenland	0:0	90 Min.	0	
1980 Belgien	2:1	90 Min.	2	

MATS HUMMELS
Geboren am 16. Dezember 1988
5 EM-Spiele
Nationalmannschafts-Karriere gesamt:
43 Länderspiele von 2010 – 2015.
Verein bei EM 2012: Borussia Dortmund.

Jahr Gegner	Ergebnis	Einsatzzeit	Tore	bes. Vorkommnisse
2012 Portugal	1:0	90 Min.	0	
2012 Holland	2:1	90 Min.	0	
2012 Dänemark	2:1	90 Min.	0	
2012 Griechenland	4:2	90 Min.	0	
2012 Italien	1:2	90 Min.	0	Gelbe Karte

Angriff von hinten: Mats Hummels foult den Italiener Mario Balotelli im EM-Halbfinale 2012. Für Hummels wird es ein schwarzer Tag. Balotelli erzielt beide Tore zum 2:1-Sieg, der deutsche Innenverteidiger trägt erhebliche Mitschuld am Tor zum 0:1

BODO ILLGNER
Geboren am 7. April 1967
5 EM-Spiele
Nationalmannschafts-Karriere gesamt:
54 Länderspiele von 1987 – 1994.
Verein bei EM 1988, 1992: 1. FC Köln.

Jahr	Gegner	Ergebnis	Einsatzzeit	Gegentore	bes. Vorkommnisse
1992	GUS	1:1	90 Min.	1	
1992	Schottland	2:0	90 Min.	0	
1992	Holland	1:3	90 Min.	3	
1992	Schweden	3:2	90 Min.	2	
1992	Dänemark	0:2	90 Min.	2	

EIKE IMMEL
Geboren am 27. November 1960
4 EM-Spiele
Nationalmannschafts-Karriere gesamt:
19 Länderspiele von 1980 – 1988.
Vereine bei EM: 1980 Borussia Dortmund,
1988 VfB Stuttgart.

Jahr	Gegner	Ergebnis	Einsatzzeit	Gegentore	bes. Vorkommnisse
1988	Italien	1:1	90 Min.	1	
1988	Dänemark	2:0	90 Min.	0	
1988	Spanien	2:0	90 Min.	0	
1988	Holland	1:2	90 Min.	2	

CARSTEN JANCKER
Geboren am 28. August 1974
2 EM-Spiele
Nationalmannschafts-Karriere gesamt:
33 Länderspiele von 1998 – 2002.
Verein bei EM 2000: Bayern München.

Jahr	Gegner	Ergebnis	Einsatzzeit	Tore	bes. Vorkommnisse
2000	England	0:1	90 Min.	0	
2000	Portugal	0:3	68 Min.	0	Gelbe Karte

MARCELL JANSEN
Geboren am 4. November 1985
5 EM-Spiele.
Nationalmannschafts-Karriere gesamt:
45 Länderspiele von 2005 – 2014.
Verein bei EM 2008: Bayern München.

Jahr	Gegner	Ergebnis	Einsatzzeit	Tore	bes. Vorkommnisse
2008	Polen	2:0	90 Min.	0	
2008	Kroatien	1:2	45 Min.	0	
2008	Portugal	3:2	2 Min.	0	
2008	Türkei	3:2	1 Min.	0	
2008	Spanien	0:1	45 Min.	0	

JENS JEREMIES
Geboren am 5. März 1974
3 EM-Spiele
Nationalmannschafts-Karriere gesamt:
55 Länderspiele von 1997 – 2004.
Verein bei EM 2000, 2004: Bayern München.

Jahr	Gegner	Ergebnis	Einsatzzeit	Tore	bes. Vorkommnisse
2000	Rumänien	1:1	90 Min.	0	
2000	England	0:1	77 Min.	0	Gelbe Karte
2004	Tschechien	1:2	5 Min.	0	

WALTER JUNGHANS
Geboren am 26. Oktober 1958
0 EM-Spiele
Nationalmannschafts-Karriere gesamt:
0 Länderspiele.
Verein bei EM 1980: Bayern München.

OLIVER KAHN
Geboren am 15. Juni 1969
6 EM-Spiele
Nationalmannschafts-Karriere gesamt:
86 Länderspiele von 1995 – 2006.
Verein bei EM 1996, 2000, 2004: Bayern München.

Jahr	Gegner	Ergebnis	Einsatzzeit	Gegentore	bes. Vorkommnisse
2000	Rumänien	1:1	90 Min.	1	
2000	England	0:1	90 Min.	1	
2000	Portugal	0:3	90 Min.	3	
2004	Holland	1:1	90 Min.	1	
2004	Lettland	0:0	90 Min.	0	
2004	Tschechien	1:2	90 Min.	2	

MANFRED KALTZ
Geboren am 6. Januar 1953
4 EM-Spiele
Nationalmannschafts-Karriere gesamt:
69 Länderspiele von 1975 – 1983.
Verein bei EM 1976, 1980: Hamburger SV.

Jahr	Gegner	Ergebnis	Einsatzzeit	Tore	bes. Vorkommnisse
1980	CSSR	1:0	90 Min.	0	
1980	Holland	3:2	90 Min.	0	
1980	Griechenland	0:0	90 Min.	0	
1980	Belgien	2:1	90 Min.	0	

RUDI KARGUS
Geboren am 15. August 1952
0 EM-Spiele
Nationalmannschafts-Karriere gesamt:
3 Länderspiele von 1975 – 1977.
Verein bei EM 1976: Hamburger SV.

SEBASTIAN KEHL
Geboren am 13. Februar 1980
0 EM-Spiele
Nationalmannschafts-Karriere gesamt:
31 Länderspiele von 2001 – 2006.
Verein bei EM 2004: Borussia Dortmund.

SAMI KHEDIRA
Geboren am 4. April 1987
5 EM-Spiele
Nationalmannschafts-Karriere gesamt:
56 Länderspiele von 2009 – 2015.
Verein bei EM: 2012 Real Madrid.

Jahr	Gegner	Ergebnis	Einsatzzeit	Tore	bes. Vorkommnisse
2012	Portugal	1:0	90 Min.	0	
2012	Holland	2:1	90 Min.	0	
2012	Dänemark	2:1	90 Min.	0	
2012	Griechenland	4:2	90 Min.	1	
2012	Italien	1:2	90 Min.	0	

ULF KIRSTEN
Geboren am 4. Dezember 1965
2 EM-Spiele
Nationalmannschafts-Karriere gesamt, 100 Länderspiele von 1985 – 2000, davon 49 Länderspiele für die DDR.
Verein bei EM 2000: Bayer Leverkusen.

Jahr	Gegner	Ergebnis	Einsatzzeit	Tore	bes. Vorkommnisse
2000	England	0:1	69 Min.	0	
2000	Portugal	0:3	22 Min.	0	

WOLFGANG KLEFF
Geboren am 16. November 1946
0 EM-Spiele
Nationalmannschafts-Karriere gesamt:
6 Länderspiele von 1971 – 1973.
Verein bei EM 1972: Borussia Mönchengladbach.

JÜRGEN KLINSMANN
Geboren am 30. Juli 1964
13 EM-Spiele
Nationalmannschafts-Karriere gesamt:
108 Länderspiele von 1987 – 1998.
Vereine bei EM: 1988 VfB Stuttgart, 1992 Inter Mailand, 1996 Bayern München.

Jahr	Gegner	Ergebnis	Einsatzzeit	Tore	bes. Vorkommnisse
1988	Italien	1:1	90 Min.	0	
1988	Dänemark	2:0	90 Min.	1	
1988	Spanien	2:0	82 Min.	0	
1988	Holland	1:2	90 Min.	0	
1992	GUS	1:1	26 Min.	0	
1992	Schottland	2:0	90 Min.	0	
1992	Holland	1:3	90 Min.	1	
1992	Schweden	3:2	88 Min.	0	
1992	Dänemark	0:2	90 Min.	0	Gelbe Karte
1996	Russland	3:0	90 Min.	2	
1996	Italien	0:0	90 Min.	0	
1996	Kroatien	2:1	38 Min.	1	Gelbe Karte, Elfm. verwand.
1996	Tschechien	2:1 GG	95 Min.	0	

MIROSLAV KLOSE
Geboren am 9. Juni 1978
13 EM-Spiele
Nationalmannschafts-Karriere gesamt:
137 Länderspiele von 2001 – 2014.
Vereine bei EM: 2004 1. FC Kaiserslautern, 2008 Bayern München, 2012 Lazio Rom.

Jahr	Gegner	Ergebnis	Einsatzzeit	Tore	bes. Vorkommnisse
2004	Lettland	0:0	24 Min.	0	
2004	Tschechien	1:2	12 Min.	0	
2008	Polen	2:0	89 Min.	0	
2008	Kroatien	1:2	90 Min.	0	
2008	Österreich	1:0	90 Min.	0	
2008	Portugal	3:2	88 Min.	1	
2008	Türkei	3:2	89 Min.	1	
2008	Spanien	0:1	78 Min.	0	
2012	Portugal	1:0	11 Min.	0	
2012	Holland	2:1	19 Min.	0	
2012	Dänemark	2:1	17 Min.	0	
2012	Griechenland	4:2	79 Min.	1	
2012	Italien	1:2	45 Min.	0	

ANDREAS KÖPKE
Geboren am 12. März 1962
6 EM-Spiele
Nationalmannschafts-Karriere gesamt:
59 Länderspiele von 1990 – 1998.
Vereine bei EM: 1992 1. FC Nürnberg, 1996 Eintracht Frankfurt.

Jahr	Gegner	Ergebnis	Einsatzzeit	Gegentore	bes. Vorkommnisse
1996	Tschechien	2:0	90 Min.	0	
1996	Russland	3:0	90 Min.	0	
1996	Italien	0:0	90 Min.	0	Foulelfmeter gehalten
1996	Kroatien	2:1	90 Min.	1	
1996	England	7:6 n. E.	120 Min.	1	
1996	Tschechien	2:1 GG	95 Min.	1	

HORST KÖPPEL
Geboren am 17. Mai 1948
0 EM-Spiele
Nationalmannschafts-Karriere gesamt:
11 Länderspiele von 1968 – 1973.
Verein bei EM 1972: VfB Stuttgart.

JÜRGEN KOHLER
Geboren am 6. Oktober 1965
10 EM-Spiele
Nationalmannschafts-Karriere gesamt:
105 Länderspiele von 1986 – 1998.
Vereine bei EM: 1988 1. FC Köln, 1992 Juventus Turin, 1996 Borussia Dortmund.

Jahr	Gegner	Ergebnis	Einsatzzeit	Tore	bes. Vorkommnisse
1988	Italien	1:1	90 Min.	0	
1988	Dänemark	2:0	90 Min.	0	
1988	Spanien	2:0	90 Min.	0	
1988	Holland	1:2	90 Min.	0	
1992	GUS	1:1	90 Min.	0	
1992	Schottland	2:0	90 Min.	0	
1992	Holland	1:3	90 Min.	0	Gelbe Karte
1992	Schweden	3:2	90 Min.	0	
1992	Dänemark	0:2	90 Min.	0	
1996	Tschechien	2:0	13 Min.	0	

ERWIN KREMERS
Geboren am 24. März 1949
2 EM-Spiele
Nationalmannschafts-Karriere gesamt:
15 Länderspiele von 1972 – 1974.
Verein bei EM 1972: FC Schalke 04.

Jahr	Gegner	Ergebnis	Einsatzzeit	Tore	bes. Vorkommnisse
1972	Belgien	2:1	90 Min.	0	
1972	UdSSR	3:0	90 Min.	0	

TONI KROOS
Geboren am 4. Januar 1990
4 EM-Spiele
Nationalmannschafts-Karriere gesamt:
62 Länderspiele von 2010 – 2015.
Verein bei EM: 2012 Bayern München.

Jahr	Gegner	Ergebnis	Einsatzzeit	Tore	bes. Vorkommnisse
2012	Portugal	1:0	4 Min.	0	
2012	Holland	2:1	10 Min.	0	
2012	Dänemark	2:1	7 Min.	0	
2012	Italien	1:2	90 Min.	0	

Deutsche EM-Teilnehmer

STEFAN KUNTZ
Geboren am 30. Oktober 1962
5 EM-Spiele
Nationalmannschafts-Karriere gesamt:
25 Länderspiele von 1993 – 1997.
Verein bei EM 1996: Besiktas Istanbul.

Jahr Gegner	Ergebnis	Einsatzzeit	Tore	bes. Vorkommnisse
1996 Tschechien	2:0	82 Min.	0	Gelbe Karte
1996 Russland	3:0	6 Min.	0	
1996 Kroatien	2:1	45 Min.	0	
1996 England	7:6 n. E.	120 Min.	1	
1996 Tschechien	2:1 GG	95 Min.	0	

KEVIN KURANYI
Geboren am 2. März 1982
6 EM-Spiele
Nationalmannschafts-Karriere gesamt:
52 Länderspiele von 2003 – 2008.
Vereine bei EM: 2004 VfB Stuttgart, 2008 FC Schalke 04.

Jahr Gegner	Ergebnis	Einsatzzeit	Tore	bes. Vorkommnisse
2004 Holland	1:1	84 Min.	0	Gelbe Karte
2004 Lettland	0:0	77 Min.	0	
2004 Tschechien	1:2	90 Min.	0	
2008 Polen	2:0	1 Min.	0	
2008 Kroatien	1:2	9 Min.	0	
2008 Spanien	0:2	33 Min.	0	Gelbe Karte

PHILIPP LAHM
Geboren am 11. November 1983
14 EM-Spiele
Nationalmannschafts-Karriere gesamt:
113 Länderspiele von 2004 – 2014.
Vereine bei EM: 2004 VfB Stuttgart, 2008, 2012: Bayern München.

Jahr Gegner	Ergebnis	Einsatzzeit	Tore	bes. Vorkommnisse
2004 Holland	1:1	90 Min.	0	
2004 Lettland	0:0	90 Min.	0	
2004 Tschechien	1:2	90 Min.	0	Gelbe Karte
2008 Polen	2:0	90 Min.	0	
2008 Kroatien	1:2	90 Min.	0	
2008 Österreich	1:0	90 Min.	0	
2008 Portugal	3:2	90 Min.	0	Gelbe Karte
2008 Türkei	3:2	90 Min.	1	
2008 Spanien	0:1	45 Min.	0	
2012 Portugal	1:0	90 Min.	0	
2012 Holland	2:1	90 Min.	0	
2012 Dänemark	2:1	90 Min.	0	
2012 Griechenland	4:2	90 Min.	1	
2012 Italien	1:2	90 Min.	0	

JENS LEHMANN
Geboren am 10. November 1969
6 EM-Spiele
Nationalmannschafts-Karriere gesamt:
61 Länderspiele von 1998 – 2008.
Vereine bei EM: 2000 Borussia Dortmund, 2004, 2008 Arsenal London.

Jahr Gegner	Ergebnis	Einsatzzeit	Gegentore	bes. Vorkommnisse
2008 Polen	2:0	90 Min.	0	
2008 Kroatien	1:2	90 Min.	2	Gelbe Karte
2008 Österreich	1:0	90 Min.	0	
2008 Portugal	3:2	90 Min.	2	
2008 Türkei	3:2	90 Min.	2	
2008 Spanien	0:1	90 Min.	1	

THOMAS LINKE
Geboren am 26. Dezember 1969
2 EM-Spiele
Nationalmannschafts-Karriere gesamt:
43 Länderspiele von 1997 – 2004.
Verein bei EM 2000: FC Bayern München.

Jahr Gegner	Ergebnis	Einsatzzeit	Tore	bes. Vorkommnisse
2000 Rumänien	1:1	45 Min.	0	
2000 Portugal	0:3	90 Min.	0	

PIERRE LITTBARSKI
Geboren am 16. April 1960
6 EM-Spiele
Nationalmannschafts-Karriere gesamt:
73 Länderspiele von 1981 – 1990.
Verein bei EM: 1984, 1988 1. FC Köln.

Jahr Gegner	Ergebnis	Einsatzzeit	Tore	bes. Vorkommnisse
1984 Rumänien	2:1	26 Min.	0	
1984 Spanien	0:1	31 Min.	0	
1988 Italien	1:1	90 Min.	0	
1988 Dänemark	2:0	90 Min.	0	
1988 Spanien	2:0	61 Min.	0	
1988 Holland	1:2	12 Min.	0	

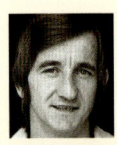

HANNES LÖHR
Geboren am 5. Juli 1942
0 EM-Spiele
Nationalmannschafts-Karriere gesamt:
20 Länderspiele von 1967 – 1970.
Verein bei EM 1972: 1. FC Köln.

FELIX MAGATH
Geboren am 26. Juli 1953
2 EM-Spiele
Nationalmannschafts-Karriere gesamt:
43 Länderspiele von 1977 – 1986.
Verein bei EM 1980: Hamburger SV.

Jahr Gegner	Ergebnis	Einsatzzeit	Tore	bes. Vorkommnisse
1980 CSSR	1:0	31 Min.	0	
1980 Holland	3:2	26 Min.	0	

SEPP MAIER
Geboren am 28. Februar 1944
4 EM-Spiele
Nationalmannschafts-Karriere gesamt:
95 Länderspiele von 1966 – 1979.
Vereine bei EM 1972, 1976: Bayern München.

Jahr Gegner	Ergebnis	Einsatzzeit	Gegentore	bes. Vorkommnisse
1972 Belgien	2:1	90 Min.	1	
1972 UdSSR	3:0	90 Min.	0	
1976 Jugoslawien	4:2 n. V.	120 Min.	2	
1976 CSSR	5:7 n. E.	120 Min.	2	

LOTHAR MATTHÄUS
Geboren am 21. März 1961
11 EM-Spiele.
Nationalmannschafts-Karriere gesamt:
150 Länderspiele von 1980 – 2000.
Vereine bei EM: 1980, 1984 Borussia Mönchengladbach, 1988 Bayern München, 2000 New York Metro Stars.

Jahr Gegner	Ergebnis	Einsatzzeit	Tore	bes. Vorkommnisse
1980 Holland	3:2	18 Min.	0	
1984 Portugal	0:0	24 Min.	0	
1984 Rumänien	2:1	90 Min.	0	
1984 Spanien	0:1	90 Min.	0	
1988 Italien	1:1	90 Min.	0	
1988 Dänemark	2:0	90 Min.	0	
1988 Spanien	2:0	90 Min.	0	
1988 Holland	1:2	90 Min.	1	Elfmeter verwandelt
2000 Rumänien	1:1	77 Min.	0	
2000 England	0:1	90 Min.	0	
2000 Portugal	0:3	90 Min.	0	

NORBERT MEIER
Geboren am 20. September 1958
2 EM-Spiele
Nationalmannschafts-Karriere gesamt:
16 Länderspiele von 1982 – 1985.
Verein bei EM 1984: Werder Bremen.

Jahr Gegner	Ergebnis	Einsatzzeit	Tore	bes. Vorkommnisse
1984 Rumänien	2:1	64 Min.	0	
1984 Spanien	0:1	59 Min.	0	Gelbe Karte

CASPAR MEMERING
Geboren am 1. Juni 1953
1 EM-Spiel
Nationalmannschafts-Karriere gesamt:
3 Länderspiele von 1979 – 1980.
Verein bei EM 1980: Hamburger SV.

Jahr Gegner	Ergebnis	Einsatzzeit	Tore	bes. Vorkommnisse
1980 Griechenland	0:0	90 Min.	0	

PER MERTESACKER
Geboren am 29. September 1984
6 EM-Spiele
Nationalmannschafts-Karriere gesamt:
104 Länderspiele von 2004 – 2014.
Vereine bei EM: 2008 Werder Bremen, 2012 FC Arsenal.

Jahr Gegner	Ergebnis	Einsatzzeit	Tore	bes. Vorkommnisse
2008 Polen	2:0	90 Min.	0	
2008 Kroatien	1:2	90 Min.	0	
2008 Österreich	1:0	90 Min.	0	
2008 Portugal	3:2	90 Min.	0	
2008 Türkei	3:2	90 Min.	0	
2008 Spanien	0:1	90 Min.	0	

CHRISTOPH METZELDER
Geboren am 5. November 1980
6 EM-Spiele
Nationalmannschafts-Karriere gesamt:
47 Länderspiele von 2001 – 2008.
Verein bei EM 2008: Real Madrid.

Jahr Gegner	Ergebnis	Einsatzzeit	Tore	bes. Vorkommnisse
2008 Polen	2:0	90 Min.	0	
2008 Kroatien	1:2	90 Min.	0	
2008 Österreich	1:0	90 Min.	0	
2008 Portugal	3:2	90 Min.	0	
2008 Türkei	3:2	90 Min.	0	
2008 Spanien	0:1	90 Min.	0	

FRANK MILL
Geboren am 23. Juli 1958
3 EM-Spiele
Nationalmannschafts-Karriere gesamt:
17 Länderspiele von 1982 – 1990.
Verein bei EM 1988: Borussia Dortmund.

Jahr Gegner	Ergebnis	Einsatzzeit	Tore	bes. Vorkommnisse
1988 Dänemark	2:0	17 Min.	0	
1988 Spanien	2:0	8 Min.	0	
1988 Holland	1:2	78 Min.	0	

ANDREAS MÖLLER
Geboren am 2. September 1967
8 EM-Spiele
Nationalmannschafts-Karriere gesamt:
85 Länderspiele von 1988 – 1999.
Vereine bei EM: 1992 Eintracht Frankfurt, 1996 Borussia Dortmund.

Jahr Gegner	Ergebnis	Einsatzzeit	Tore	bes. Vorkommnisse
1992 GUS	1:1	45 Min.	0	
1992 Schottland	2:0	90 Min.	0	
1992 Holland	1:3	90 Min.	0	
1996 Tschechien	2:0	90 Min.	1	Gelbe Karte
1996 Russland	3:0	86 Min.	0	
1996 Italien	0:0	88 Min.	0	
1996 Kroatien	2:1	90 Min.	0	
1996 England	7:6 n. E.	120 Min.	0	Gelbe Karte

DIETER MÜLLER
Geboren am 1. April 1954
2 EM-Spiele
Nationalmannschafts-Karriere gesamt:
12 Länderspiele von 1976 – 1978.
Verein bei EM 1976: 1. FC Köln.

Jahr Gegner	Ergebnis	Einsatzzeit	Tore	bes. Vorkommnisse
1976 Jugoslawien	4:2 n. V.	42 Min.	3	
1976 CSSR	5:7 n. E.	120 Min.	1	

GERD MÜLLER
Geboren am 3. November 1945
2 EM-Spiele
Nationalmannschafts-Karriere gesamt:
62 Länderspiele von 1966 – 1974.
Verein bei EM 1972: Bayern München.

Jahr Gegner	Ergebnis	Einsatzzeit	Tore	bes. Vorkommnisse
1972 Belgien	2:1	90 Min.	2	
1972 UdSSR	3:0	90 Min.	2	

HANSI MÜLLER
Geboren am 27. Juli 1957
4 EM-Spiele
Nationalmannschafts-Karriere gesamt:
42 Länderspiele von 1978 – 1983.
Verein bei EM 1980: VfB Stuttgart.

Jahr Gegner	Ergebnis	Einsatzzeit	Tore	bes. Vorkommnisse
1980 CSSR	1:0	90 Min.	0	
1980 Holland	3:2	64 Min.	0	
1980 Griechenland	0:0	90 Min.	0	
1980 Belgien	2:1	90 Min.	0	

THOMAS MÜLLER
Geboren am 13. September 1989
5 EM-Spiele
Nationalmannschafts-Karriere gesamt:
67 Länderspiele von 2010 – 2015.
Verein bei EM 2012: Bayern München.

Jahr Gegner	Ergebnis	Einsatzzeit	Tore	bes. Vorkommnisse
2012 Portugal	1:0	89 Min.	0	
2012 Holland	2:1	89 Min.	0	
2012 Dänemark	2:1	83 Min.	0	
2012 Griechenland	4:2	24 Min.	0	
2012 Italien	1:2	20 Min.	0	

Das goldene Tor im EM-Finale 2008: Spaniens Mittelstürmer Fernando Torres (M.) gewinnt erst das Laufduell gegen Philipp Lahm (l.), schlenzt dann den Ball über den herausstürzenden Torwart Jens Lehmann zum 1:0-Sieg ins Netz (33.). Für Spanien ist es der Auftakt in eine glorreiche Epoche mit dem WM-Titel 2010 und der EM-Titelverteidigung 2012

GÜNTER NETZER
Geboren am 14. September 1944
2 EM-Spiele
Nationalmannschafts-Karriere gesamt:
37 Länderspiele von 1965 – 1975.
Verein bei EM 1972: Borussia Mönchengladbach.

Jahr	Gegner	Ergebnis	Einsatzzeit	Tore	bes. Vorkommnisse
1972	Belgien	2:1	90 Min.	0	
1972	UdSSR	3:0	90 Min.	0	

MANUEL NEUER
Geboren am 27. März 1986
5 EM-Spiele
Nationalmannschafts-Karriere gesamt:
62 Länderspiele von 2009 – 2015.
Verein bei EM 2012: Bayern München.

Jahr	Gegner	Ergebnis	Einsatzzeit	Gegentore	bes. Vorkommnisse
2012	Portugal	1:0	90 Min.	0	
2012	Holland	2:1	90 Min.	1	
2012	Dänemark	2:1	90 Min.	1	
2012	Griechenland	4:2	90 Min.	2	
2012	Italien	1:2	90 Min.	2	

OLIVER NEUVILLE
Geboren am 1. Mai 1973
1 EM-Spiel
Nationalmannschafts-Karriere gesamt:
69 Länderspiele von 1998 – 2008.
Verein bei EM 2008: Borussia Mönchengladbach.

Jahr	Gegner	Ergebnis	Einsatzzeit	Tore	bes. Vorkommnisse
2008	Österreich	1:0	8 Min.	0	

PETER NOGLY
Geboren am 14. Januar 1947
0 EM-Spiele
Nationalmannschafts-Karriere gesamt:
4 Länderspiele 1977.
Verein bei EM 1976: Hamburger SV.

JENS NOWOTNY
Geboren am 11. Januar 1974
5 EM-Spiele
Nationalmannschafts-Karriere gesamt:
48 Länderspiele von 1997 – 2006.
Verein bei EM 2000, 2004: Bayer Leverkusen.

Jahr	Gegner	Ergebnis	Einsatzzeit	Tore	bes. Vorkommnisse
2000	Rumänien	1:1	90 Min.	0	
2000	England	0:1	90 Min.	0	
2000	Portugal	0:3	90 Min.	0	
2004	Holland	1:1	90 Min.	0	
2004	Tschechien	1:2	90 Min.	0	Gelbe Karte

DAVID ODONKOR
Geboren am 21. Februar 1984
1 EM-Spiel
Nationalmannschafts-Karriere gesamt:
16 Länderspiele von 2006 – 2008.
Verein bei EM 2008: Betis Sevilla.

Jahr	Gegner	Ergebnis	Einsatzzeit	Tore	bes. Vorkommnisse
2008	Kroatien	1:2	45 Min.	0	

MESUT ÖZIL
Geboren am 15. Oktober 1988
5 EM-Spiele
Nationalmannschafts-Karriere gesamt:
70 Länderspiele von 2009 – 2015.
Verein bei EM 2012: Real Madrid.

Jahr	Gegner	Ergebnis	Einsatzzeit	Tore	bes. Vorkommnisse
2012	Portugal	1:0	86 Min.	0	
2012	Holland	2:1	80 Min.	0	
2012	Dänemark	2:1	90 Min.	0	
2012	Griechenland	4:2	90 Min.	0	
2012	Italien	1:2	90 Min.	1	

Deutsche EM-Teilnehmer

HANS PFLÜGLER
Geboren am 27. März 1960
1 EM-Spiel
Nationalmannschafts-Karriere gesamt:
11 Länderspiele von 1987 – 1990.
Verein bei EM 1988: Bayern München.

Jahr Gegner	Ergebnis	Einsatzzeit	Tore	bes. Vorkommnisse
1988 Holland	1:2	47 Min.	0	

LUKAS PODOLSKI
Geboren am 4. Juni 1985
11 EM-Spiele
Nationalmannschafts-Karriere gesamt:
126 Länderspiele von 2004 – 2015.
Vereine bei EM: 2004, 2012 FC Köln, 2008 Bayern München.

Jahr Gegner	Ergebnis	Einsatzzeit	Tore	bes. Vorkommnisse
2004 Tschechien	1:2	45 Min.	0	
2008 Polen	2:0	90 Min.	2	
2008 Kroatien	1:2	90 Min.	1	
2008 Österreich	1:0	82 Min.	0	
2008 Portugal	3:2	90 Min.	0	
2008 Türkei	3:2	90 Min.	0	
2008 Spanien	0:1	90 Min.	0	
2012 Portugal	1:0	90 Min.	0	
2012 Holland	2:1	90 Min.	0	
2012 Dänemark	2:1	63 Min.	1	
2012 Italien	1:2	45 Min.	0	

CARSTEN RAMELOW
Geboren am 20. März 1974
0 EM-Spiele
Nationalmannschafts-Karriere gesamt:
46 Länderspiele von 1998 – 2004.
Vereine bei EM 2000: Bayer Leverkusen

OLIVER RECK
Geboren am 27. Februar 1965
0 EM-Spiele
Nationalmannschafts-Karriere gesamt:
1 Länderspiel 1996
Verein bei EM 1996: Werder Bremen

MARKO REHMER
Geboren am 29. April 1972
2 EM-Spiele
Nationalmannschafts-Karriere gesamt:
35 Länderspiele von 1998 – 2003.
Verein bei EM 2000: Hertha BSC

Jahr Gegner	Ergebnis	Einsatzzeit	Tore	bes. Vorkommnisse
2000 Rumänien	1:1	45 Min.	0	
2000 Portugal	0:3	90 Min.	0	

MARCO REUS
Geboren am 31. Mai 1989
2 EM-Spiele
Nationalmannschafts-Karriere gesamt:
27 Länderspiele von 2011 – 2015.
Verein bei EM 2012: Mönchengladbach

Jahr Gegner	Ergebnis	Einsatzzeit	Tore	bes. Vorkommnisse
2012 Griechenland	4:2	79 Min.	1	
2012 Italien	1:2	45 Min.	0	

STEFAN REUTER
Geboren am 16. Oktober 1966
8 EM-Spiele
Nationalmannschafts-Karriere gesamt:
69 Länderspiele von 1987 – 1998.
Vereine bei EM 1992: Juventus Turin,
1996 Borussia Dortmund

Jahr Gegner	Ergebnis	Einsatzzeit	Tore	bes. Vorkommnisse
1992 GUS	1:1	64 Min.	0	
1992 Schottland	2:0	8 Min.	0	
1992 Schweden	3:2	90 Min.	0	Gelbe Karte
1992 Dänemark	0:2	90 Min.	0	Gelbe Karte
1996 Tschechien	2:0	90 Min.	0	Gelbe Karte
1996 Russland	3:0	90 Min.	0	
1996 Kroatien	2:1	90 Min.	0	
1996 England	7:6 n. E.	120 Min.	0	Gelbe Karte

Große Emotionen: Die Polen Marcin Wasilewski (u.) und Dariusz Dudka nehmen Lukas Podolski in die Mangel. Das Spiel wird trotz aller Härte aber eine Feierstunde für Podolski. Der gebürtige Pole erzielt beide Tore zum 2:0-Sieg im Gruppenspiel 2008

KARL-HEINZ RIEDLE
Geboren am 16. September 1965
5 EM-Spiele
Nationalmannschafts-Karriere gesamt:
42 Länderspiele von 1988 – 1994.
Verein bei EM 1992: Lazio Rom

Jahr Gegner	Ergebnis	Einsatzzeit	Tore bes. Vorkommnisse
1992 GUS	1:1	90 Min.	0
1992 Schottland	2:0	66 Min.	1
1992 Holland	1:3	75 Min.	0
1992 Schweden	3:2	90 Min.	2 Gelbe Karte
1992 Dänemark	0:2	90 Min.	0

PAULO RINK
Geboren am 21. Februar 1973
3 EM-Spiele
Nationalmannschafts-Karriere gesamt:
13 Länderspiele von 1998 – 2000.
Verein bei EM 2000: Bayer Leverkusen

Jahr Gegner	Ergebnis	Einsatzzeit	Tore bes. Vorkommnisse
2000 Rumänien	1:1	90 Min.	0
2000 England	0:1	21 Min.	0
2000 Portugal	0:3	45 Min.	0 Gelbe Karte

HELMUT ROLEDER
Geboren am 9. Oktober 1953
0 EM-Spiele
Nationalmannschafts-Karriere gesamt:
1 Länderspiel 1984.
Verein bei EM 1984: VfB Stuttgart

SIMON ROLFES
Geboren am 21. Januar 1982
2 EM-Spiele
Nationalmannschafts-Karriere gesamt:
26 Länderspiele von 2007 – 2011.
Verein bei EM 2008: Bayer Leverkusen

Jahr Gegner	Ergebnis	Einsatzzeit	Tore bes. Vorkommnisse
2008 Portugal	3:2	90 Min.	0
2008 Türkei	3:2	45 Min.	0

WOLFGANG ROLFF
Geboren am 26. Dezember 1959
5 EM-Spiele
Nationalmannschafts-Karriere gesamt:
37 Länderspiele von 1983 – 1989.
Vereine bei EM 1984: Hamburger SV, 1988 Bayer Leverkusen.

Jahr Gegner	Ergebnis	Einsatzzeit	Tore bes. Vorkommnisse
1984 Portugal	0:0	66 Min.	0
1984 Spanien	0:1	44 Min.	0
1988 Dänemark	2:0	90 Min.	0 Gelbe Karte
1988 Spanien	2:0	90 Min.	0
1988 Holland	1:2	90 Min.	0

KARL-HEINZ RUMMENIGGE
Geboren am 25. September 1955
7 EM-Spiele
Nationalmannschafts-Karriere gesamt:
95 Länderspiele von 1976 – 1986.
Verein bei EM 1980, 1984: Bayern München.

Jahr Gegner	Ergebnis	Einsatzzeit	Tore bes. Vorkommnisse
1980 CSSR	1:0	90 Min.	1
1980 Holland	3:2	90 Min.	0
1980 Griechenland	0:0	65 Min.	0
1980 Belgien	2:1	90 Min.	0
1984 Portugal	0:0	90 Min.	0
1984 Rumänien	2:1	90 Min.	0
1984 Spanien	0:1	90 Min.	0

MATTHIAS SAMMER
Geboren am 5. September 1967
10 EM-Spiele
Nationalmannschafts-Karriere gesamt:
74 Länderspiele von 1986 – 1997, davon 23 Länderspiele für die DDR. Vereine bei EM: 1992 VfB Stuttgart, 1996 Borussia Dortmund.

Jahr Gegner	Ergebnis	Einsatzzeit	Tore bes. Vorkommnisse
1992 Schottland	2:0	90 Min.	0
1992 Holland	1:3	45 Min.	0
1992 Schweden	3:2	90 Min.	0
1992 Dänemark	0:2	45 Min.	0
1996 Tschechien	2:0	90 Min.	0
1996 Russland	3:0	90 Min.	1
1996 Italien	0:0	90 Min.	0
1996 Kroatien	2:1	90 Min.	1 Gelbe Karte
1996 England	7:6 n. E.	120 Min.	0
1996 Tschechien	2:1 GG	95 Min.	0 Gelbe Karte

GUNNAR SAUER
Geboren am 11. Juni 1964
0 EM-Spiele
Nationalmannschafts-Karriere gesamt:
0 Länderspiele.
Verein bei EM 1988: Werder Bremen.

MARCEL SCHMELZER
Geboren am 22. Januar 1988
0 EM-Spiele
Nationalmannschafts-Karriere gesamt:
16 Länderspiele von 2010 – 2014.
Verein bei EM 2012: Borussia Dortmund.

BERND SCHNEIDER
Geboren am 17. November 1973
3 EM-Spiele
Nationalmannschafts-Karriere gesamt:
81 Länderspiele von 1999 – 2008.
Verein bei EM 2004: Bayer Leverkusen.

Jahr Gegner	Ergebnis	Einsatzzeit	Tore bes. Vorkommnisse
2004 Holland	1:1	67 Min.	0
2004 Lettland	0:0	45 Min.	0
2004 Tschechien	1:2	90 Min.	0

RENÉ SCHNEIDER
Geboren am 1. Februar 1973
0 EM-Spiele
Nationalmannschafts-Karriere gesamt:
1 Länderspiel 1995.
Verein bei EM 1996: Hansa Rostock.

MEHMET SCHOLL
Geboren am 16. Oktober 1970
6 EM-Spiele
Nationalmannschafts-Karriere gesamt:
36 Länderspiele von 1995 – 2002.
Vereine bei EM 1996, 2000: Bayern München.

Jahr Gegner	Ergebnis	Einsatzzeit	Tore bes. Vorkommnisse
1996 Kroatien	2:1	87 Min.	0
1996 England	7:6 n. E.	76 Min.	0
1996 Tschechien	2:1 GG	68 Min.	0
2000 Rumänien	1:1	90 Min.	1
2000 England	0:1	90 Min.	0
2000 Portugal	0:3	59 Min.	0

ANDRÉ SCHÜRRLE
Geboren am 6. November 1990
2 EM-Spiele
Nationalmannschafts-Karriere gesamt:
49 Länderspiele von 2010 – 2015.
Verein bei EM 2012: Bayer Leverkusen.

Jahr Gegner	Ergebnis	Einsatzzeit	Tore bes. Vorkommnisse
2012 Dänemark	2:1	27 Min.	0
2012 Griechenland	4:2	66 Min.	0

MICHAEL SCHULZ
Geboren am 3. September 1961
1 EM-Spiel
Nationalmannschafts-Karriere gesamt:
7 Länderspiele von 1992 – 1993.
Verein bei EM 1992: Borussia Dortmund.

Jahr Gegner	Ergebnis	Einsatzzeit	Tore bes. Vorkommnisse
1992 Schottland	2:0	16 Min.	0

TONI SCHUMACHER
Geboren am 6. März 1954
7 EM-Spiele
Nationalmannschafts-Karriere gesamt:
76 Länderspiele von 1979 – 1986.
Verein bei EM 1980, 1984: 1. FC Köln

Jahr Gegner	Ergebnis	Einsatzzeit	Gegentore bes. Vorkommnisse
1980 CSSR	1:0	90 Min.	0
1980 Holland	3:2	90 Min.	2
1980 Griechenland	0:0	90 Min.	0
1980 Belgien	2:1	90 Min.	1
1984 Portugal	0:0	90 Min.	0
1984 Rumänien	2:1	90 Min.	1
1984 Spanien	0:1	90 Min.	1

BERND SCHUSTER
Geboren am 22. Dezember 1959
2 EM-Spiele
Nationalmannschafts-Karriere gesamt:
21 Länderspiele von 1979 – 1984.
Verein bei EM 1980: 1. FC Köln

Jahr Gegner	Ergebnis	Einsatzzeit	Tore bes. Vorkommnisse
1980 Holland	3:2	90 Min.	0 Gelbe Karte
1980 Belgien	2:1	90 Min.	0

HANS-GEORG SCHWARZENBECK
Geboren am 3. April 1948
4 EM-Spiele
Nationalmannschafts-Karriere gesamt:
44 Länderspiele von 1971 – 1978.
Verein bei EM 1972, 1976: Bayern München.

Jahr Gegner	Ergebnis	Einsatzzeit	Tore bes. Vorkommnisse
1972 Belgien	2:1	90 Min.	0
1972 UdSSR	3:0	90 Min.	0
1976 Jugoslawien	4:2 n. V.	120 Min.	0
1976 CSSR	5:7 n. E.	120 Min.	0

BASTIAN SCHWEINSTEIGER
Geboren am 1. August 1984
13 EM-Spiele
Nationalmannschafts-Karriere gesamt:
113 Länderspiele von 2004 – 2015.
Verein bei EM 2004, 2008, 2012: Bayern München.

Jahr Gegner	Ergebnis	Einsatzzeit	Tore bes. Vorkommnisse
2004 Holland	1:1	23 Min.	0
2004 Lettland	0:0	45 Min.	0
2004 Tschechien	1:2	85 Min.	0
2008 Polen	2:0	35 Min.	0 Gelbe Karte
2008 Kroatien	1:2	25 Min.	0 Rote Karte
2008 Portugal	3:2	82 Min.	1
2008 Türkei	3:2	90 Min.	1
2008 Spanien	0:1	90 Min.	0
2012 Portugal	1:0	90 Min.	0
2012 Holland	2:1	90 Min.	0
2012 Dänemark	2:1	90 Min.	0
2012 Griechenland	4:2	90 Min.	0
2012 Italien	1:2	90 Min.	0

ULLI STIELIKE
Geboren am 15. November 1954
7 EM-Spiele
Nationalmannschafts-Karriere gesamt:
42 Länderspiele von 1975 – 1984.
Verein bei EM 1980, 1984: Real Madrid.

Jahr Gegner	Ergebnis	Einsatzzeit	Tore bes. Vorkommnisse
1980 CSSR	1:0	90 Min.	0
1980 Holland	3:2	90 Min.	0
1980 Griechenland	0:0	90 Min.	0
1980 Belgien	2:1	90 Min.	0
1984 Portugal	0:0	90 Min.	0
1984 Rumänien	2:1	90 Min.	0 Gelbe Karte
1984 Spanien	0:1	90 Min.	0

GERHARD STRACK
Geboren am 1. September 1955
0 EM-Spiele
Nationalmannschafts-Karriere gesamt:
10 Länderspiele von 1982 – 1983.
Vereine bei EM 1984: 1. FC Köln.

THOMAS STRUNZ
Geboren am 25. April 1968
5 EM-Spiele
Nationalmannschafts-Karriere gesamt:
41 Länderspiele von 1990 – 1999.
Verein bei EM 1996: Bayern München.

Jahr Gegner	Ergebnis	Einsatzzeit	Tore bes. Vorkommnisse
1996 Tschechien	2:0	26 Min.	0
1996 Russland	3:0	90 Min.	0
1996 Italien	0:0	59 Min.	0 Gelb/Rot
1996 England	7:6 n. E.	3 Min.	0
1996 Tschechien	2:1 GG	95 Min.	0

ANDREAS THOM
Geboren am 7. September 1965
1 EM-Spiel
61 Länderspiele von 1984 – 1994, davon 51 Länderspiele für die DDR.
Verein bei EM 1992: Bayer Leverkusen.

Jahr Gegner	Ergebnis	Einsatzzeit	Tore bes. Vorkommnisse
1992 Dänemark	0:2	11 Min.	0

Deutsche EM-Teilnehmer

OLAF THON
Geboren am 1. Mai 1966
4 EM-Spiele
Nationalmannschafts-Karriere gesamt:
52 Länderspiele von 1984 – 1998.
Vereine bei EM 1988: FC Schalke 04.

Jahr Gegner	Ergebnis	Einsatzzeit	Tore	bes. Vorkommnisse
1988 Italien	1:1	90 Min.	0	
1988 Dänemark	2:0	90 Min.	1	
1988 Spanien	2:0	90 Min.	0	Gelbe Karte
1988 Holland	1:2	90 Min.	0	

JENS TODT
Geboren am 5. Januar 1970
0 EM-Spiele
Nationalmannschafts-Karriere gesamt:
3 Länderspiele von 1994 – 1996.
Verein bei EM 1996: Werder Bremen.

PIOTR TROCHOWSKI
Geboren am 22. März 1984
0 EM-Spiele
Nationalmannschafts-Karriere gesamt:
35 Länderspiele von 2006 – 2010.
Verein bei EM 2008: Hamburger SV

RUDI VÖLLER
Geboren am 13. April 1960
8 EM-Spiele
Nationalmannschafts-Karriere gesamt:
90 Länderspiele von 1982 – 1994. Vereine bei EM: 1984 Werder Bremen, 1988, 1996: AS Rom.

Jahr Gegner	Ergebnis	Einsatzzeit	Tore	bes. Vorkommnisse
1984 Portugal	0:0	90 Min.	0	
1984 Rumänien	2:1	90 Min.	2	
1984 Spanien	0:2	90 Min.	0	
1988 Italien	1:1	80 Min.	0	
1988 Dänemark	2:0	73 Min.	0	
1988 Spanien	2:0	90 Min.	2	
1988 Holland	1:2	90 Min.	0	
1992 GUS	1:1	45 Min.	0	

BERTI VOGTS
Geboren am 30. Dezember 1946
2 EM-Spiele
Nationalmannschafts-Karriere gesamt:
96 Länderspiele von 1967 – 1978.
Verein bei EM 1972, 1976: Borussia Mönchengladbach.

Jahr Gegner	Ergebnis	Einsatzzeit	Tore	bes. Vorkommnisse
1976 Jugoslawien	4:2 n. V.	120 Min.	0	
1976 CSSR	5:7 n. E.	120 Min.	0	

MIRKO VOTAVA
Geboren am 25. April 1956
1 EM-Spiel
Nationalmannschafts-Karriere gesamt:
5 Länderspiele von 1979 – 1981.
Verein bei EM 1980: Borussia Dortmund.

Jahr Gegner	Ergebnis	Einsatzzeit	Tore	bes. Vorkommnisse
1980 Griechenland	0:0	45 Min.	0	

HEIKO WESTERMANN
Geboren am 14. August 1983
0 EM-Spiele
Nationalmannschafts-Karriere gesamt:
27 Länderspiele von 2008 – 2013.
Verein bei EM 2008: Schalke 04.

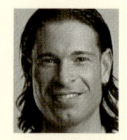

TIM WIESE
Geboren am 17. Dezember 1981
0 EM-Spiele
Nationalmannschafts-Karriere gesamt:
6 Länderspiele von 2008 – 2012.
Verein bei EM 2012: Werder Bremen.

HERBERT WIMMER
Geboren am 9. November 1944
4 EM-Spiele
Nationalmannschafts-Karriere gesamt:
36 Länderspiele von 1968 – 1976.
Verein bei EM 1972, 1976: Mönchengladbach.

Jahr Gegner	Ergebnis	Einsatzzeit	Tore	bes. Vorkommnisse
1972 Belgien	2:1	90 Min.	0	
1972 UdSSR	3:0	90 Min.	1	
1976 Jugoslawien	4:2 nV	78 Min.	0	
1976 CSSR	5:7 n. E.	45 Min.	0	

CHRISTIAN WÖRNS
Geboren am 10. Mai 1972
3 EM-Spiele
Nationalmannschafts-Karriere gesamt:
66 Länderspiele von 1992 – 2005.
Vereine bei EM: 1992 Bayer Leverkusen, 2004 Borussia Dortmund.

Jahr Gegner	Ergebnis	Einsatzzeit	Tore	bes. Vorkommnisse
2004 Holland	1:1	90 Min.	0	
2004 Lettland	0:0	90 Min.	0	
2004 Tschechien	1:2	90 Min.	0	

RONALD WORM
Geboren am 7. Oktober 1953
0 EM-Spiele
Nationalmannschafts-Karriere gesamt:
7 Länderspiele von 1975 – 1978.
Verein bei EM 1976: MSV Duisburg.

DARIUSZ WOSZ
Geboren am 8. Juni 1969
0 EM-Spiele
Nationalmannschafts-Karriere gesamt:
17 Länderspiele von 1997 – 2000.
Verein bei EM 2000: Hertha BSC.

WOLFRAM WUTTKE
Geboren am 17. November 1961, gestorben am 1. März 2015
1 EM-Spiel
Nationalmannschafts-Karriere gesamt:
4 Länderspiele von 1986 – 1988.
Verein bei EM 1988: Kaiserslautern.

Jahr Gegner	Ergebnis	Einsatzzeit	Tore	bes. Vorkommnisse
1988 Spanien	2:0	29 Min.	0	

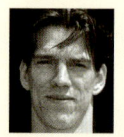

CHRISTIAN ZIEGE
Geboren am 1. Februar 1972
8 EM-Spiele
Nationalmannschafts-Karriere gesamt:
72 Länderspiele von 1993 – 2004.
Vereine bei EM: 1996 Bayern München, 2000 Middlesbrough, 2004 Tottenham Hotspur.

Jahr Gegner	Ergebnis	Einsatzzeit	Tore	bes. Vorkommnisse
1996 Tschechien	2:0	90 Min.	1	Gelbe Karte
1996 Russland	3:0	90 Min.	0	
1996 Italien	0:0	90 Min.	0	
1996 Kroatien	2:1	90 Min.	0	
1996 England	7:6 n. E.	120 Min.	0	
1996 Tschechien	2:1 GG	95 Min.	0	Gelbe Karte
2000 Rumänien	1:1	90 Min.	0	
2000 England	0:1	90 Min.	0	

RON-ROBERT ZIELER
Geboren am 12. Februar 1989
0 EM-Spiele
Nationalmannschafts-Karriere gesamt:
6 Länderspiele von 2011 – 2015.
Verein bei EM 2012: Hannover 96

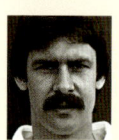

HERBERT ZIMMERMANN
Geboren am 1. Juli 1954
0 EM-Spiele
Nationalmannschafts-Karriere gesamt:
14 Länderspiele von 1976 – 1979.
Verein bei EM 1980: 1. FC Köln.

DOPPELPACK *In acht EM-Endrundenspielen erzielt Rudi Völler (r.) vier Tore. Sechsmal geht er leer aus, in zwei Begegnungen trifft er doppelt: 1984 gegen Rumänien beim 2:1, 1988 gegen Spanien beim 2:0. Der Siegtreffer gegen Spaniens Torwart Andoni Zubizarreta (M.) ist sein letztes Erfolgserlebnis*

Alle deutschen Schiedsrichter

Markus Merk leitete sechs Spiele. 1960 und 1964 wurden keine Deutschen nominiert

Name	EM-Jahr	Schiedsrichter
Kurt Tschenscher	1968	1
Rudi Glöckner*	1972	1
Heinz Aldinger	1980	1
Adolf Prokop*	1980	1
	1984	1
Volker Roth	1984	1
Siegfried Kirschen*	1988	1
Dieter Pauly	1988	1
Aron Schmidhuber	1992	1
Bernd Heynemann	1996	1
Hellmut Krug	1996	2
Markus Merk	2000	3
	2004	3
Herbert Fandel	2008	3
Wolfgang Stark	2012	2

* Schiedsrichter des Deutschen Fußball-Verbandes (DFV) der ehemaligen DDR

Strenger Blick: Markus Merk im EM-Finale 2004 zwischen Portugal und Griechenland (0:1)

EM-KADER 1976

Deutschland verlor im Endspiel 5:7 n. E. gegen die Tschechoslowakei. Ronald Worm, Torjäger des MSV Duisburg, verbrachte beide Spiele auf der Tribüne. Dieter Müller erzielte im Halbfinale drei Tore – als Einwechselspieler

NR	NAME	GEBOREN	JUGOSLAWIEN 4:2 n. V.	CSSR 5:7 n. E.	VEREIN
TOR					
18	Rudi Kargus	15. 08. 1952	Bank	Bank	Hamburger SV
1	Sepp Maier	28. 02. 1944	120 Min.	120 Min.	Bayern München
ABWEHR					
5	Franz Beckenbauer	11. 09. 1945	120 Min.	120 Min.	Bayern München
3	Bernard Dietz	22. 03. 1948	120 Min.	120 Min.	MSV Duisburg
17	Manfred Kaltz	06. 01. 1953	Bank	Bank	Hamburger SV
16	Peter Nogly	14. 01. 1947	Bank	Tribüne	Hamburger SV
4	Hans-Georg Schwarzenbeck	03. 04. 1948	120 Min.	120 Min.	Bayern München
2	Berti Vogts	30. 12. 1946	120 Min.	120 Min.	Borussia Mönchengladbach
MITTELFELD					
14	Hannes Bongartz	03. 10. 1951	Tribüne	41 Min.	FC Schalke 04
7	Rainer Bonhof	29. 03. 1952	120 Min.	120 Min.	Borussia Mönchengladbach
13	Dietmar Danner	29. 11. 1950	45 Min.	Bank	Borussia Mönchengladbach
15	Heinz Flohe	28. 01. 1948 († 15. 06. 2013)	75 Min./1 Tor	75 Min.	1. FC Köln
6	Herbert Wimmer	09. 11. 1944	78 Min.	45 Min.	Borussia Mönchengladbach
ANGRIFF					
10	Erich Beer	09. 12. 1946	120 Min.	79 Min.	Hertha BSC
11	Bernd Hölzenbein	09. 03. 1946	120 Min.	120 Min./1 Tor	Eintracht Frankfurt
8	Uli Hoeneß	05. 01. 1952	120 Min.	120 Min.	Bayern München
9	Dieter Müller	01. 04. 1954	42 Min./3 Tore	120 Min./1 Tor	1. FC Köln
12	Ronald Worm	07. 10. 1953	Tribüne	Tribüne	MSV Duisburg

DER EM-KADER

Hintere Reihe von links: Bernd Hölzenbein, Peter Nogly, Sepp Maier, Manfred Kaltz, Rudi Kargus, Franz Beckenbauer, Hans-Georg Schwarzenbeck, Dieter Müller, Dietmar Danner, Herbert Wimmer, Rainer Bonhof, Hannes Bongartz. Vorn: Uli Hoeneß, Erich Beer, Ronald Worm, Physiotherapeut Erich Deuser, Bundestrainer Helmut Schön, Co-Trainer Jupp Derwall, Mannschaftsarzt Heinrich Hess, Heinz Flohe, Bernard Dietz, Berti Vogts.

EM-KADER 1984

Deutschland schied in der Gruppenphase aus, wurde mit einem Sieg, einem Remis und einer Niederlage nur Dritter.
Laut Reglement durften alle Spieler auf die Ersatzbank. Rudi Völler erzielte alle Tore – und die in einem Spiel

NR.	NAME	GEBOREN	PORTUGAL 0:0	RUMÄNIEN 2:1	SPANIEN 0:1	VEREIN
TOR						
12	Dieter Burdenski	26.11.1950	Bank	Bank	Bank	Werder Bremen
20	Helmut Roleder	09.10.1953	Bank	Bank	Bank	VfB Stuttgart
1	Toni Schumacher	06.03.1954	90 Min.	90 Min.	90 Min.	1. FC Köln
ABWEHR						
2	Hans-Peter Briegel	11.10.1955	90 Min.	90 Min.	90 Min.	1. FC Kaiserslautern
18	Guido Buchwald	24.01.1961	66 Min.	11 Min.	Bank	VfB Stuttgart
14	Ralf Falkenmayer	11.02.1963	Bank	Bank	Bank	Eintracht Frankfurt
5	Bernd Förster	03.05.1956	90 Min.	90 Min.	90 Min.	VfB Stuttgart
4	Karlheinz Förster	25.07.1958	90 Min.	79 Min.	90 Min.	VfB Stuttgart
15	Ulli Stielike	15.11.1954	90 Min.	90 Min.	90 Min.	Real Madrid
3	Gerd Strack	01.09.1955	Bank	Bank	Bank	1. FC Köln
MITTELFELD						
7	Andreas Brehme	09.11.1960	90 Min.	90 Min.	46 Min.	1. FC Kaiserslautern
16	Hans-Günter Bruns	15.11.1954	Bank	Bank	Bank	Borussia Mönchengladbach
13	Lothar Matthäus	21.03.1961	24 Min.	90 Min.	90 Min.	Borussia Mönchengladbach
10	Norbert Meier	20.09.1958	Bank	64 Min.	59 Min.	Werder Bremen
6	Wolfgang Rolff	26.12.1959	66 Min.	Bank	44 Min.	Hamburger SV
ANGRIFF						
8	Klaus Allofs	05.12.1956	90 Min.	90 Min.	90 Min.	1. FC Köln
19	Rudolf Bommer	19.08.1957	24 Min.	Bank	Bank	Fortuna Düsseldorf
17	Pierre Littbarski	16.04.1960	Bank	26 Min.	31 Min.	1. FC Köln
11	Karl-Heinz Rummenigge	25.09.1955	90 Min.	90 Min.	90 Min.	Bayern München
9	Rudi Völler	13.04.1960	90 Min.	90 Min./2 Tore	90 Min.	Werder Bremen

DER EM-KADER

Hintere Reihe von links: Bernd Förster, Karlheinz Förster, Ulli Stielike, Rudi Bommer, Hans-Peter Briegel, Guido Buchwald, Gerd Strack, Karl-Heinz Rummenigge, Hans-Günter Bruns, Rudi Völler, Bundestrainer Jupp Derwall. Vorn: Pierre Littbarski, Klaus Allofs, Norbert Meier, Helmut Roleder, Toni Schumacher, Dieter Burdenski, Ralf Falkenmayer, Wolfgang Rolff, Lothar Matthäus, Andreas Brehme.

EM-KADER 1988

Deutschland scheiterte im Halbfinale gegen Holland. Thomas Berthold, Hans Pflügler und Dieter Eckstein pendelten zwischen Rasen, Ersatzbank und Tribüne. Gunnar Sauer und Hans Dorfner sahen alle Spiele aus Fan-Perspektive

NR.	NAME	GEBOREN	ITALIEN 1:1	DÄNEMARK 2:0	SPANIEN 2:0	HOLLAND 1:2	VEREIN
TOR							
12	Bodo Illgner	07.04.1967	Bank	Bank	Bank	Bank	1. FC Köln
1	Eike Immel	27.11.1960	90 Min.	90 Min.	90 Min.	90 Min.	VfB Stuttgart
ABWEHR							
14	Thomas Berthold	12.11.1964	90 Min.	Tribüne	Bank	Bank	Hellas Verona
6	Uli Borowka	19.05.1962	15 Min.	58 Min.	90 Min.	90 Min.	Werder Bremen
3	Andreas Brehme	09.11.1960	75 Min./1 Tor	90 Min.	90 Min.	90 Min.	Bayern München
2	Guido Buchwald	24.01.1961	90 Min.	32 Min.	verletzt	verletzt	VfB Stuttgart
5	Matthias Herget	14.11.1955	90 Min.	90 Min.	90 Min.	43 Min.	Bayer Uerdingen
4	Jürgen Kohler	06.10.1965	90 Min.	90 Min.	90 Min.	90 Min.	1. FC Köln
15	Hans Pflügler	27.03.1960	Tribüne	Tribüne	Bank	47 Min.	Bayern München
19	Gunnar Sauer	11.06.1964	Tribüne	Tribüne	Tribüne	Tribüne	Werder Bremen
MITTELFELD							
17	Hans Dorfner	03.07.1965	Tribüne	Tribüne	Tribüne	Tribüne	Bayern München
7	Pierre Littbarski	16.04.1960	90 Min.	90 Min.	61 Min.	12 Min.	1. FC Köln
8	Lothar Matthäus	21.03.1961	90 Min.	90 Min.	90 Min.	90 Min./1 Tor	Bayern München
20	Wolfgang Rolff	26.12.1959	Bank	90 Min.	90 Min.	90 Min.	Bayer Leverkusen
10	Olaf Thon	01.05.1966	90 Min.	90 Min./1 Tor	90 Min.	90 Min.	FC Schalke 04
13	Wolfram Wuttke	17.11.1961 † 01.03.2015	Bank	Bank	29 Min.	Bank	1. FC Kaiserslautern
ANGRIFF							
16	Dieter Eckstein	12.03.1964	10 Min.	Bank	Tribüne	Tribüne	1. FC Nürnberg
18	Jürgen Klinsmann	30.07.1964	90 Min.	90 Min./1 Tor	82 Min.	90 Min.	VfB Stuttgart
11	Frank Mill	23.07.1958	Tribüne	17 Min.	8 Min.	78 Min.	Borussia Dortmund
9	Rudi Völler	13.04.1960	80 Min.	73 Min.	90 Min./2 Tore	90 Min.	AS Rom

DER EM-KADER

Hintere Reihe von links: Wolfgang Rolff, Rudi Völler, Dieter Eckstein, Hans Pflügler, Uli Borowka, Jürgen Klinsmann, Gunnar Sauer, Thomas Berthold. Mitte: Co-Trainer Berti Vogts, Torwarttrainer Sepp Maier, Frank Mill, Jürgen Kohler, Guido Buchwald, Lothar Matthäus, Co-Trainer Holger Osieck, Teamchef Franz Beckenbauer. Vorn: Pierre Littbarski, Matthias Herget, Olaf Thon, Eike Immel, Bodo Illgner, Hans Dorfner, Wolfram Wuttke, Andreas Brehme.

EM-KADER 1992

Deutschland verlor im Endspiel gegen Dänemark 0:2. Im Kader von Berti Vogts standen acht Italien-Legionäre. Rudi Völler vom AS Rom brach sich im ersten Spiel den Arm und reiste ab. Andreas Thom kam nur im Finale zum Einsatz

NR.	NAME	GEBOREN	GUS 1:1	SCHOTTLAND 2:0	HOLLAND 1:3	SCHWEDEN 3:2	DÄNEMARK 0:2	VEREIN
TOR								
1	Bodo Illgner	07.04.1967	90 Min.	90 Min.	90 Min.	90 Min.	90 Min.	1. FC Köln
12	Andreas Köpke	12.03.1962	Bank	Bank	Bank	Bank	Bank	1. FC Nürnberg
ABWEHR								
5	Manfred Binz	22.09.1965	90 Min.	90 Min.	45 Min.	Bank	Bank	Eintracht Frankfurt
3	Andreas Brehme	09.11.1960	90 Min.	90 Min.	90 Min.	90 Min.	90 Min.	Inter Mailand
6	Guido Buchwald	24.01.1961	90 Min.	90 Min.	verletzt	90 Min.	90 Min.	VfB Stuttgart
15	Michael Frontzeck	26.03.1964	Bank	Bank	90 Min.	Bank	Bank	VfB Stuttgart
14	Thomas Helmer	21.04.1965	Bank	Bank	90 Min.	90 Min.	90 Min.	Borussia Dortmund
4	Jürgen Kohler	06.10.1965	90 Min.	90 Min.	90 Min.	90 Min.	90 Min.	Juventus Turin
2	Stefan Reuter	16.10.1966	64 Min.	8 Min. (e/a)	verletzt	90 Min.	90 Min.	Juventus Turin
19	Michael Schulz	03.09.1961	Bank	16 Min.	Bank	Bank	Bank	Borussia Dortmund
20	Christian Wörns	10.05.1972	Bank	Bank	Bank	Bank	Bank	Bayer Leverkusen
MITTELFELD								
17	Stefan Effenberg	02.08.1968	90 Min.	90 Min./1 Tor	90 Min.	90 Min.	79 Min.	Bayern München
8	Thomas Häßler	30.05.1966	90 Min./1 Tor	90 Min.	90 Min.	90 Min./1 Tor	90 Min.	AS Rom
7	Andreas Möller	02.09.1967	45 Min.	90 Min.	90 Min.	Bank	Bank	Eintracht Frankfurt
16	Matthias Sammer	05.09.1967	Bank	90 Min.	45 Min.	90 Min.	45 Min.	VfB Stuttgart
ANGRIFF								
10	Thomas Doll	09.04.1966	90 Min.	Bank	15 Min.	2 Min.	45 Min.	Lazio Rom
18	Jürgen Klinsmann	30.07.1964	26 Min.	90 Min.	90 Min./1 Tor	88 Min.	90 Min.	Inter Mailand
11	Karl-Heinz Riedle	16.09.1965	90 Min.	66 Min./1 Tor	75 Min.	90 Min./2 Tore	90 Min.	Lazio Rom
13	Andreas Thom	07.09.1965	Bank	Bank	Bank	Bank	11 Min.	Bayer Leverkusen
9	Rudi Völler	13.04.1960	45 Min.	verletzt abgereist				AS Rom

DER EM-KADER

Hintere Reihe von links: Thomas Helmer, Christian Wörns, Michael Schulz, Stefan Effenberg, Guido Buchwald, Jürgen Kohler, Manfred Binz, Michael Frontzeck. Mitte: Bundestrainer Berti Vogts, Co-Trainer Rainer Bonhof, Matthias Sammer, Andreas Möller, Thomas Doll, Andreas Thom, Torwarttrainer Sepp Maier, Co-Trainer Hans-Jürgen Dörner. Vorn: Andreas Brehme, Rudi Völler, Karl-Heinz Riedle, Andreas Köpke, Bodo Illgner, Stefan Reuter, Jürgen Klinsmann, Thomas Häßler.

EM-KADER 2000

Deutschland blamierte sich in der Gruppenphase, erzielte nur ein Tor und wurde Letzter. Erstmals war ein Auslands-Profi von einem US-Klub dabei: Lothar Matthäus. Es war sein letztes Turnier mit der Nationalelf

NR.	NAME	GEBOREN	RUMÄNIEN 1:1	ENGLAND 0:1	PORTUGAL 0:3	VEREIN
TOR						
22	Hans-Jörg Butt	28.05.1974	Bank	Bank	Bank	Hamburger SV
1	Oliver Kahn	15.06.1969	90 Min.	90 Min.	90 Min.	Bayern München
12	Jens Lehmann	10.11.1969	Bank	Bank	Bank	Borussia Dortmund
ABWEHR						
2	Markus Babbel	08.09.1972	90 Min.	90 Min.	verletzt	Bayern München
4	Thomas Linke	26.12.1969	45 Min.	Bank	90 Min.	Bayern München
10	Lothar Matthäus	21.03.1961	77 Min.	90 Min.	90 Min.	New York MetroStars
6	Jens Nowotny	11.01.1974	90 Min.	90 Min.	90 Min.	Bayer Leverkusen
3	Marko Rehmer	29.04.1972	45 Min.	Bank	90 Min.	Hertha BSC
MITTELFELD						
13	Michael Ballack	26.09.1976	Bank	19 Min.	45 Min.	Bayer Leverkusen
18	Sebastian Deisler	05.01.1980	13 Min.	71 Min.	90 Min.	Hertha BSC
8	Thomas Häßler	30.05.1966	72 Min.	Bank	31 Min.	1860 München
14	Dietmar Hamann	27.08.1973	18 Min.	90 Min.	90 Min.	FC Liverpool
16	Jens Jeremies	05.03.1974	90 Min.	77 Min.	verletzt	Bayern München
21	Carsten Ramelow	20.03.1974	Bank	Bank	Bank	Bayer Leverkusen
7	Mehmet Scholl	16.10.1970	90 Min. /1 Tor	90 Min.	59 Min.	Bayern München
15	Dariusz Wosz	08.06.1969	Bank	Bank	Bank	Hertha BSC
17	Christian Ziege	01.02.1972	90 Min.	90 Min.	Bank	FC Middlesbrough
ANGRIFF						
20	Oliver Bierhoff	01.05.1968	90 Min.	verletzt	verletzt	AC Mailand
5	Marco Bode	23.07.1969	Bank	13 Min.	90 Min.	Werder Bremen
19	Carsten Jancker	28.08.1974	Bank	90 Min.	68 Min.	Bayern München
9	Ulf Kirsten	04.12.1965	Bank	69 Min.	22 Min.	Bayer Leverkusen
11	Paulo Rink	21.02.1973	90 Min.	21 Min.	45 Min.	Bayer Leverkusen

DER EM-KADER

Hintere Reihe von links: Jens Nowotny, Carsten Ramelow, Marko Rehmer, Thomas Linke, Carsten Jancker, Oliver Bierhoff, Markus Babbel, Dietmar Hamann. Mitte: Teamchef Erich Ribbeck, Co-Trainer Horst Hrubesch, Paulo Rink, Michael Ballack, Marco Bode, Sebastian Deisler, Lothar Matthäus, Torwarttrainer Sepp Maier, Co-Trainer Erich Rutemöller. Vorn: Thomas Häßler, Ulf Kirsten, Mehmet Scholl, Hans-Jörg Butt, Oliver Kahn, Jens Lehmann, Dariusz Wosz, Jens Jeremies, Christian Ziege.

EM-KADER 2004

Deutschland scheiterte erneut in der Vorrunde und belegte mit mageren zwei Punkten nur Platz drei in der Gruppe. Bezeichnend: Keiner der als Stürmer nominierten Spieler erzielte einen Treffer

NR.	NAME	GEBOREN	HOLLAND 1:1	LETTLAND 0:0	TSCHECHIEN 1:2	VEREIN
TOR						
23	Timo Hildebrand	05.04.1979	Bank	Bank	Bank	VfB Stuttgart
1	Oliver Kahn	15.06.1969	90 Min.	90 Min.	90 Min.	Bayern München
12	Jens Lehmann	10.11.1969	Bank	Bank	Bank	FC Arsenal
ABWEHR						
6	Frank Baumann	29.10.1975	90 Min.	90 Min.	Bank	Werder Bremen
3	Arne Friedrich	29.05.1979	90 Min.	90 Min.	90 Min.	Hertha BSC
2	Andreas Hinkel	26.03.1982	Bank	Bank	Bank	VfB Stuttgart
21	Philipp Lahm	11.11.1983	90 Min.	90 Min.	90 Min.	VfB Stuttgart
5	Jens Nowotny	11.01.1974	90 Min.	Bank	90 Min.	Bayer Leverkusen
15	Sebastian Kehl	13.02.1980	Bank	Bank	Bank	Borussia Dortmund
4	Christian Wörns	10.05.1972	90 Min.	90 Min.	90 Min.	Borussia Dortmund
17	Christian Ziege	01.02.1972	Bank	Bank	Bank	Tottenham Hotspur
MITTELFELD						
13	Michael Ballack	26.09.1976	90 Min.	90 Min.	90 Min./1 Tor	Bayern München
18	Fabian Ernst	30.05.1979	12 Min.	Bank	Bank	Werder Bremen
22	Torsten Frings	22.11.1976	78 Min./1 Tor	90 Min.	45 Min.	Borussia Dortmund
8	Dietmar Hamann	27.08.1973	90 Min.	90 Min.	78 Min.	FC Liverpool
16	Jens Jeremies	05.03.1974	Bank	Bank	5 Min.	Bayern München
19	Bernd Schneider	17.11.1973	67 Min.	45 Min.	90 Min.	Bayer Leverkusen
7	Bastian Schweinsteiger	01.08.1984	23 Min.	45 Min.	85 Min.	Bayern München
ANGRIFF						
9	Fredi Bobic	30.10.1971	6 Min.	66 Min.	Bank	Hertha BSC
14	Thomas Brdaric	23.01.1975	Bank	13 Min.	Bank	Hannover 96
20	Lukas Podolski	04.06.1985	Bank	Bank	45 Min.	1. FC Köln
11	Miroslav Klose	09.06.1978	Bank	24 Min.	12 Min.	1. FC Kaiserslautern
10	Kevin Kuranyi	02.03.1982	84 Min.	77 Min.	90 Min.	VfB Stuttgart

DER EM-KADER

Hintere Reihe von links: Jens Nowotny, Thomas Brdaric, Kevin Kuranyi, Michael Ballack, Christian Wörns, Fredi Bobic, Dietmar Hamann, Christian Ziege. Mitte: Teamchef Rudi Völler, Co-Trainer Michael Skibbe, Jens Jeremies, Christian Rahn (fiel verletzt aus), Miroslav Klose, Paul Freier (fiel verletzt aus), Arne Friedrich, Sebastian Kehl, Torwarttrainer Sepp Maier, Co-Trainer Erich Rutemöller. Vorn: Bernd Schneider, Philipp Lahm, Jens Lehmann, Oliver Kahn, Timo Hildebrand, Andreas Hinkel, Torsten Frings. Es fehlen Frank Baumann, Bastian Schweinsteiger, Fabian Ernst und Lukas Podolski.

EM-KADER 2008

Deutschland unterlag im Finale Spanien mit 0:1. Bastian Schweinsteiger wurde gegen Kroatien eingewechselt, flog nach 25 Minuten mit Rot vom Platz. Lukas Podolski traf nur in der Gruppenphase

NR.	NAME	GEBOREN	POLEN 2:0	KROATIEN 1:2	ÖSTERREICH 1:0	PORTUGAL 3:2	TÜRKEI 3:2	SPANIEN 0:1	VEREIN
TOR									
23	René Adler	15.01.1985	Bank	Bank	Bank	Bank	Bank	Bank	Bayer Leverkusen
12	Robert Enke	24.08.1977 † 10.11.2009	Bank	Bank	Bank	Bank	Bank	Bank	Hannover 96
1	Jens Lehmann	10.11.1969	90 Min.	90 Min.	90 Min.	90 Min.	90 Min.	90 Min.	Arsenal London
ABWEHR									
3	Arne Friedrich	29.05.1979	Bank	Bank	90 Min.	90 Min.	90 Min.	90 Min.	Hertha BSC
4	Clemens Fritz	07.12.1980	55 Min.	81 Min.	89 Min.	8 Min.	Bank	Bank	Werder Bremen
2	Marcell Jansen	04.11.1985	90 Min.	45 Min.	Bank	2 Min.	1 Min.	45 Min.	Bayern München
16	Philipp Lahm	11.11.1983	90 Min.	90 Min.	90 Min.	90 Min.	90 Min. / 1 Tor	45 Min.	Bayern München
17	Per Mertesacker	29.09.1984	90 Min.	90 Min.	90 Min.	90 Min.	90 Min.	90 Min.	Werder Bremen
21	Christoph Metzelder	05.11.1980	90 Min.	90 Min.	90 Min.	90 Min.	90 Min.	90 Min.	Real Madrid
5	Heiko Westermann	14.08.1983	Bank	Bank	Bank	Bank	Bank	Bank	FC Schalke 04
MITTELFELD									
13	Michael Ballack	29.06.1976	90 Min.	90 Min.	90 Min. / 1 Tor	90 Min. / 1 Tor	90 Min.	90 Min.	FC Chelsea
18	Tim Borowski	02.05.1980	Bank	Bank	1 Min.	18 Min.	Bank	Bank	Werder Bremen
8	Torsten Frings	22.11.1976	90 Min.	90 Min.	90 Min.	Bank	45 Min.	90 Min.	Werder Bremen
15	Thomas Hitzlsperger	05.04.1982	16 Min.	Bank	31 Min.	72 Min.	90 Min.	57 Min.	VfB Stuttgart
6	Simon Rolfes	21.01.1982	Bank	Bank	Bank	90 Min.	45 Min.	Bank	Bayer Leverkusen
7	Bastian Schweinsteiger	01.08.1984	35 Min.	25 Min. Rote Karte	gesperrt	82 Min. / 1 Tor	90 Min. / 1 Tor	90 Min.	Bayern München
14	Piotr Trochowski	22.03.1984	Bank	Bank	Bank	Bank	Bank	Bank	Hamburger SV
ANGRIFF									
9	Mario Gomez	10.07.1985	74 Min.	65 Min.	59 Min.	Bank	Bank	12 Min.	VfB Stuttgart
11	Miroslav Klose	09.06.1978	89 Min.	90 Min.	90 Min.	88 Min. / 1 Tor	89 Min. / 1 Tor	78 Min.	Bayern München
22	Kevin Kuranyi	02.03.1982	1 Min.	9 Min.	Bank	Bank	Bank	33 Min.	FC Schalke 04
10	Oliver Neuville	01.05.1973	Bank	Bank	8 Min.	Bank	Bank	Bank	Bor. Mönchengladbach
19	David Odonkor	21.02.1984	Bank	45 Min.	Bank	Bank	Bank	Bank	Betis Sevilla
20	Lukas Podolski	04.06.1985	90 Min. / 2 Tore	90 Min. / 1 Tor	82 Min.	90 Min.	90 Min.	90 Min.	Bayern München

DER EM-KADER

Hintere Reihe von links: Torsten Frings, Thomas Hitzlsperger, Arne Friedrich, Christoph Metzelder, Michael Ballack, Simon Rolfes, Miroslav Klose, Clemens Fritz, Lukas Podolski. Mitte: Athletiktrainer Shad Forsythe, Co-Trainer Hansi Flick, Bundestrainer Joachim Löw, Bastian Schweinsteiger, David Odonkor, Philipp Lahm, Piotr Trochowski, Oliver Neuville, Torwarttrainer Andreas Köpke, Physiotherapeut Oliver Schmidtlein, Teammanager Oliver Bierhoff. Vorn: Heiko Westermann, Mario Gomez, Per Mertesacker, René Adler, Jens Lehmann, Robert Enke, Kevin Kuranyi, Marcell Jansen, Tim Borowski.

EM-KADER 2012

Deutschland scheiterte im Halbfinale an Italien. Miroslav Klose beendete das Turnier als Teilzeitarbeiter und mit nur einem Tor. Lars Bender kam nach seinem 2:1-Siegtreffer gegen Dänemark nicht mehr zum Einsatz

NR.	NAME	GEBOREN	PORTUGAL 1:0	HOLLAND 2:1	DÄNEMARK 2:1	GRIECHENLAND 4:2	ITALIEN 1:2	VEREIN
TOR								
1	Manuel Neuer	27.03.1986	90 Min.	90 Min.	90 Min.	90 Min.	90 Min.	Bayern München
12	Tim Wiese	17.12.1981	Bank	Bank	Bank	Bank	Bank	Werder Bremen
22	Ron-Robert Zieler	12.02.1989	Bank	Bank	Bank	Bank	Bank	Hannover 96
ABWEHR								
14	Holger Badstuber	13.03.1989	90 Min.	90 Min.	90 Min.	90 Min.	90 Min.	Bayern München
20	Jérôme Boateng	03.09.1988	90 Min.	90 Min.	Gelbgesperrt	90 Min.	70 Min.	Bayern München
4	Benedikt Höwedes	29.02.1988	Bank	Bank	Bank	Bank	Bank	FC Schalke 04
5	Mats Hummels	16.12.1988	90 Min.	90 Min.	90 Min.	90 Min.	90 Min.	Borussia Dortmund
16	Philipp Lahm	11.11.1983	90 Min.	90 Min.	90 Min.	90 Min./1 Tor	90 Min.	Bayern München
17	Per Mertesacker	29.09.1984	Bank	Bank	Bank	Bank	Bank	FC Arsenal
3	Marcel Schmelzer	22.01.1988	Bank	Bank	Bank	Bank	Bank	Borussia Dortmund
MITTELFELD								
15	Lars Bender	27.04.1989	1 Min.	1 Min.	90 Min./1 Tor	Bank	Bank	Bayer Leverkusen
19	Mario Götze	03.06.1992	Bank	Bank	Bank	11 Min.	Bank	Borussia Dortmund
2	Ilkay Gündogan	24.10.1990	Bank	Bank	Bank	Bank	Bank	Borussia Dortmund
6	Sami Khedira	04.04.1987	90 Min.	90 Min.	90 Min.	90 Min./1 Tor	90 Min.	Real Madrid
18	Toni Kroos	04.01.1990	4 Min.	10 Min.	7 Min.	Bank	90 Min.	Bayern München
13	Thomas Müller	13.09.1989	89 Min.	89 Min.	83 Min.	24 Min.	20 Min.	Bayern München
8	Mesut Özil	15.10.1988	86 Min.	80 Min.	90 Min.	90 Min.	90 Min./1 Tor	Real Madrid
10	Lukas Podolski	04.06.1985	90 Min.	90 Min.	63 Min./1 Tor	Bank	45 Min.	1. FC Köln
21	Marco Reus	31.05.1989	Bank	Bank	Bank	79 Min./1 Tor	45 Min.	Bor. Mönchengladbach
9	André Schürrle	06.11.1990	Bank	Bank	27 Min.	66 Min.	Bank	Bayer Leverkusen
7	Bastian Schweinsteiger	01.08.1984	90 Min.	90 Min.	90 Min.	90 Min.	90 Min.	Bayern München
ANGRIFF								
23	Mario Gomez	10.07.1985	79 Min./1 Tor	71 Min./2 Tore	73 Min.	11 Min.	45 Min.	Bayern München
11	Miroslav Klose	09.06.1978	11 Min.	19 Min.	17 Min.	79 Min./1 Tor	45 Min.	Lazio Rom

DER EM-KADER

Hintere Reihe von links: Fitnesstrainer Yann-Benjamin Kugel, Sami Khedira, Mats Hummels, Toni Kroos, Jérôme Boateng, Per Mertesacker, Thomas Müller, Ilkay Gündogan, André Schürrle, Athletiktrainer Shad Forsythe. Mitte: Fitnesstrainer Mark Verstegen, Bundestrainer Joachim Löw, Co-Trainer Hansi Flick, Holger Badstuber, Bastian Schweinsteiger, Miroslav Klose, Mesut Özil, Benedikt Höwedes, Mario Gomez, Torwarttrainer Andreas Köpke, Fitnesstrainer Darcy Norman, Teammanager Oliver Bierhoff. Vorn: Marcel Schmelzer, Mario Götze, Lukas Podolski, Tim Wiese, Manuel Neuer, Ron-Robert Zieler, Philipp Lahm, Marco Reus, Lars Bender.

Deutsche Rekorde

REKORDE UND KURIOSITÄTEN

Dreimal trifft Mittelstürmer doppelt
Bei allen drei Titelgewinnen nahm der jeweilige deutsche Mittelstürmer eine entscheidende Rolle ein und erzielte zwei Tore: Gerd Müller traf 1972 zum 1:0 und 3:0 gegen die UdSSR, Horst Hrubesch 1980 zum 1:0 und 2:1 gegen Belgien und Oliver Bierhoff 1996 zum 1:1 und 2:1 per Golden Goal gegen Tschechien.

Brüder holen den Titel
Das einzige deutsche Bruderpaar, das Europameister wurde, waren Karlheinz und Bernd Förster vom VfB Stuttgart. Die beiden Abwehrspieler gehörten zur siegreichen Mannschaft von 1980. Im Finale gegen Belgien spielte nur Karlheinz Förster, Bernd kam zweimal in der Vorrunde zum Einsatz. 1982 wurden die Försters Vize-Weltmeister, erlebten das 1:3 im Finale gegen Italien Seite an Seite auf dem Platz. Ihr gemeinsamer Tiefpunkt: das Aus in der Vorrunde bei der EM 1984 in Frankreich.

Drei Titel und nie gespielt
Rainer Bonhof gehörte zu allen drei deutschen Europameister-Teams: 1972 und 1980 zählte er zum Kader, kam aber nicht zum Einsatz. 1996 war er Co-Trainer von Berti Vogts (zwei EM-Titel).

Dreimal in Folge im Finale
Das schaffte nur Deutschland. 1972 und 1980 gewann die Nationalmannschaft den Titel, 1976 unterlag sie der Tschechoslowakei nach Elfmeterschießen 5:7.

Vier Endspiele in elf Jahren
Ein EM-Titel, zwei Vize-Weltmeisterschaften, ein WM-Titel – das ist die Bilanz von Lothar Matthäus zwischen 1980 und 1990. Bei der EM 1980 in Italien und WM 1982 in Spanien gehörte Matthäus zum Kader, saß bei beiden Finals aber auf der Tribüne. Die zweite Vize-Weltmeisterschaft 1986 in Mexiko erlebte er auf dem Platz (2:3 gegen Argentinien), den WM-Triumph 1990 (1:0 gegen Argentinien) als Kapitän.

Europa- und Weltmeister
Zwei Jahre nach dem EM-Triumph 1972 wurden gleich 14 Spieler auch noch Weltmeister. Sepp Maier, Franz Beckenbauer, Hans-Georg Schwarzenbeck, Paul Breitner, Uli Hoeneß und Gerd Müller standen beim 3:0 gegen die UdSSR und 2:1 gegen Holland (1974) jeweils 90 Minuten auf dem Platz.

Endspiel-Schiedsrichter
Nur einmal war ein Deutscher im Endspiel einer Europameisterschaft Schiedsrichter. Markus Merk leitete 2004 das Finale zwischen Portugal und Griechenland (0:1).

VON 1972 BIS 2012:
DIE SUPERLATIVE DER DEUTSCHEN EM-GESCHICHTE

Wer erzielte die meisten Tore? Wer kam am häufigsten zum Einsatz? Welcher DFB-Trainer hat die beste Bilanz? Welche Spieler flogen bei einer EM vom Platz? Die höchsten Siege, die schlimmsten Pleiten. Die Rekorde aus den elf EM-Turnieren mit deutscher Beteiligung

SIEGTOR *Philipp Lahm (M.) ist mit 14 Einsätzen bei EM-Endrunden Deutschlands Rekordspieler. Im Halbfinale 2008 gegen die Türkei erzielte Lahm in der 90. Minute das entscheidende 3:2. Torwart Rüstü war machtlos*

Thomas Strunz

ALLE PLATZVERWEISE DER DEUTSCHEN BEI EM-ENDRUNDEN

Datum	Paarung (Endergebnis)	Runde	Spieler	Grund (Spielminute)
19.06.1996	Italien – Deutschland (0:0)	Vorrunde	Thomas Strunz	Gelb/Rot nach wiederh. Foulspiel (60.)
12.06.2008	Kroatien – Deutschland (2:1)	Vorrunde	Bastian Schweinsteiger	Unsportlichkeit (90. + 2)
16.06.2008	Österreich – Deutschland (0:1)	Vorrunde	Joachim Löw (Trainer)	Unsportlichkeit (41.)

DIE EM-BILANZ DER DEUTSCHEN TRAINER

Trainer	Geburts-datum	Sterbe-datum	EM-Endrunde	Spiele	Siege	Remis	Nieder-lagen	Tore	Punkte pro Spiel*
Helmut Schön	15.09.1915	23.02.1996	1972, 1976	4	3	1	0	11:5	2,50
Jupp Derwall	10.03.1927	26.06.2007	1980, 1984	7	4	2	1	8:5	2,00
Franz Beckenbauer	11.09.1945	–	1988	4	2	1	1	6:3	1,75
Berti Vogts	30.12.1946	–	1992, 1996	11	6	3	2	17:11	1,91
Erich Ribbeck	13.06.1937	–	2000	3	–	1	2	1:5	0,33
Rudi Völler	13.04.1960	–	2004	3	–	2	1	2:3	0,66
Joachim Löw	03.02.1960	–	2008, 2012	11	8	–	3	20:13	2,18

* umgerechnet auf die 3-Punkte-Regel (3 Punkte pro Sieg). Siege und Niederlagen im Elfmeterschießen als Remis gewertet, Tore im Elfmeterschießen nicht berücksichtigt.

DEUTSCHLANDS EM-REKORDTORSCHÜTZEN

	Spieler	EM-Endrunde	Spiele	Tore
1.	Jürgen Klinsmann	1988 – 1996	13	5
2.	Gerd Müller	1972	2	4
	Dieter Müller	1976	2	4
	Rudi Völler	1984 – 1992	8	4
	Lukas Podolski	2004 – 2012	11	4
6.	Klaus Allofs	1980 – 1984	6	3
	Karl-Heinz Riedle	1992	5	3
	Michael Ballack	2000 – 2008	11	3
	Miroslav Klose	2004 – 2012	13	3
	Mario Gomez	2008 – 2012	9	3

Sechs Spieler mit je zwei Toren: Hrubesch, Häßler, Sammer, Bierhoff, Schweinsteiger, Lahm.

DEUTSCHLANDS EM-REKORDSPIELER

	Spieler	EM-Endrunde	Spiele
1.	Philipp Lahm	2004 – 2012	14
2.	Thomas Häßler	1992 – 2000	13
	Jürgen Klinsmann	1988 – 1996	13
	Miroslav Klose	2004 – 2012	13
	Bastian Schweinsteiger	2004 – 2012	13
6.	Andreas Brehme	1984 – 1992	12
7.	Michael Ballack	2000 – 2008	11
	Lothar Matthäus	1980 – 2000	11
	Lukas Podolski	2004 – 2012	11
10.	Jürgen Kohler	1988 – 1996	10
	Matthias Sammer	1992 – 1996	10
12.	Thomas Helmer	1992 – 1996	9
	Mario Gomez	2008 – 2012	9

Sechs Spieler mit je acht Einsätzen: Buchwald, Völler, Möller, Reuter, Ziege, Frings

ALLE ELFMETERSCHIESSEN MIT DEUTSCHER BETEILIGUNG

Datum	Ort	Runde	Paarung	Ergebnis
20.06.1976	Belgrad	Finale	CSSR – Deutschland	2:2 (2:2, 2:1) n. V., 5:3 i. E.
26.06.1996	London	Halbfinale	England – Deutschland	1:1 (1:1, 1:1) n. V., 5:6 i. E.

DIE TORREICHSTEN SPIELE MIT DEUTSCHER BETEILIGUNG

Datum	Ort	Paarung	Ergebnis
17.06.1976	Belgrad	Jugoslawien – Deutschland	2:4 n.V.
22.06.2012	Danzig	Deutschland – Griechenland	4:2
14.06.1980	Neapel	Deutschland – Holland	3:2
19.06.2008	Basel	Portugal – Deutschland	2:3
25.06.2008	Basel	Deutschland – Türkei	3:2

DIE HÖCHSTEN DEUTSCHEN SIEGE

Datum	Ort	Paarung	Ergebnis
18.06.1972	Brüssel	Deutschland – UdSSR	3:0
16.06.1996	Manchester	Deutschland – Russland	3:0

DIE HÖCHSTEN DEUTSCHEN NIEDERLAGEN

Datum	Ort	Paarung	Ergebnis
20.06.2000	Rotterdam	Deutschland – Portugal	0:3
18.06.1992	Göteborg	Deutschland – Holland	1:3
26.06.1992	Göteborg	Deutschland – Dänemark	0:2

DIE PREMIEREN DER DEUTSCHEN BEI EM-ENDRUNDEN

Aktion	Datum	Spieler	Paarung (Endergebnis)
1. Tor	14.06.1972	Gerd Müller	Belgien – Deutschland (1:2)
1. Hattrick (2.HZ + Verl.)	17.06.1976	Dieter Müller	Jugoslawien – Deutschland (2:4 n.V.)
1. Strafstoß verwandelt	21.06.1988	Lothar Matthäus	Deutschland – Holland (1:2)
1. Elfmeter verschossen	20.06.1976	Uli Hoeneß*	CSSR – Deutschland (7:5 n.E.)
1. Auswechslung	14.06.1972	Grabowski für Hoeneß	Belgien – Deutschland (1:2)
1. Eigentor	19.06.2008	Christoph Metzelder	Portugal – Deutschland (2:3)
1. Platzverweis	19.06.1996	Thomas Strunz	Italien – Deutschland (0:0)
1. Gelbe Karte	11.06.1980	Bernard Dietz	Deutschland – CSSR (1:0)

*verschossen im Elfmeterschießen beim Finale 1976

Lothar Matthäus

DIE EWIGE EM-TABELLE

	Land	Teilnahmen	Spiele	Siege	Remis	Niederlagen	Tore	Punkte (nach 3-Punkte-Regel)
1.	Deutschland (3)	11	43	23	10	10	64:43	79
2.	Spanien (3)	9	36	17	11	8	50:32	62
3.	Holland (1)	9	35	17	8	10	57:37	59
4.	Italien (1)	8	33	13	15	5	33:25	54
5.	Frankreich (2)	8	32	15	8	9	49:39	53
6.	Portugal	6	28	15	5	8	40:26	50
7.	Tschechien/CSSR (1)	8	29	13	5	11	40:38	44
8.	Russland/GUS/UdSSR (1)	10	30	12	6	12	36:39	42
9.	England	8	27	9	9	9	36:31	36
10.	Dänemark (1)	8	27	7	6	14	30:43	27
11.	Kroatien	4	14	6	4	4	18:16	22
12.	Schweden	5	17	5	5	7	24:21	20
13.	Griechenland (1)	4	16	5	3	8	14:20	18
14.	Belgien	4	12	4	2	6	13:20	14
15.	Türkei	3	12	3	2	7	11:18	11
16.	Jugoslawien	5	14	3	2	9	22:39	11
17.	Schottland	2	6	2	1	3	4:5	7
18.	Rumänien	4	13	1	4	8	8:17	7
19.	Schweiz	3	9	1	2	6	5:13	5
20.	Norwegen	1	3	1	1	1	1:1	4
21.	Irland	2	6	1	1	4	3:11	4
22.	Bulgarien	2	6	1	1	4	4:13	4
23.	Ungarn	2	4	1	0	3	5:6	3
24.	Ukraine	1	3	1	0	2	2:4	3
25.	Polen	2	6	0	3	3	3:7	3
26.	Slowenien	1	3	0	2	1	4:5	2
27.	Österreich	1	3	0	1	2	1:3	1
28.	Lettland	1	3	0	1	2	1:5	1

In Klammern hinter den Ländern steht die Anzahl der EM-Titel. Die Tabelle wurde nach der Drei-Punkte-Regel errechnet. Entscheidungen nach Elfmeterschießen wurden als Unentschieden gewertet. Tore aus Elfmeterschießen sind nicht berücksichtigt. In die Ergebnisse von Russland sind die Spiele der früheren UdSSR und GUS eingerechnet, die von Tschechien die der früheren CSSR. Bei der EM 2012 kam die Ukraine als 28. Nation seit 1960 dazu. Deutschland führt die Wertung klar an und wird auch bei der nächsten EM 2016 in Frankreich nicht Platz 1 verlieren. Tabellen-Schlusslicht ist Lettland. Die Letten bestritten 2004 ihre einzige Europameisterschaft.

MEISTE ENDRUNDEN-EINSÄTZE

Spieler	Endrunden	Einsätze
Lilian Thuram (FRA)	1996, 2000, 2004, 2008	16
Edwin van der Sar (HOL)	1996, 2000, 2004, 2008	16
Iker Casillas (SPA)	2004, 2008, 2012	14
Nuno Gomes (POR)	2000, 2004, 2008	14
Luís Figo (POR)	1996, 2000, 2004	14
Philipp Lahm (D)	2004, 2008, 2012	14
Karel Poborsky (TCH)	1996, 2000, 2004	14
Cristiano Ronaldo (POR)	2004, 2008, 2012	14
Zinedine Zidane (FRA)	1996, 2000, 2004	14

16 Spieler folgen mit 13 Einsätzen, zehn mit 12 Spielen.

MEISTE ENDRUNDEN-TORE

Pl.	Spieler	Endrunden	Tore	Spiele
1.	Michel Platini (FRA)	1984	9	5
2.	Alan Shearer (ENG)	1992, 1996, 2000	7	9
3.	Ruud v. Nistelrooy (HOL)	2004, 2008	6	8
	Patrick Kluivert (HOL)	1996, 2000	6	9
	Zlatan Ibrahimovic (SWE)	2004, 2008, 2012	6	10
	Thierry Henry (FRA)	2000, 2004, 2008	6	11
	Nuno Gomes (POR)	2000, 2004, 2008	6	14
	Cristiano Ronaldo (POR)	2004, 2008, 2012	6	14

Der jetzige Uefa-Präsident Michel Platini ist mit neun Toren, die er alle bei der EM 1984 erzielte, ungetastet Rekord-Torschütze. Sieben Spieler folgen mit fünf Toren.

205

DIE DREI EUROPAMEISTER-TRAINER *Nach dem 2:0 bei der WM 1974 gegen Jugoslawien schließt Helmut Schön Verteidiger Berti Vogts (l.) in seine Arme, Jupp Derwall (r.) ist Augenzeuge. Schön ist da bereits Trainer eines Europameisters, Derwall wird es sechs Jahre später in Italien und Vogts 22 Jahre danach in England*

JETZT IM BUCHHANDEL

Die Stars von heute!

Sport Bild

HERAUSGEGEBEN VON ALFRED DRAXLER

DIE 50 BESTEN FUSSBALLER 2015

WELTWEIT. IHR LEBEN.
IHRE SIEGE. ALLE STATISTIKEN.
DIE SCHÖNSTEN FOTOS

192 SEITEN NUR € 12,99